专家委员会（按姓氏音序排列）

陈 迎　董秀丽　李东燕　刘伯红　秦亚青　谭秀英　王逸舟

丛书编委会（按姓氏音序排列）

陈起飞　顾 蕾　李洪峰　李英桃　廉望舒　刘天红
田小惠　王海媚　王卉妍　王天禹　杨 倩　张瀚之
张晓玲　赵怀英　赵 源

北京外国语大学"双一流"建设重大标志性科研项目（2020）成果
"妇女、和平与安全"研究丛书

李英桃　主编

日本妇女、和平与安全

迈向和平的历史与挑战

WOMEN,
PEACE AND SECURITY
IN
JAPAN
*Challenges and Historical
Perspectives in the Path to Peace*

顾 蕾　陈起飞　著

社会科学文献出版社
SOCIAL SCIENCES ACADEMIC PRESS (CHINA)

"妇女、和平与安全"研究丛书序言(一)

袁 明[*]

每一个人,都在参与自己所处时代的实践,在这一点上,古人和今人没有什么区别。但是带着性别意识并自觉投身于和平与安全的实践,让世界更美好,则是今人不同于古人的地方,这在女性身上体现得更为突出。我们说起"现代性"时,女性议题是绕不过去的。女性议题一定是一个未来议题。

我在担任联合国基金会中国理事期间,接触到大量关于女性问题的计划、报告和项目,其覆盖面相当广阔,包括健康、教育、反暴力,甚至清洁炉灶等等。参与并领导这些活动的,也大多为女性。我至今仍记得,联合国秘书长古特雷斯履新之后,很快任命了一批助手,其中有一位女性"青年联络者",她来自斯里兰卡,目光坚定而自信。我们了解到,在不到两周的时间里,她已经在网络上组织起几百万名志愿者,一问她的年龄,得知才26岁。这样的例子还有很多,可见世界的进步。

---

[*] 袁明,1945年生,北京大学燕京学堂院长,北京大学国际关系学院教授,博士生导师。

生活是最好的教科书。当下肆虐世界的新冠肺炎疫情，提醒我们必须注意人类进步途中的艰险和困难。在联合国大会纪念北京世界妇女大会25周年高级别会议上，习近平主席有这样一段特别表述："妇女是人类文明的开创者、社会进步的推动者，在各行各业书写着不平凡的成就。我们正在抗击新冠肺炎疫情，广大女性医务人员、疾控人员、科技人员、社区工作者、志愿者等不畏艰险、日夜奋战，坚守在疫情防控第一线，用勤劳和智慧书写着保护生命、拯救生命的壮丽诗篇。……正是成千上万这样的中国女性，白衣执甲，逆行而上，以勇气和辛劳诠释了医者仁心，用担当和奉献换来了山河无恙。"[1]这一伟大的当代实践，值得研究并大书特书，这也是中国女性研究者的时代责任。

这个未来议题，应当是跨学科的。未来的女性研究若只在政治学单一领域内开展，发展的空间会很有限。只有突破学科樊篱，从多个视角来观察和推动，才能真正把女性研究这个大题目做出世界水平和中国味道来。我想这也正是这套丛书的意义所在。

是为序。

2020年11月2日

---

[1].《习近平在联合国成立75周年系列高级别会议上的讲话》，人民出版社，2020，第19~20页。

"妇女、和平与安全"研究丛书序言(二)

裘援平[*]

人类社会已经进入全球化时代,各国相互依存、利益交融的"地球村"形成,国际社会生态链、产业链、供应链连为一体,世界呈现一损俱损、一荣俱荣的局面。全球化时代的和平与安全问题,越来越具有全球性和普遍性,即便是原有的传统安全问题,也须用全球化思维寻求解决之道。

我们看到,领土主权和海洋权益争端仍然是最敏感的安全问题,全球和区域大国的战略角逐仍在持续,各类矛盾引发的局部冲突和产生的热点问题不断,意识形态和政治制度偏见挥之不去,集团对峙、军事结盟和冷战热战等旧时代的痼疾仍然存在。与此同时,国家群体乃至整个人类共同面临的非传统安全问题大量产生,越来越成为各国和国际安全的核心问题。21世纪以来发生的几次世界性危机,涉及人类公共卫生健康、国际经济金融安全和大规模杀伤性武器扩散,再加上气候变化、自然灾害、饥饿贫困、跨国犯罪、

---

[*] 裘援平,1953年生,法学博士,博士生导师,现任全国政协常委、港澳台侨委员会副主任,曾任国务院侨务办公室主任、中央外事办公室常务副主任等职务。

恐怖主义、网络安全、人口激增和大量迁徙以及能源资源和粮食安全等问题，对人类社会构成前所未有的威胁和挑战。而应对这些挑战的全球治理及相关机制，已然滞后于时代的发展变化，也受到旧安全观的限制。国际社会正是在应对共同挑战的过程中，积蓄着全球治理和国际合作的力量，凝聚着对构建人类命运共同体的共识。

妇女是人类社会的创造者、世界文明的开创者、全球进步的推动者，是捍卫国际和平与安全、推动世界经济发展的重要力量。妇女自身和妇女事业的发展，离不开和平安宁的国际环境。2000年联合国安理会通过的第1325（2000）号决议及其后续决议，关注那些受武装冲突不利影响的人，包括难民和各国的流离失所者，特别是妇女和儿童；指出妇女在预防和解决冲突及建设和平方面有着重要作用，亟须将性别观念纳入维护和平行动的主流。当前，在不稳定和不确定的国际形势下，第1325（2000）号决议的重要性更加凸显，将决议及其后续决议的承诺变成现实，仍是联合国和世界各国的重要任务之一。

2020年，正值联合国第四次世界妇女大会《北京宣言》和《行动纲领》通过25周年、第1325（2000）号决议通过20周年，中国国家主席习近平在联合国大会纪念北京世界妇女大会25周年高级别会议上的讲话中强调，保障妇女权益必须上升为国家意志，加强全球妇女事业合作。[1]在2020年10月联合国举行的妇女、和平与安全问题公开辩论会上，中国常驻联合国代表也强调，应该继续支持妇女在和平与安全领域发挥重要作用，呼吁为"妇女、和平与

1.《习近平在联合国成立75周年系列高级别会议上的讲话》，人民出版社，2020，第21页、22页。

安全"议程注入新动力。妇女、和平与安全研究要为此做出应有的贡献。

作为北京外国语大学"双一流"建设重大标志性科研项目成果，"妇女、和平与安全"研究丛书是中国第一套"妇女、和平与安全"议程研究丛书。丛书内容涵盖联合国，中、俄、英、法等联合国安理会常任理事国，以及欧洲、亚洲和非洲各类国际关系行为体在人类追求和平与安全的历史进程中，推动妇女、和平与安全的努力，落实第1325（2000）号决议、推动性别平等的具体实践。

丛书的出版在三个方面对中国国际关系研究做出贡献：第一，深化中国妇女、和平与安全理论研究；第二，丰富中国的联合国和区域国别研究；第三，为中国落实"妇女、和平与安全"议程提供决策参考和对策建议。丛书的出版也展现出北京外国语大学在该领域的研究优势。

在祝贺丛书出版的同时，期待北京外国语大学的研究团队在妇女、和平与安全研究领域取得更优异的成绩，为中国国际关系研究做出更大贡献，为中国落实"妇女、和平与安全"议程提供有价值的国际经验和切实的对策建议。

2020年12月4日

"妇女、和平与安全"研究丛书总论

和平与安全是全人类孜孜以求的共同目标，妇女解放与性别平等是各国妇女运动持续奋斗的方向。冷战结束后，国际社会推进全球性别平等、实现和平与安全的历史进程中有两个具有里程碑意义的事件。一是1995年9月4～15日，中国北京承办的联合国第四次世界妇女大会（以下简称北京"世妇会"）通过了全球妇女运动的未来发展蓝图——《北京宣言》和《行动纲领》，"妇女与武装冲突"被列为《行动纲领》的第五个重大关切领域；二是2000年10月31日，联合国安全理事会第4213次会议通过关于妇女、和平与安全的第1325（2000）号决议［以下简称"第1325（2000）号决议"］。从2000年至2019年，联合国安理会已经先后通过10个相关决议，形成以第1325（2000）号决议为基石的"妇女、和平与安全"议程（Women, Peace and Security Agenda, WPS Agenda）。该议程已成为一个重要的国际规范框架。目前，落实"妇女、和平与安全"议程已成为以联合国为代表的国际社会的共识和各国政府对国际社会的郑重承诺。

"妇女、和平与安全"研究丛书，是一套以"妇女、和平与安全"议程为切入点的学术研究丛书，它是中国学者以学术研究参与落实"妇女、和平与安全"议程、致力于建构人类命运共同体的行动的组成部分,具有较强的学术价值和实践意义。

一 "妇女、和平与安全"议程的发展历程

北京《行动纲领》第五个重大关切领域"妇女与武装冲突"有六个具体战略目标(见表总-1),包括妇女参与和保护、以非暴力方式解决冲突、和平文化、裁军等核心内容。

表总-1 北京《行动纲领》重大关切领域 E"妇女与武装冲突"

战略目标 E.1.	增进妇女在决策阶层参与解决冲突并保护生活在武装冲突和其他冲突状态或外国占领下的妇女
战略目标 E.2.	裁减过分的军事开支并控制军备供应
战略目标 E.3.	推动以非暴力方式解决冲突并减少冲突状态下侵犯人权情事
战略目标 E.4.	促进妇女对培养和平文化的贡献
战略目标 E.5.	保护、援助和培训难民妇女、其他需国际保护的流离失所妇女和国内流离失所妇女
战略目标 E.6.	援助殖民地和非自治领土的妇女

资料来源:笔者根据《行动纲领》内容整理。详见第四次世界妇女大会、'95北京非政府组织妇女论坛丛书编委会编《第四次世界妇女大会重要文献汇编》,中国妇女出版社,1998,第230~242页。

第1325(2000)号决议则有四个支柱,即参与(participation)、保护(protection)、预防(prevention)和救济与恢复(relief and recovery)。该决议及其后续决议的内容逐步集中在"参与"和"性暴力"两个主要方面(见表总-2)。前者强调促进妇女积极有效地参与和平缔造与和平建设,其中作为基础的第1325(2000)号决议承认冲突对妇女的影响以及她们在预防和解决冲突方面的作用,并呼吁妇女平等参与和平缔造工作;后者则以2008年通过的安理

会第1820（2008）号决议为代表，目的是防止并解决与冲突有关的性暴力，特别是针对妇女的性暴力问题。

表总-2 "妇女、和平与安全"议程中十个决议的主题分类（2000～2019）

参与	第1325（2000）号决议、第1889（2009）号决议、第2122（2013）号决议、第2242（2015）号决议、第2493（2019）号决议
性暴力	第1820（2008）号决议、第1888（2009）号决议、第1960（2010）号决议、第2106（2013）号决议、第2467（2019）号决议

资料来源：笔者自制。

2013年，联合国消除对妇女歧视委员会（The United Nations Committee on the Elimination of Discrimination against Women）通过《关于妇女在预防冲突、冲突及冲突后局势中的作用的第30号一般性建议》（以下简称《第30号一般性建议》）。[1]《第30号一般性建议》的提出标志着"妇女、和平与安全"议程成为《消除对妇女一切形式歧视公约》（The Convention on the Elimination of All Forms of Discrimination against Women, CEDAW，以下简称《消歧公约》）这一保护妇女人权的国际公约的组成部分。与2000年10月31日通过的第1325（2000）号决议所实现的"人权问题安全化"相对应，该决议在13年之后经历了"安全问题人权化"的螺旋式上升过程。安理会决议具体且有针对性，安理会每年可能通过多项决议，有的决议甚至相互矛盾；而公约则是普遍、稳定、长期的国际法，具有更精准、更规范的特点。《第30号一般性建议》使关于妇女、和平与安全的第1325（2000）号决议通

---

1. 消除对妇女歧视委员会：《关于妇女在预防冲突、冲突及冲突后局势中的作用的第30号一般性建议》，2013年11月1日，http://docstore.ohchr.org/SelfServices/FilesHandler.ashx?enc=6QkG1d%2fPPRiCAqhKb7yhsldCrOlUTvLRFDjh6%2fx1pWCVoI%2bcjImPBg0gA%2fHq5Tl4Q7URju9YH%2f2f2xuJ0WgKghff98wYIvWK3cAe9YKwpHXdmnqMDPpxmJrYrFP10VJY，最后访问日期：2021年2月17日。

过《消歧公约》固定下来。[1]

2015年9月25日，联合国大会通过《改变我们的世界：2030年可持续发展议程》(Transforming Our World: The 2030 Agenda for Sustainable Development，以下简称《2030议程》)，确定了17个可持续发展目标。目标16为"创建和平、包容的社会以促进可持续发展，让所有人都能诉诸司法，在各级建立有效、负责和包容的机构"，包括12个具体目标。[2] 目标16不仅针对妇女，它在涵盖"妇女、和平与安全"议程的具体内容的同时，所涉及人群更广、范围更大，除了消除一切形式的暴力，还包括一系列国家治理问题。从1995年《行动纲领》的重大关切领域"妇女与武装冲突"发展到《2030议程》的"创建和平、包容的社会"目标，妇女、和平与安全议题始终处于中心位置。

2020年8月28日，安理会在"联合国维和行动"主题下，通过了第2538（2020）号决议。[3] 这是"妇女、和平与安全"议程的最新发展。

二 落实"妇女、和平与安全"议程与构建"人类命运共同体"

2013年3月，中国国家主席习近平首次在国际场合向世界阐释："人类生活在同一个地球村里，生活在历史和现实交汇的同一个时空里，越来越成

---

1. 李英桃、金岳嵘：《妇女、和平与安全议程——联合国安理会第1325号决议的发展与执行》，《世界经济与政治》2016年第2期。
2. 联合国大会：《改变我们的世界：2030年可持续发展议程》，2015年10月21日，https://www.unfpa.org/sites/default/files/resource-pdf/Resolution_A_RES_70_1_CH.pdf，最后访问日期：2021年2月17日。
3. 联合国安理会：《第2538（2020）号决议》，S/RES/2538(2020)，2020年8月28日，http://undocs.org/zh/S/RES/2538(2020)，最后访问日期：2021年2月17日。

为你中有我、我中有你的命运共同体。"[1] 2013年9月7日，习近平在哈萨克斯坦纳扎尔巴耶夫大学首次提出共建"丝绸之路经济带"的构想。他在《弘扬人民友谊 共创美好未来》的重要演讲中指出："为了使我们欧亚各国经济联系更加紧密、相互合作更加深入、发展空间更加广阔，我们可以用创新的合作模式，共同建设'丝绸之路经济带'。这是一项造福沿途各国人民的大事业。"[2]

2013年10月，习近平应邀在印度尼西亚国会发表重要演讲。他指出："东南亚地区自古以来就是'海上丝绸之路'的重要枢纽，中国愿同东盟国家加强海上合作，使用好中国政府设立的中国—东盟海上合作基金，发展好海洋合作伙伴关系，共同建设21世纪'海上丝绸之路'。中国愿通过扩大同东盟国家各领域务实合作，互通有无、优势互补，同东盟国家共享机遇、共迎挑战，实现共同发展、共同繁荣。"[3] 构建"人类命运共同体"是中国为人类未来发展提供的全球治理的中国方案，共建"丝绸之路经济带"和21世纪"海上丝绸之路"的"一带一路"倡议是推动构建"人类命运共同体"的重要途径，其核心理念是"和平、发展、合作、共赢"，打造政治互信、经济融合、文化包容的利益共同体、命运共同体和责任共同体，为实现和平与安全提供了有力支撑和保障。

---

1. 习近平：《顺应时代前进潮流 促进世界和平发展——在莫斯科国际关系学院的演讲》，《人民日报》（海外版）2013年3月25日，第2版。
2. 习近平：《弘扬人民友谊 共创美好未来——在纳扎尔巴耶夫大学的演讲》，《习近平谈治国理政》，外文出版社，2014，第289页。
3. 习近平：《中国愿同东盟国家共建21世纪"海上丝绸之路"》，《习近平谈治国理政》，外文出版社，2014，第293页。

"人类命运共同体"的提出是对马克思和恩格斯"自由人联合体"思想的继承和发展，是对中国优秀传统文化、新中国外交理论和实践的总结和升华，是人类走向共同繁荣的伟大事业，也是人类实现性别平等的必由之路。其中，性别平等是构建"人类命运共同体"的核心原则。[1]实现性别平等同样在中国的对内、对外政策和未来构想中占有重要地位。

2015年9月27日，国家主席习近平在纽约联合国总部出席全球妇女峰会，并发表题为《促进妇女全面发展 共建共享美好世界——在全球妇女峰会上的讲话》的重要讲话。他在讲话中指出："环顾世界，各国各地区妇女发展水平仍然不平衡，男女权利、机会、资源分配仍然不平等，社会对妇女潜能、才干、贡献的认识仍然不充分。现在全球8亿贫困人口中，一半以上是妇女。每当战乱和疫病来袭，妇女往往首当其冲。面对恐怖和暴力肆虐，妇女也深受其害。时至今日，针对妇女的各种形式歧视依然存在，虐待甚至摧残妇女的事情时有发生。"习近平特别指出，要"创造有利于妇女发展的国际环境。妇女和儿童是一切不和平不安宁因素的最大受害者。我们要坚定和平发展和合作共赢理念，倍加珍惜和平，积极维护和平，让每个妇女和儿童都沐浴在幸福安宁的阳光里"。[2]

2020年以来，人类应对新冠肺炎疫情的努力昭示着，一个健康稳定的世界是维护和平与安全的重要基础，而妇女在其中扮演着重要角色。2020年10月1日，习近平在联合国大会纪念北京世界妇女大会25周年高级别会议上发

---

1. 李英桃：《构建性别平等的人类命运共同体：关于原则与路径的思考》，《妇女研究论丛》2018年第2期。
2.《习近平在联合国成立70周年系列峰会上的讲话》，人民出版社，2015，第9页、第11页。

表演讲。他强调了妇女在维护世界和平与安全中的重要作用:"妇女是人类文明的开创者、社会进步的推动者,在各行各业书写着不平凡的成就。我们正在抗击新冠肺炎疫情,广大女性医务人员、疾控人员、科技人员、社区工作者、志愿者等不畏艰险、日夜奋战,坚守在疫情防控第一线,用勤劳和智慧书写着保护生命、拯救生命的壮丽诗篇。……正是成千上万这样的中国女性,白衣执甲,逆行而上,以勇气和辛劳诠释了医者仁心,用担当和奉献换来了山河无恙。"[1]

在此背景下推动落实"妇女、和平与安全"议程,完全符合时代发展趋势,充分体现了中国对国际社会的郑重承诺,是构建"人类命运共同体"的题中应有之义和重要组成部分。

三 "妇女、和平与安全"议程研究的关键问题与核心概念

本研究丛书是以"妇女、和平与安全"议程为切入点,进行更为广泛、深入的探讨,而并非仅关注"妇女、和平与安全"议程本身。

奠定"妇女、和平与安全"议程基础的安理会第1325(2000)号决议回顾和重申了大量联合国文件,较早的《联合国宪章》第四十一条"如采取措施时考虑到对平民可能产生的影响,铭记妇女和女孩的特殊需要,以便考虑适当的人道主义豁免规定";1949年的《关于战时保护平民的日内瓦公约》及其1977年的《附加议定书》、1951年的《关于难民地位公约》及其1967年的《议定书》、1979年的《消歧公约》及其1999年的《任择议定书》、1989年的《联合国儿童权利公约》及其2000年5月25日的《任择议定书》;

---

[1].《习近平在联合国成立75周年系列高级别会议上的讲话》,人民出版社,2020,第19~20页。

还有《国际刑事法院罗马规约》的有关规定,以及《北京宣言》和《行动纲领》的承诺和题为"2000年妇女:二十一世纪两性平等、发展与和平"的联合国大会第二十三届特别会议成果文件中的承诺,特别是有关妇女和武装冲突的承诺[1]等。对这些国际法基础的溯源表明,尽管妇女、和平与安全问题于2000年才被纳入安理会决议,但其源头却远在2000年之前,有着更为深远的历史背景。

(一)关于妇女与性别平等

"妇女、和平与安全"议程除了关注妇女和女童,还关注男童及其他在武装冲突中受到不利影响的人群,如难民和其他流离失所者。联合国文书在历史演进过程中逐步形成了稳定的"平等"定义。1975年第一次世界妇女大会通过的《关于妇女的平等地位和她们对发展与和平的贡献的宣言》(以下简称《墨西哥宣言》)指出:"男女平等是指男女的尊严和价值的平等以及男女权利、机会和责任的平等。"[2] 1985年第三次世界妇女大会通过的《提高妇女地位内罗毕前瞻性战略》(以下简称《内罗毕战略》)指出:"平等不仅指法律平等和消除法律上的歧视,而且还指妇女作为受益者和积极推动者参加发展的平等权利、责任和机会平等。"[3] 联合国大会于1979年通过的《消歧公约》阐述了平等、发展与和平的关系:"确信一国的充分和完全的发展,

---

1. 联合国安理会:《第1325(2000)号决议》,S/RES/1325(2000),2000年10月31日,https://undocs.org/zh/S/RES/1325(2000),最后访问日期:2021年2月17日。
2. 《一九七五年关于妇女的平等地位和她们对发展与和平的贡献的墨西哥宣言》,E/CONF.66/34,载联合国新闻部编《联合国与提高妇女地位(1945—1995)》,联合国新闻部,1995,第229页。
3. 《提高妇女地位内罗毕前瞻性战略》,A/CONF.116/28/Rev.1(85.IV.10),载联合国新闻部编《联合国与提高妇女地位(1945—1995)》,联合国新闻部,1995,第349页。

世界人民的福利以及和平的事业,需要妇女与男子平等充分参加所有各方面的工作。"[1]

(二)和平的界定

在国际关系研究和社会生活中,人们对和平的理解往往是"没有战争"。杰夫·贝里奇(Geoff Berridge)等在《外交辞典》中指出,和平"在国际法术语中指没有战争或武装冲突的状态"。[2] 雷蒙·阿隆(Raymond Aron)的观点是:国际政治与国内政治有本质的区别,战争与和平的交替是国际关系的核心问题,和平是"敌对政治单元之间暴力持续中断"的状况。[3]《女性主义和平学》一书梳理了传统国际关系研究对和平的理解:这就意味着只要战争和其他有组织的直接暴力不存在,和平就建立了。[4]《内罗毕战略》对和平的界定为:"和平不仅指国家和在国际上没有战争、暴力和敌对行动,而且还要在社会上享有经济和社会正义、平等、所有各项人权和基本自由。""和平还包括一整套活动,反映出人们对安全的关注以及国家、社会团体和个人之间互相信任的默契。和平既保卫自由、人权和民族和个人的尊严,又体现对他人的善意和鼓励对生命的尊重。"[5] 在借鉴约翰·加尔通(Johan Galtung)、刘成等学者的研究成果的基础上,《女性主义和平学》将和平分为消极和平和积极和平两个部

---

1. 联合国:《消除对妇女一切形式歧视公约》,A/RES/34/180,1979年12月18日,https://www.un.org/zh/documents/view_doc.asp?symbol=A/RES/34/180,最后访问日期:2021年2月17日。
2.〔英〕杰夫·贝里奇、艾伦·詹姆斯:《外交辞典》,高飞译,北京大学出版社,2008,第213页。
3. Raymond Aron, *Peace and War: A Theory of International Relations*, Garden City: Doubleday & Company, 1966, p. 151.
4. 李英桃:《女性主义和平学》,上海人民出版社,2012,第15页。
5.《提高妇女地位内罗毕前瞻性战略》,A/CONF.116/28/Rev.1(85.IV.10),载联合国新闻部编《联合国与提高妇女地位(1945—1995)》,联合国新闻部,1995,第348~349页。

分,使其呈现出既包括"没有战争"的传统和平界定,又能体现其逐步深化和不断扩展的过程性,基于中国历史与国情提出一个理解和平概念的框架(见表总-3)。

表总-3 一个中国女性主义学者的和平定义

消极和平		积极和平	
传统和平概念→	传统和平概念的拓展→	传统和平概念的进一步拓展	
没有有组织的直接暴力	没有无组织的直接暴力	没有阻碍实现人的最大潜能和福祉的结构暴力	没有使直接暴力和间接暴力合法化的文化暴力
没有国际、国内战争与暴力冲突 深↓化 以及与之相伴的强奸、性暴力等行为	没有杀害、伤害、强奸、殴打和源自传统文化、习俗等的其他暴力	让每个人都充分享有政治、社会、经济、文化、生态、健康与发展权等基本权利,消除基于性别、族群、财富、身体状况、年龄、相貌等的社会不公正。倡导并逐渐建立社会性别平等的和平文化,充分发挥教育、大众传媒和网络媒体的作用	

资料来源:李英桃著《女性主义和平学》,上海人民出版社,2012,第402页。

这一框架一方面超越了内政与外交的边界,更多的是以人为中心考虑和平问题,尤其关注妇女、儿童和各类弱势群体在日常生活中的切身问题;另一方面,将个人与集体的关系纳入此概念框架,充分考虑到中国等发展中国家在国家与个人关系上的不同见解,重视识别国家与国家之间的差异性。

(三)对安全的理解

安全是与人类生存密不可分的大问题,与人们的日常生活联系极为密切。关于安全的论述可见于亚伯拉罕·马斯洛(Abraham Harold Maslow)对于安全需求(safty needs)的诠释。安全需求包括安全(security)、稳定、依赖、保护、免于恐惧、免于焦虑和混乱,以及对结构、秩序、法律和界限的需求,对保护者的要求等。[1]

安全虽为政治学的核心概念,但学术界对其并无统一界定,其中最常见的是美国学者阿诺德·沃尔弗斯(Arnold Wolfers)的观点,在其1962年出版的《纷争与协作:国际政治论集》中专门设有讨论国家安全问题的部分。沃尔弗斯指出:安全是一种价值,一个国家可以或多或少地拥有安全,用或高或低的手段来追求安全。这种价值与权力、财富这两个在国际事务中极为重要的价值有共通之处。财富用以衡量一个国家所拥有物质的数量,权力用以衡量一个国家对其他国家行为的控制能力,而安全则在客观上用以衡量已获得价值免受威胁的程度,在主观上用以衡量没有对这一价值受攻击的恐惧的程度。[2]此观点即"客观无威胁、主观无恐惧"。

联合国开发计划署在1994年发布的《人类发展报告》中提出了"人的安全"(human security)概念,指出对普通人来说,安全象征着保护他们免受疾病、饥饿、失业、犯罪、社会冲突、政治迫害和环境危机的威胁。[3]基于前人的研究,中国非传统安全研究学者余潇枫认为,安全的"完整表述是:身体无伤害,心理无损害,财产无侵害,社会关系无迫害,生存环境无灾害"。[4]女

---

1. Abraham H. Maslow, *Motivatiion and Personality*, Harper & Row, 1970, p. 39.
2. Arnold Wolfers, *Discord and Collaboration: Essays on International Politics*, Baltimore: The Johns Hopkins Press, 1962, p.150.〔美〕阿诺德·沃尔弗斯:《纷争与协作:国际政治论集》,于铁军译,世界知识出版社,2006,第133页。
3. UNDP, *Human Development Report 1994*, http://hdr.undp.org/sites/default/files/reports/255/hdr_1994_en_complete_nostats.pdf,最后访问日期:2021年2月17日。
4. 余潇枫:《总体国家安全观引领下的"枫桥经验"再解读》,《浙江工业大学学报》(社会科学版)2018年第2期。

性主义[1]学者提出了内容丰富、主体多样、领域宽广、层次复杂的安全概念。从安全的主体来说,既有传统的主权国家,也有包括男子和妇女在内的个人,既要关注国家安全、个人安全,也要考虑全人类的共同安全;从涉及领域来说,既不能忽视国家的军事安全,也要考虑到经济、环境安全以及个人安全;从行为主体之间的相互关系来看,既要加强合作,也不可能用合作完全代替竞争。可以说,传统安全和非传统安全是相辅相成、相互补充的有机整体,它们不应该被视为割裂的甚至是对立的部分。[2]

与对和平的理解一致,这种对安全的理解也超越了内政与外交的范畴,是一种以人为中心来考虑安全问题的路径。在讨论和平与安全概念的关系时可发现,在传统的和平定义之中,没有战争即和平,但和平不一定意味着安全;随着和平概念的扩展,没有战争并不意味着实现了和平,积极和平是一个逐步接近的目标;安全也是如此。两者相互渗透、相互交织,在"妇女、和平与安全"议程中这两者紧密地联系在一起。

(四)评估"妇女、和平与安全"议程落实情况的指标体系

第1325(2000)号决议通过后,安理会于2004年10月28日通过主席声明,表示"欢迎会员国为在国家一级执行第1325(2000)号决议所作的努力,包括制订国家行动计划(National Action Plan, NAP),并鼓励会员国继续致力于这些执行工作"。[3] 2005年10月27日,安理会再次通过主席声明"吁请会员

---

1. 英文Feminism在国内学术界有"女权主义"和"女性主义"这两种主要译法,除引用外,本套丛书采用"女性主义"的译法。
2. 李英桃:《"小人鱼"的安全问题》,《世界经济与政治》2004年第2期。
3.《安全理事会主席的声明》,S/PRST/2004/40,2004年10月28日,https://www.un.org/chinese/aboutun/prinorgs/sc/sdoc/04/sprst40.htm,最后访问日期:2021年2月17日。

国通过制订国家行动计划或其它国家级战略等办法，继续执行第1325（2000）号决议"。[1] 尽管并非强制性要求，但制订国家行动计划已成为衡量联合国会员国执行"妇女、和平安全"议程情况的一个重要指标。

2009年通过的安理会关于妇女、和平与安全的第1889（2009）号决议提出："请秘书长在6个月内提交一套用于全球一级监测安理会第1325（2000）号决议执行情况的指标供安全理事会审议。"[2] 根据决议要求，2010年《妇女与和平与安全——秘书长的报告》附有一整套指标体系，其中包括预防、参与、保护、救济和恢复四个方面的17个大目标，内含26项共35个具体目标。[3] 这35个具体目标主要仍围绕冲突地区设计，但参与、保护部分涉及范围较广，也都超越了冲突中或冲突后重建国家的范围。

在第1325（2000）号决议通过20周年前夕，联合国秘书长安东尼·古特雷斯（António Guterres）在2019年10月提交的《妇女与和平与安全——秘书长的报告》中敦促联合国各实体、会员国、区域组织和其他行为体携手采取行动。

> 通过有针对性的数据收集、联合分析、战略规划，以及提高可见度，使领导层对落实妇女与和平与安全议程负责；协助、促进、确保妇女有意义地参与和平进程、和平协定的执行以及所有和平与安全决策进程；

1.《安全理事会主席的声明》，S/PRST/2005/52，2005年10月27日，https://www.un.org/en/ga/search/view_doc.asp?symbol=S/PRST/2005/52&Lang=C，最后访问日期：2021年2月17日。
2. 联合国安理会：《第1889（2009）号决议》，S/RES/1889(2009)，2009年10月5日，http://www.un.org/en/ga/search/view_doc.asp?symbol=S/RES/1889(2009)&Lang=C，最后访问日期：2021年2月17日。
3. 联合国安理会：《妇女与和平与安全——秘书长的报告》，S/2010/498，http://undocs.org/ch/S/2010/498，最后访问日期：2021年2月18日。

公开谴责侵犯人权和歧视行为，防止一切形式的性别暴力，包括针对女性人权维护者的暴力；增加维持和平特派团和国家安全部门中女军警的人数和影响力；保障妇女有机会获得经济保障和资源；为妇女与和平与安全议程提供资金，并资助妇女建设和平者。[1]

除了联合国系统制定的相关评价指标，学术机构和民间组织也编制了独立的评价体系。乔治城大学妇女、和平与安全研究所（Georgetown University's Institute for Women, Peace & Security）与奥斯陆和平研究所（Peace Research Institute of Oslo）一起，借助普遍认可的国际数据来源，编制的妇女、和平与安全指数（Women, Peace, and Security Index, WPS Index）包括包容（Inclusion）、公正（Justice）和安全（Security）三个维度。[2]其中，"包容"维度设有"议会""手机使用""就业""金融包容性""教育"五个指标；"公正"维度有"歧视性规范""男孩偏好""法律歧视"三个指标；"安全"维度下设"亲密伴侣暴力""社区安全""有组织暴力"三个指标。[3]

不同指标体系中的具体内容差异表明国际社会对评估"妇女、和平与安全"议程落实情况的认识的发展变化，也表明不同指标体系之间存在一定的

---

1. 联合国安理会：《妇女与和平与安全——秘书长的报告》，2019年10月9日，https://digitallibrary.un.org/record/3832713/files/S_2019_800-ZH.pdf，最后访问日期：2021年2月17日。
2. 乔治城大学妇女、和平与安全研究所位于乔治城的沃尔什外交学院内，由美国前全球妇女问题大使梅兰妮·韦维尔（Melanne Verveer）负责。该研究所致力于促进一个更加稳定、和平和公正的世界，着重关注妇女在预防冲突和建设和平、经济增长、应对气候变化和暴力极端主义等全球威胁方面发挥的重要作用。国际学术界对该机构和奥斯陆和平研究所共同设计的这一指标体系较为认可，但也存在对其指标选择的疑问。"Women, Peace, and Security Index," http://giwps.georgetown.edu/the-index/, accessed February 17, 2021.
3. GIWPS, "Women, Peace, and Security Index," 2019, http://giwps.georgetown.edu/the-index/, accessed February 17, 2021.

张力。这种张力具体体现在不同行为体对于落实"妇女、和平与安全"议程的不同理解和落实行动中。

(五)"妇女、和平与安全"议程的意义与代表性研究成果

关于"妇女、和平与安全"议程的重要意义,国际社会和学术界有很多分析和评价。澳大利亚学者莎拉·戴维斯(Sara E. Davies)和雅基·特鲁(Jacqui True)指出,在我们生活的世界里,暴力冲突的规模在扩大,严重程度在增加,而且所有证据都表明,这些冲突对妇女和女童的人权不仅影响恶劣,而且其恶劣程度正在加剧。在这一关键时刻,"妇女、和平与安全"议程能够保护妇女免受冲突的伤害,促进她们从冲突和不安全中得以恢复,带来知识和社会转变的潜力。[1]中国学者李英桃、金岳嵘认为,第1325(2000)号决议的通过,无论是对于全球性别平等运动发展还是对于联合国安理会改革都具有标志性意义。从将妇女、和平与安全议题纳入安理会议程,到第1325(2000)号决议和后续一系列决议通过,再到各国制订国家行动计划以及在联合国系统、联合国和平行动中实践决议精神,这一进程清晰地展示了女性主义理念是如何成为国际规范的。[2]"妇女、和平与安全"议程也是2030年全球可持续发展议程不可或缺的组成部分。

在主流国际关系研究领域,性别议题长期受到忽视,很少被纳入学术讨论。20世纪七八十年代,女性主义国际关系理论逐步发展起来,国际妇女运动和学

---

1. Sara E. Davies, Jacqui True, "Women, Peace, and Security A Transformative Agenda?" in Sara E. Davies, Jacqui True, eds., *The Oxford Handbook of Women, Peace, and Security*, New York: Oxford University Press, 2019, p. 22.
2. 李英桃、金岳嵘:《妇女、和平与安全议程——联合国安理会第1325号决议的发展与执行》,《世界经济与政治》2016年第2期。

术研究的发展共同推动了国际社会理念与实践的变化。维护国际和平与安全是联合国的主要目的，联合国安理会对维护世界和平与安全负有主要责任。联合国安理会第1325（2000）号决议的通过标志着通常被归类为人权或经济社会问题的性别议题正式提上联合国安理会的议事日程，成为国际安全问题，其在国际政治舞台上的重要性得以强化。这一进程反过来又推动了相关学术研究的发展。2000年以来，国际学术界涌现了一批研究"妇女、和平与安全"议程的学者，例如前文已提到的莎拉·戴维斯、雅基·特鲁，还有斯瓦尼·亨特（Swanee Hunt）、劳拉·J.谢泼德（Laura J. Shepherd）、J. 安·蒂克纳（J. Ann Tickner）、托伦·L.崔吉斯塔（Torunn L. Tryggestad）、马德琳·里斯（Madeleine Rees）、路易丝·奥尔森（Louise Olsson）、克里斯蒂娜·钦金（Christine Chinkin）、阿努拉德哈·蒙德库（Anuradha Mundkur）、尼古拉·普拉特（Nicola Pratt）、劳拉·索伯格（Laura Sjoberg）、罗尼·亚历山大（Ronni Alexander）等；相关研究成果丰硕，包括专著、论文、研究报告等。到2020年6月，安理会先后共发布了6份研究报告，牛津大学出版社于2019年出版了《牛津妇女、和平与安全手册》（*The Oxford Handbook of Women, Peace, and Security*）。[1]同期，拉特里奇出版社出版了《社会性别与安全拉特里奇手册》（*The Rougledge Handbook of Gender and Security*）。[2]目前，"妇女、和平与安全"议程已成为能够跻身于主流国际关系研究的最主要的性别研究议题，同时，它也是与女性主义学术联系最紧密的"高级政治"议题。相较之下，中国学术界对此议题的研究仍非常有限。

---

1. Sara E. Davies, Jacqui True, eds., *The Oxford Handbook of Women, Peace, and Security*, New York: Oxford University Press, 2019.

2. Caron E., Gentry, Laura J. Shepherd and Laura Sjoberg, eds., *The Rougledge Handbook of Gender and Security*, Routedge, 2019.

当今世界正面临百年未有之大变局。[1] 2020年是联合国成立75周年、第四次世界妇女大会召开25周年的重要年份。对于"妇女、和平与安全"议程来说，2020年也是关键的一年。[2] 在这样一个特殊的时间节点，加强对"妇女、和平与安全"议程这一具有实践推动力和学术前沿性的课题的研究，无论是对中国的全球政治研究、联合国研究和性别研究，还是对更好地推动落实"妇女、和平与安全"议程的区域、国别实践，都具有巨大的学术价值和重要的现实意义。

四 "妇女、和平与安全"研究丛书的整体设计与主要特点

"妇女、和平与安全"研究丛书是北京外国语大学"双一流"建设重大标志性科研项目（项目编号：2020SYLZDXM033）成果。该选题顺应人类对于和平、安全与性别平等的不懈追求，为重大全球治理与可持续发展议题，符合构建人类命运共同体的基本价值导向，是国际组织、区域和国别研究的重要生长点，与北京外国语大学"双一流"学科建设目标相吻合。

首先，"妇女、和平与安全"议程关系到联合国系统、各区域和联合国所有会员国，覆盖范围广，涉及行为体的层次、数量都很多。根据国际发展和国内研究状况，本项目确定聚焦联合国系统、重要区域、联合国安理会常任理事国和其他相关国家，分析各行为体所持有的立场和采取的措施，探讨其在落实"妇女、和平与安全"议程中的最佳实践及这些实践为中国落实"妇女、和平与安全"议程带来的参考价值。根据国际妇女争取和平与自由联盟

1.《习近平谈治国理政》第3卷，外文出版社，2020，第460页。
2. 联合国安理会：《与冲突有关的性暴力——秘书长的报告》，S/2020/487，2020年6月3日，https://digitallibrary.un.org/record/3868979/files/S_2020_487-ZH.pdf，最后访问日期：2021年2月17日。

（Women's International League for Peace and Freedom）的统计，截至2021年4月，全世界已有92个国家制订了本国落实安理会第1325（2000）号决议的国家计划，占全部联合国会员国的近48%。[1]

其次，"妇女、和平与安全"研究丛书兼具研究主题集中、研究对象层次多样和丛书内容具有开放性的特点。鉴于"妇女、和平与安全"议程涉及联合国、区域、国家等不同层次的行为主体，"妇女、和平与安全"研究丛书的最终成果将是一个具有开放性质的丛书系列。随着研究的深入和团队的扩大，其研究主题将逐步深化，涵盖范围也将逐步拓展。丛书第一期的研究对象主要包括联合国这一最重要的国际组织、欧洲和非洲、联合国安理会的五个常任理事国，以及德国和日本这两个在国际舞台上扮演重要角色的国家。除此之外，第一期成果还包括联合国和中国关于"妇女、和平与安全"议程的两本重要文件汇编。

最后，"妇女、和平与安全"研究丛书有助于推进国内相关研究。目前，国内学术界对"妇女、和平与安全"议程的研究尚不充分，《女性主义国际关系学》和《女性主义和平学》是国内出版的少数设有专门章节讨论妇女、和平与安全问题的教材、专著。其中，《女性主义和平学》系统梳理了国内外关于性别与和平问题的历史与理论，立足中国本土，提出了具有中国特色的性别平等、和平与安全的理论。该书是国内学术界的代表性著作，荣获2015年第七届高等学校科学研究优秀成果奖（人文社会科学）三等奖。这两部著作的作者多来自北京外国语大学。国内还有少量学术论文发表于相关专业刊物，

---

1. WILPF, "National-Level Implementation," as of August 2020, http://www.peacewomen.org/member-states, accessed May 18, 2021.

如《妇女、和平与安全议程——联合国安理会第1325号决议的发展与执行》[1]《英国妇女和平与安全国家行动计划探析》[2]《联合国安理会1325号决议框架下的德国国家行动计划探析》[3]《法国和平安全合作中的女权主张及其实施》[4]《联合国安理会第1325号决议对妇女在联合国和平行动中的影响研究——以非洲地区为例》[5]等,作者也主要来自北京外国语大学。这些作者多已会集到本项目团队中。在本丛书每一卷的撰写团队中,都有既精通英语又精通对象国或地区的语言的作者,能够用对象国或地区的语言进行研究。这种突出的国别和区域研究专业、语言双重优势,为研究的前沿性和信息的准确性提供了保障。

因此,作为北京外国语大学"双一流"建设重大标志性科研项目,"妇女、和平与安全"研究丛书的立项与成果出版将丰富国际学术界关于"妇女、和平与安全"议程的研究,推动中国学者在这一领域的深耕。丛书中的每一部成果都将探讨与性别平等、和平与安全议题密切相关的历史背景、该议题的当代发展和未来趋向,及其与"妇女、和平与安全"议程之间的具体联系。

在设计和论证"妇女、和平与安全"研究丛书各卷具体内容时,项目组就写作要求达成了以下相对统一的意见。

---

1. 李英桃、金岳嵘:《妇女、和平与安全议程——联合国安理会第1325号决议的发展与执行》,《世界经济与政治》2016年第2期。
2. 田小惠:《英国妇女和平与安全国家行动计划探析》,《当代世界与社会主义》(双月刊)2015年第1期。
3. 张晓玲:《联合国安理会1325号决议框架下的德国国家行动计划探析》,《当代世界与社会主义》(双月刊)2015年第1期。
4. 李洪峰:《法国和平安全合作中的女权主张及其实施》,《当代世界与社会主义》(双月刊)2015年第1期。
5. 么兰:《联合国安理会第1325号决议对妇女在联合国和平行动中的影响研究——以非洲地区为例》,《武警学院学报》2017年第7期。

第一，将"妇女、和平与安全"议程作为本丛书每一卷成果的切入点，但并不意味着每卷内容都仅局限于探讨对象国、区域和组织落实该议程过程中的立场、行动或相关内容。

第二，尽可能地将每卷主题置于具有历史纵深感的宏阔时空背景下，通过回顾人们对性别平等、和平与安全的具体理解，为讨论落实"妇女、和平与安全"议程的当下行动提供历史文化和政治制度环境。

第三，在寻求历史连续性的同时，兼顾当代各个行为体落实"妇女、和平与安全"议程实践的共性与个性，凸显差异性，体现多样性。对于性别平等、和平与安全含义理解上的差异，以及概念内部存在的紧张关系，可能正是体现本研究价值的知识生发点。

第四，鼓励各卷作者充分挖掘每一研究对象的具体特点，分析其历史、社会文化特质和个人因素对落实"妇女、和平与安全"议程情况的直接、间接和潜在影响。

"妇女、和平与安全"议程是维护国际和平与安全，促进妇女发展和性别平等，构建性别平等的人类命运共同体的一项综合工程。作为一个开放的研究项目，在可预见的将来，"妇女、和平与安全"研究丛书的覆盖面将进一步扩大，对议题普遍性和独特性的探索势必更加深入。让我们一起开展面向未来的学术研究，切实推动实现全球与地方的和平、安全、妇女发展与性别平等，为构建人类命运共同体而贡献微薄的力量。

李英桃
2021年3月

目 录

导　论		1
第一章	日本妇女参与"妇女、和平与安全"议程的历史背景	7
第一节	古代日本妇女的地位变迁	7
第二节	明治时期的妇女政策	12
第三节	大正时期的妇女运动	24
第四节	昭和初年到二战结束前妇女的生存困境	30
第五节	1945年后日本妇女的权益获得	43
小　结		50
第二章	日本落实"妇女、和平与安全"议程的现实基础	51
第一节	日本国内妇女的安全问题	52
第二节	日本对国际和平与安全的积极贡献	66
第三节	日本政府与民间团体对联合国妇女问题的不同态度	70
小　结		82
第三章	日本落实"妇女、和平与安全"议程的行动计划	85
第一节	政府在行动计划制订中的主导作用	86
第二节	妇女团体对行动计划的推动作用	96
第三节	第一版行动计划与第二版行动计划的比较分析	115
小　结		121
第四章	日本落实"妇女、和平与安全"议程的两大立场	123
第一节	以海外援助为特点的"外向型"立场	124
第二节	回避历史的"未来型"立场	147
小　结		160

第五章　日本落实"妇女、和平与安全"议程的具体实践　　163
　　第一节　日本对妇女参与和平建构的多维推动　　164
　　第二节　日本对海外相关国家地区妇女的各类援助　　187
　　小　结　　208

第六章　日本落实"妇女、和平与安全"议程的问题与展望　　211
　　第一节　国内一般妇女、和平与安全的保障问题　　212
　　第二节　冲绳驻日美军的性暴力问题　　220
　　第三节　海外派遣自卫队女性职员的和平与安全保障问题　　231
　　第四节　日本妇女、和平与安全行动计划海外执行中存在的问题　　244
　　第五节　日本落实"妇女、和平与安全"议程的前景展望　　251
　　小　结　　257

结　语　　259

附　录　《关于妇女、和平与安全保障的行动计划》（中文）　　263

参考文献　　293

索　引　　307

后　记　　313

导　论

　　日本是一个传统与现代并存且不断相互碰撞、融合的国家，这一点也突出体现在日本女性这一投射了男性的视线和想象，并被男性不断定义的群体上。第二次世界大战结束后，日本在政治、经济、教育等诸多领域做出重大变革，经济迅速恢复和发展。在此过程中日本积极参与国际事务，积蓄军事力量，在联合国争取更高位置和更多话语权，谋求政治大国地位。然而，日本女性地位低下的问题一直没有得到妥善的解决，长期存在的"男主外、女主内"的社会观念深入人心，女性徘徊于社会的边缘。20世纪90年代初日本泡沫经济破灭，结婚率、生育率持续保持低位，少子老龄化日趋严重。与此同时，国际上性别平等逐渐成为主流，联合国呼吁各国采取措施来打破性别歧视，这促使日本政府不得不将提高女性地位提上议事日程。

　　日本面临的问题是自古以来日本父权制社会文化根深蒂固，女性长时期处于从属地位。少子老龄化的社会现实令男性自身权益受损，男性这才开始提高对女性需求的关注度，这是一种因社会现实所迫而产生的变化。为了国家与社会持续稳定发展，女性被允许从边缘地带走向社会舞台中央。但价值观念的转变往往落后于制度改革。父权制社会里，手握权力的男性一方面进行改革，另一方面内心深处依然固守传统的性别规范。这种制度变革与观念转变的不同步反过来又阻碍制度朝着更好的方向发展。

本书将研究主体聚焦于日本响应联合国制订和执行的"妇女、和平与安全行动计划"（National Action Plan on Women, Peace and Security）（以下视情简称"妇女、和平与安全行动计划"或"行动计划"）。2000年联合国安理会通过了第1325（2000）号决议，此后又通过了多项后续决议，倡导各会员国为维护冲突下女性的和平与安全权益、提高妇女地位，制订本国相关行动计划。由于这一倡议并不具有强制性和统一性，联合国各会员国对该倡议的执行情况各不相同。在女性政策、运动的引导和推动方面，日本国内相关团体和民间组织尽管发挥了重要作用，但政府依然起主导作用。由于这一特征，妇女、和平与安全行动计划不仅是一项女性政策纲领，还可挖掘出更深层、更广泛的日本社会现实。自日本建国至令和时代，两千多年的纵向历史发展是日本现代化社会形成的基础。日本女性发展现状及社会性别规范的形成，是历史长期推动的结果，因此对现时社会现象的探究还需追本溯源。横向来看，行动计划不只是一项普通议程，其中辐射出了日本政府在"妇女、和平与安全保障"方面的立场、成绩以及问题和挑战，甚至其还可反映日本政府在相关领域的国家战略与方针。对该行动计划的研究对于日本相关女性史、社会文化、外交政策等领域研究均有重要意义。

本书分六大章节展开对日本妇女、和平与安全行动计划的讨论。前半部分以纵向的历史轴为逻辑展开，带领读者对古代至近现代日本女性在不同历史时期遭遇的各种问题、处境、地位的变迁以及政府实施的政策进行了解。第一章节按照年代划分，详细介绍了各个时期日本女性活动的开展、女性地位的起伏变迁。日本妇女在历史上曾经执掌国政，进入武家社会后，女性地位下降，很长一段时期里女性都处于男性支配之下。明治维新后在有识之士的推动下，日本女性的主体意识觉醒，女性解放运动随之兴盛起来。但随着日本国力日渐强盛，走上军国主义道路的日本利用女性对拥有政治权利、争取两性平等的期盼将其拉上战车，使女性身兼受害者和加害者的双重身份。第二次世界大战结束后，因为日本在一段时期内处于美国的占领之下，女性又成为局部冲突的受害者。但美国的介入也促成了日本新宪法等一系列法律法规的出台，日本女性终获参政权，在各个领域大幅加大了参与力度。

第二章论述当代日本政府和女性对国内外女性安全问题的态度。日本在安倍晋三上台后突然开始灵活外交，决定搭联合国的顺风车，在"联合国中心外交"的指导下，利用"妇女、和平与安全"议题为本国打开一条新的发展之路，也为第三章所论述的日本妇女、和平与安全行动计划的展开做充分铺垫。这一时期是在国际大潮流中女性意识高涨的阶段，也是日本政府在国内外女性政策上不得不做出重大改变的转折阶段。当时日本主要有两件事亟待解决。其一，当代日本实行一夫一妻制后，由于皇室男性子嗣缺少，为保障皇室血统的延续，议会开始考虑制定法律允许女性天皇即位。其二，日本少子老龄化现象导致日本经济发展动力不足，不得不挖掘女性劳动力的潜力，女性议题逐渐从边缘地带向中央舞台推移。不仅是国内方面，日本政府也逐渐重视国际层面。日本抓住这一议题，趁机开拓国内外女性资源为己所用。传统观念与现代理念的碰撞使政策的出台和实际执行之间有了距离，也凸显了政府与民间团体的分歧。

第三章在第二章基础上引出日本响应联合国安理会第1325（2000）号决

议制订的妇女、和平与安全行动计划，对其制订过程进行分析。妇女、和平与安全行动计划的制订是日本首次官民一体进行民主商议后出台的一项国家政策。政府主要起宏观主导作用，民间妇女团体在各阶段具体工作中发挥了重要作用。日本妇女、和平与安全行动计划目前已有两版，第一版制订历时两年半，各项少数人小组代表商讨会与意见交换会贯穿其中，从侧面体现出制订过程中政府与民间团体在诸多细节问题上因立场不同需多次沟通。

第四章归纳日本政府在"妇女、和平与安全"议程的两大立场，对这两大立场的讨论是一项复杂、带有模糊性且存在争议的议题。笔者采用文本分析和过程追踪相结合的研究方法，将日本行动计划内容和制订过程中多次会议记录等官方一手资料作为论据来支撑观点。研究发现，日本行动计划呈现的"外向型"立场与"未来型"立场是受历史文化传统和当代日本国情共同作用的结果。两大立场一方面使妇女、和平与安全行动计划在短期和长期都符合日本国家利益需要，另一方面也避免了再次提及日本不愿碰触的敏感问题。从国际角度看，"外向型"立场形成的依据来自政府对第1325（2000）号决议进行的国别化诠释和国际社会大环境的影响。从日本国家利益看，两大立场为日本宣传国际形象和发展军事力量起到了推动作用。在政府主导作用下形成的两大立场尽管符合国家意志，但对民众需求的部分压制也引起了学界的争议。

第五章分两个板块介绍了日本在现代"妇女和平建构"以及对"冲突国家、地区以及发展中国家"援助方面做出的贡献。尽管妇女、和平与安全行动计划存在一定争议，但在该行动计划制订前后，日本对国际社会和本国女性和平的建构已做出了巨大贡献，很多方面值得我们借鉴和学习。自20世纪七八十年代起,在美国扶植下经济迅速恢复的日本便一直活跃在对海外发展中国家的援助建设领域。近些年来,日本的援助战略也在不断调整和发展,参与国际活动的战略主动性逐渐增强。从日本落实"妇女、和平与安全"议程来看,日本参与援助建设,已经从之前只通过投入资金与国际机构间接合作转向直接参与国际机构援助项目;在和平建构方面,也从之前的参与多边合作到现在主动创建机制主导多边合作上来。相信日本在制订妇女、和平与安全行动计划后,海外援助项目将会进一步向女性议题倾斜,并在现有行动计划框架下,对提高妇女地位、保障冲突国家和地区以及发展中国家妇女权益做出更多贡献。

第六章作为本书完结章节,对日本的妇女、和平与安全行动计划存在的问题和挑战做了分析,并根据国际形势做了展望。从本书开篇历史梳理到对主体妇女、和平与安全行动计划的研究发现,无论是纵向还是横向研究,日本国内女性的遭遇始终是一个不可忽视但又未受日本重视的问题。其根源在于日本父权制社会以及等级制度带来的阶级、性别压迫。随着全球人类文明的进步,日本政府在每一阶段尝试着进行各种各样的制度改革,但制度改革和观念转变的不同步,以及外部国际关系的影响对这一问题的改善起到了阻碍作用。无论在战争时期还是和平时期,对于日本女性尤其是底层女性,统治阶级总是能够熟练地将自我牺牲和维护国家利益与女性形象结合到一起。从妇女、和平与安全行动计划提炼出的四大主要问题和挑战中针对日本国内女性的占三个,分别涉及普通女性大众、冲绳女性和女性自卫队员。另外一个针对不惩罚实施性暴力的海外援助人员的问题,是从该行动计划历年评价报告中提炼而出的,也再次验证了日本存留的不对称的性别规范。对于问题的解决与展望,本书结合日本国内以及国际社会发展变化仍然给出了乐观的判断。

　　综上所述，本书是以日本妇女、和平与安全行动计划为依托，结合日本国情，围绕日本女性发展以及政府从古至今就女性议题制定的相关政策进行介绍、分析和评价的专著。日本每一阶段女性政策的制定与实施背后都和国家利益有千丝万缕的联系。日本社会的跳跃性发展使其形成了一方面具有先进制度和技术，另一方面又保留了传统观念的复杂现状。整体来看，日本对"妇女、和平与安全"议程的落实，既存在缺陷也有贡献，对现存问题的解决无论是从内因还是外因来看，观念转变和日美地位的实质性变化都不是短期内可以达到的目标。日本自1990年起经历了"失去的二十年"，安倍晋三第二次执政后，无论从经济还是政治方面都为日本国民注入一剂"强心剂"。尽管有其局限性，但不可否认，日本在国际社会的外交战略主动性已经开始增强。今后在日美同盟框架下，日本将积极寻求经济以及国土安全的独立。随着历史车轮的转动和国际女性主义的发展，日本的国内外女性政策也将向着积极的方向迈进，尽管过程缓慢，但不会倒退。

第一章 日本妇女参与"妇女、和平与安全"议程的历史背景

在日本的历史上，妇女一直没有机会站在政治舞台的中心，她们的身影或隐藏于深宫内院或埋没于市井乡村，近代以后才慢慢出现在男性的视野里。从被保护、被支配的弱者到与男性共享权力的决策参与者，日本妇女走过了曲折漫长的道路，这条道路是在日本、亚洲乃至世界的发展变化中形成的，也是日本妇女抓住时代给予的各种机遇一步一个脚印走出来的。本章将回顾日本妇女在各个历史阶段的地位和生存环境，然后分析近代以来日本在国家政策层面上对妇女重要性的评估、利用以及妇女重返政治舞台的过程。

第一节 古代日本妇女的地位变迁

本节从日本神话中的女神形象开始，纵观古代女性首领、女性天皇等政治人物出现的前因后果及其他妇女的政治参与，最后论及古代日本妇女的受教育情况。

一 女神与女性统治者的权力

在日本神话中天皇氏族的祖先神是天照大神，天照大神是女神，同时也是太阳神，统治高天原，其五世孙即第一代天皇神武天皇。[1]对天照大神的尊崇说明至少在日本神话中，女性具有极高的地位，甚至被认为是皇室祖先。但女神崇拜是否能说明现实中的日本女性同样具有比男性高的地位呢？这就要回顾一下日本历史。

现实中的日本妇女在古代历史上经历过位于政治舞台中心的时期。根据西晋史学家陈寿所著《三国志》的记载，2世纪末到3世纪初，日本列岛最初的国家邪马台国出现过两位女王，分别为卑弥呼和壹与。邪马台国本有男性国王，但因为持续动乱，国内贵族"乃共立一女子为王，名曰卑弥呼"。[2]卑弥呼由弟弟辅佐，终身未婚，很少出现在公众场合。其之所以被立为王，重要原因之一是"事鬼道，能惑众"。王文光、徐媛媛认为卑弥呼实际上是一个女萨满，因为她能够"事鬼道"，通过"神道"来稳定社会和控制民众，所以才被立为王。[3]卑弥呼死后男性国王即位，引发了社会动乱，于是邪马台国的贵族集团另立卑弥呼的侄女壹与为王，"国中遂定"，这说明邪马台国的统治需要神权与世俗王权的结合。720年写成的《日本书纪》记录了日本统一之前地方女性首领的存在。根据考古挖掘的成果，古坟时代前期的古坟中埋葬的主要墓主是女性，且这种情况遍及日本全国，这也从侧面证实了当时女性首领的存在。

---

1. 有关天照大神及其后裔的神话出自成书于712年的《古事记》和成书于720年的《日本书纪》。
2. 陈寿：《三国志·乌丸鲜卑东夷列传》，中华书局，1982，第856页。
3. 王文光、徐媛媛：《三国时期倭人的历史人类学研究》，《云南师范大学学报》（哲学社会科学版）2018年第2期，第107页。

第一章
日本妇女参与"妇女、和平与安全"议程的历史背景

日本皇室在公元4世纪统一各个小国，建立了大和政权。其一百二十六代天皇中共有十代、八位女性天皇，其中八代、六位女性天皇出现在公元6世纪末至8世纪初。这种现象在世界史上都很少见，日本学者对此没有形成统一的解释。但不可否认的是这些女性天皇即位原因各异，有的在位时间很长，因此不能简单地将她们归为只具有宗教象征意义或是为了维持天皇"万世一系"的纯洁性和连续性而作为铺垫的"中继天子"。到了德川时代又出现了两位女性天皇，分别是明正天皇（在位时间：1629—1643）和后樱町天皇（在位时间：1762—1770）。这两位女性天皇的权力已经衰落，但德川时代的男性天皇同样皇权旁落，由幕府将军独掌大权。以上八位女性天皇的共同点是都为男性天皇后代，即位时丧偶或未婚，退位后也保持独身。[1]

在正式登基的女王及女性天皇之外还有握有实权的女性。代表是有摄政经历的第十四代天皇仲哀天皇之妻神功皇后、5世纪后期的皇族饭丰青皇女等女性首领。其中神功皇后在仲哀天皇死后长期摄理朝政，据传其三度率兵出征朝鲜。明治时期日本曾发行印制了带有其肖像的纸币，可见对其的推崇。

二 古代日本妇女的政治参与

从现存文献来看，女王、女性天皇等位于权力顶层的日本女性人数极少，且其身份如非天皇后裔则必须是天皇的妻子，范围极为狭窄。既然女性统治者并非常态，那就需要从其他妇女的政治参与情况来评价古代日本妇女的政治地位。

---

1. 宫内厅「天皇系図」，http://www.kunaicho.go.jp/about/kosei/keizu.html，最后访问日期：2020年1月18日。

757年实施的养老律令是现存唯一的日本律令，其中提到宫中设立12个女性司。内侍司女官侍奉于天皇身边，向大臣传达天皇命令，有时候权限很大。其中藏司保管象征天皇权力的物品。不少地方出身的女性被选入宫廷后晋升到很高的地位，甚至能影响地方政治。平安时代中后期，特别是院政时期，皇子女的乳母由于和天皇感情深厚而拥有较大的政治影响力。这些乳母多出自各地中小贵族构成的受领阶层，她们的丈夫和儿子借由天皇和乳母的关系获得了更大权力。

平安时代以后日本进入武家政治时期，尽管武士力量抬头后妇女地位远不如前，但依然拥有一定的财产继承权，正妻能够以丈夫代理人的身份进行家务家政管理和对土地分配的裁决，而且也出现了能够左右政局的杰出妇女。其中最有名的是镰仓幕府开创人源赖朝的正妻北条政子（1157—1225）、从镰仓时代到南北朝时代过渡期的广义门院（1292—1357）和室町幕府时代第八代将军足利义政的正妻日野富子（1440—1496）等。北条政子在武家政权初建时期协助丈夫，丈夫过世后出家，与自己的父亲、弟弟一起参与幕政，带领镰仓幕府多次渡过危机，被称为"尼将军"。广义门院原名西园寺宁子，非皇族出身，成为后伏见上皇的女御后经历数次天皇的废立，曾代行上皇职责而事实上以"治天之君"的身份治理天下。日野富子则善于经商，横征暴敛，因继承人之事被卷入"应仁之乱"，虽与足利义政关系不佳，但晚年出家后依然保持着对幕府的影响力。

总体来说，随着时间的推移，日本贵族妇女到了武家社会，只有在特定情况下才能以代理人身份掌握政治权力，而平民百姓家的妇女在严格的身份等级制度下根本没有参政的机会。身份等级制度限制了所有人的权利，而性别则在

第一章
日本妇女参与"妇女、和平与安全"议程的历史背景

此之上进一步限制了妇女的权利。

三 古代日本女性教育的倾向

古代日本贵族家庭十分重视女儿的教育,会聘请在某一方面富有才学的人来家中授课,其中也包括女性,女性的文学修养更是受到赞许。平安时代涌现出众多才华横溢的贵族女性,包括被誉为物语文学高峰的《源氏物语》的作者紫式部、随笔文学《枕草子》的作者清少纳言等。她们家学渊源,大多有进入后宫的经历,能够接触到顶层阶级。当时男性使用汉文体记录公事,女性则用假名文字记录深宫往事、前朝风云,并抒发内心的感受,描绘出当时贵族女性的生活画卷。正是这些女性将平安时代的文学推上了顶峰,使其在世界文学史上占据了一席之地。到了中世,在家中请人授课的形式更为多见,但尚未形成体系和规模,都是私人聘请。上层社会的女性除了读书习字,还会学习花道、茶道、绘画、和歌、琴艺等。上层女性获得的教育明显偏重文学修养和气质培养等,这与她们居于深宅,无须培养职业技能密切相关。

1603年德川幕府建立,进入江户时代后国家安定、经济繁荣,以寺子屋[1]为代表的以实用性为目标的平民教育发展起来,以习字为主,也教授读书和算术。19世纪以后,江户等大城市出现了女性经营的寺子屋和女师匠。寺子屋中既有专门针对女性的教育机构,也有男女共学的机构,中下阶层女性也有了读书识字的机会。这种转变说明中下阶层女性开始有了接受不同于"闺秀教育"的基础教育的机会,这为明治维新以后女性教育的进一步普及和发展奠定了基础,也为日本妇女解放运动的兴起埋下了火种。

---

1. 寺子屋出现在镰仓时代,最初由僧侣教授百姓识字,到了江户时代,武士、浪人、医师等教授居住在城市里的手工业者、商人的子弟读写、计算的教育机构也称为寺子屋。

第二节　明治时期的妇女政策

进入明治时代后,日本有识之士认识到妇女对国家发展的重要性,将妇女也纳入近代化国家建设的轨道中,加强了对妇女的教育和管理,在客观上促成了妇女的进步。

一　明治时期的女性教育

明治初期,森有礼、福泽谕吉等人在《明六杂志》上提倡一夫一妻制,强调妇女接受教育的重要性等,形成明治启蒙期具有代表性的女性论。例如,福泽谕吉从1885年至1888年接连出版著作《日本妇人论》《日本妇人论续编》《品性论》《男女交际论》《日本男子论》等,批判日本妇女对丈夫的盲从,认为女性地位的上升有利于男性,但并不支持职业上的自立,而是希望女性负责家务和育儿。尽管有研究者将这一时期的女性论称为"男女同权论",但金子幸子指出刊载文章于《明六杂志》的启蒙者们并未提及女性参政、选择职业的自由以及财产所有权带来的经济上的自立,"他们谋求的是在家庭里构建女性不被当作奴婢对待、能够和受过教育的丈夫谈话的更加人性化的男女关系"。[1]

日本近代第一所女子学校是美国的女传教士凯达（Mary E. Kidder）于1870年在横滨设立的菲莉斯女子大学（Ferris Seminary）,此后日本人创办女子学校的积极性大增。

日本政府意识到女性教育是富国强兵政策不可或缺的一环,因此积极出台

---

1. 金子幸子「明治期における西欧女性解放論の受容過程——ジョン・スチュアート・ミル The Subjection of Women（女性の隷従）を中心に」『社会科学ジャーナル』23号、1984、78–79頁。

第 一 章
日本妇女参与"妇女、和平与安全"议程的历史背景

政策大力发展女性的教育事业,使女性接受学校教育的比例逐渐上升。日本政府于1872年颁布《学制令》,明确规定包括女性在内的所有国民都有义务接受教育。1879年颁布《教育令》代替《学制令》,改男女共学为男女别学。起初女性就学率增长缓慢,1882年小学生中的女生人数仅占3%,[1]但随后在政府的大力推动下女性就学率开始明显上升。按照兼重宗和的计算,1887—1891年女性就学率上升到30%以上。[2]1899年,日本政府制定了《市町村立小学校教育费国库补助法》,同年又制定了《教育基金特别会计法》,从甲午战争后清政府的赔偿金中拿出约1000万日元设立了教育基金,将其利息用作每年普通教育费的补充。在政府的财政支持下,1900年,日本开始实施四年制免费义务教育,1907年进一步实施六年制义务教育,当年女性入学率为96.14%。[3]1891年和1899年,日本政府分别颁布《中学校令》和《高等女子学校令》,将女子中等教育纳入国家教育体系。由于官办女子学校数量不足,私立女子学校开始出现。

1875年跡見花蹊创办了跡見女子学校,这是最早由日本女性创办的女子学校,反映了女性自身对教育的重视。此后由女性创办的女子学校不断涌现,主要分为两类:有基督教色彩的教会女子学校和以妇德教养为培养目标的女子学校。20世纪初期,女性创办的女子学校朝着职业教育和高等教育方向发展,仅在1900年,吉冈弥生创办东京女医学校(今东京女子医科大学),佐藤志津创办女子美术学校(今女子美术大学),津田梅子创办女子英学塾(今津田塾大学),等等。

---

1. 玉城肇『日本教育発達史』三一書房、1956、26頁。
2. 兼重宗和「明治申期の女子教育について―とくに井上毅を中心として―」『徳山大学論叢』13号、1979、75-90頁。
3. 文部省「学制百年史」『学制百年史・資料編』帝国地方行政学会、1975、497頁。

政府对女性教育的支持，目的是将女性的教育纳入国家的掌控，通过提高女性的教育水平来增强国力。1885年森有礼担任第一任文部大臣，其认为母亲是孩子天然的教员，因此将"良妻贤母教育"定为国策，次年以此为原则制定"学生教导方法要项"，并发布至全国的女学校和高等女学校。森有礼在1887年的一次演说中指出："女子教育的重点在于培养女子为人之良妻，为人之贤母，管理家庭、熏陶子女必须之气质才能。国家富强之根本在于教育，教育之根本在于女子教育，女子教育发达与否直接关系到国家安危，对女子的教育对于培养爱国精神极为重要。"[1]然而，明治时代之前盛行的儒家妇德思想也没有消失，而是与"良妻贤母主义"结合在一起，形成对妇女的双重束缚。

明治初期的女性教育家各自教育理念或有不同，但都深受当时的日本教育体制以及社会观念的影响。譬如，1902年创办了三轮田女学校的三轮田真佐子批判男尊女卑的观念，强调女性德育的重要性，但她同时也宣扬妇德，并在1897年提出女子教育"必须与万世一系的天皇体制一致"，以塑造"能够养育出为国家而生、为国家而死的未来的海国儿童和军国之子"的良妻贤母。[2]这种良妻贤母主义的教育理念导致女性无法接受和男性相同的教育，因而严重制约了日本女子教育的发展。但是女性教育家创办的女子学校为社会输送了大批人才，帮助大量女性通过教育获得了独立自主的机会。1900年弥生创立的东京女医学校填补了日本女子医学教育的空白，打破了男性在医学界的垄断地位。1899年下田歌子创办的实践女子学校专门设立"清国女生部"，

---

1. 大久保利謙『森有礼全集』第1卷 宣文堂書店、1972、611頁。
2. 三井為友『日本婦人問題資料集成 第4卷 教育』ドスメ出版、1976、305–307頁。

第 一 章
日本妇女参与"妇女、和平与安全"议程的历史背景

招收中国女子留学生,其毕业生中有秋瑾等女性活动家。这些留日女学生回国后为中国的女子教育和解放事业做出了贡献。

此时蓬勃发展的女性教育主张将女性培养成合格的国民之妻、国民之母,但并不重视女性自身的职业发展,也不鼓励女性拥有自我主张,因此限制了妇女的发展方向。

二 明治时期的妇女参政意识

明治时期是日本在政治上发生重大变化的时期。日本从锁国变为开国,积极跻身世界舞台,大量学习西方经验。这样的历史潮流也将女性卷入其中。

从明治维新后的1874年板垣退助提出《民选议院设立建白书》到1890年帝国议会召开期间,自由民权运动兴起,提出了实行君主立宪、开设民选议会等政治诉求。尽管作为民主主义革命运动,自由民权运动以失败告终,但在宪法的制定和国会的开设中起到了巨大的推动作用,对日本妇女的进步也产生了很大影响。该时期翻译出版了不少包括女性参政权在内的涉及男女同权的西方书籍。1880年,高知县的上町和附近的小高坂村都制定了承认20岁以上女性拥有选举权和被选举权的村会规则,走在了世界前列。小高坂村当时的村议会议长是积极主张女性参政的男性自由民权家植木枝盛。虽然1884年日本政府修改了《区町村会法》,将各地独立制定规则的权力收回,女性再次被排挤出町村会的议员选举,但妇女参政在日本历史上留下了浓墨重彩的一笔。

在自由民权运动的浪潮中,一些受过教育、接触了新思想的女性走出家庭,投身到运动中。其中最出名的妇女运动家有岸田俊子(1863—1901)、福

田英子（1865—1927）、清水丰子（1868—1933）等。她们反对男尊女卑，提倡男女平等，关注点各有侧重。岸田俊子强烈批判男尊女卑的思想，强调女性的自立和人权，认为两性之间应该互相依存，被誉为明治开国以来的"妇女辩士第一号"。福田英子是优秀的女性运动实践者、"自由民权运动的妇女斗士"[1]，受到岸田俊子演讲的影响投身自由民权运动，1882年组建"冈山女子联谊会"这一自由主义的妇女团体，因为其坚信教育是参政的前提，后创办私塾——蒸红学社，向包括女性在内的贫家子弟教授知识。其曾在1885年因参与朝鲜改革计划被捕入狱，是板垣退助监修的《自由党史》中唯一被提及的女性民权斗士。清水丰子又名清水紫琴，既是作家也是女权活动家，经常就女性教育和女权问题进行讲演，认为从天赋人权的角度出发，同为"国民"的女性在自由民权运动中应该争取和男子同样的政治权利。这些妇女运动家虽然在当时未能为日本女性争取到政治权利，但自由民权运动给了她们登上政治舞台的机会，唤醒了她们的国家意识和女权意识，这为后来的妇女解放运动奠定了基础并指引了方向。

1888年，以宪法和帝国议会的开设为前提的"市制·町村制"公布并在次年实施，规定有选举权和被选举权的限于25岁以上缴纳2日元地租或国税的男性。[2]1889年《大日本帝国宪法》《议院法》《众议院议员选举法》《贵族院令》等公布，《众议院议员选举法》将女性排除在国会议员选举之外。同年颁

---

1. 井手文子『「青鞜」の女たち』海燕書房、1975、137頁。
2. 上子秋生「我が国の地方自治の成立・発展」『市制町村制制定（1881-1908年）』2期，http://www3.grips.ac.jp/~coslog/activity/01/05/file/Seiritsu-2_jp.pdf#search=%27%E5%B8%82%E5%88%B6%E7%94%BA%E6%9D%91%E5%88%B6+%E5%85%AC%E6%A8%A9%27，最后访问日期：2020年2月5日。

第一章

日本妇女参与"妇女、和平与安全"议程的历史背景

布的《皇室典范》第一章"皇位继承"中确立了嫡长子继承制，规定女性不能继承皇位。[1]平民女性也被要求安分守己，做"良妻"和"贤母"。

1890年由25岁以上男性选出的、由30岁以上男性组成的第一届众议院诞生，由于在性别、纳税额和职业上有诸多限制，有选举权或被选举权的只占全国人口的1.24%。[2]不久之后，元老院颁布的《集会及政社法》是第一部明文禁止女性参加政治活动的法律，其中第3条规定政治集会的组织者仅限于拥有公民权的成年男性臣民，第4条规定女性不得参加政治集会，第25条规定女性不得加入政治结社。[3]1900年的《治安警察法》承袭了《集会及政社法》，第5条将女性与未成年者并列，禁止参加或发起集会。[4]女性的参政议政通道从法律上被彻底封堵了。

日本政府不仅通过出台以上法律在政治领域限制女性，1898年还制定《民法》（也称《明治民法》）规范了近代父权家长制。男子本位的家督继承制将女性家庭成员置于男性家长的管辖之下，妻子无权管理家庭财务，只能在没有子孙的情况下拥有对丈夫遗产的继承权，亲权的行使只有在丈夫因死亡或失踪等无法行使的前提下方有可能。这些规定严重限制了女性的权利，降低了女性在家庭中的地位。

---

1. 宮内庁「皇室典範」，https://elaws.e-gov.go.jp/search/elawsSearch/elaws_search/lsg0500/detail?lawId=322AC0000000003，最后访问日期：2020年7月20日。
2. 衆議院憲法調査会事務局「明治憲法と日本国憲法に関する基礎的資料（明治憲法の制定過程について）」，http://www.shugiin.go.jp/internet/itdb_kenpou.nsf/html/kenpou/chosa/shukenshi027.pdf/$File/shukenshi027.pdf#search=%27%E3%80%8A%E9%9B%86%E4%BC%9A%E5%8F%8A%E6%94%BF%E7%A4%BE%E6%B3%95%27，最后访问日期：2020年2月5日。
3. 大久保一徳・後藤安子『女性と法』法律文化社、1990、19頁。
4. 「治安警察法」，https://dl.ndl.go.jp/info:ndljp/pid/788016/50，最后访问日期：2020年2月13日。

《明治民法》第14—18条规定女性一旦结婚就在法律上成为无能力者,行使重要法律行为时必须获得丈夫的许可。第732—764条规定了户主对家庭成员的支配权,户主在原则上由男性担当,而且是长子继承。无论是夫妻财产所有权、对子女的亲权、夫妇间的贞操义务还是离婚时的财产分配,都体现出了明显的男尊女卑。

1894年甲午战争以后,日本资本主义发展增速,工厂的大量兴建和快速的城市化进程改变了以往的家庭结构和生活方式,大批年轻女性步入社会,成为产业工人,职业女性开始出现在各个领域。1889年日本红十字会制定《女护士培养规定》,并于1891年的浓尾大地震中第一次派出女护士20人参加了救护。1909年,山形县飞岛组建了日本最早的女性消防团。但女性劳动强度大,工资却往往低于男性。由于面临着同样的问题,妇女开始团结在一起。

1886年日本最早的女权运动团体东京基督教妇人纠风会成立,第一任会长矢岛楫子致力于禁烟和禁酒,同时也要求女性个人的权利,呼吁女性地位的提升以及争取妇女参政权。后来其加入废娼运动,1890年联合东京废娼会、妇人白标俱乐部、地方废娼团体等组建了全国废娼同盟会,创办《废娼》杂志。全国废娼同盟会又于1893年发展为全国性的日本基督教妇人纠风会(以下简称"纠风会"),该组织在各地设置救济所,进行救助娼妓的活动,并不断向政府请愿要求废娼。

另外一些妇女转换了方式,通过文学创作来提出自己的主张。日本著名女诗人与谢野晶子是后期浪漫主义文学的代表人物,大胆讴歌女性的自由和解放。日俄战争(1904—1905)期间,日本和俄国在中国旅顺口作战,与谢野晶子得知自己弟弟也随军出征,于是在1904年9月号的《明星》诗刊上发表了诗

第 一 章
日本妇女参与"妇女、和平与安全"议程的历史背景

作《你不要死去》，她写道："你不要死去，天皇自己不参加征战。皇恩浩荡，岂能下旨让人们流血而死，让人们如禽兽般死去，还将此当作荣誉。"因为该诗强烈的反战情绪和对天皇的讽刺，作者遭到了大町桂月等人激烈的批判。

平塚雷鸟等18名女性在明治末期的1911年创建了"青鞜社"，发行文艺杂志《青鞜》。平塚雷鸟在《青鞜》创刊词《女性原本是太阳》中指出："元始，女性其实是太阳，是真正的人。现在，女性是月亮，是依靠他人而生存，依靠他人的光芒而闪亮，如同病人一样脸色苍白的月亮。我们必须找回被隐藏的太阳。"[1] "太阳"一词让人联想到日本神话中作为太阳神出现的天照大神的形象。这篇创刊词点明了日本妇女社会地位的低下，阐明了作者对男尊女卑现状的愤慨，指出妇女自立的重要性，成为日本妇女解放运动史上的经典篇章。

明治时代是妇女获得更多受教育机会，认识自身并开始追寻男女平等的时代，也是政府从法律、教育、道德层面束缚妇女以将其纳入资本主义建设轨道的时代。一方面，女性在家庭内部以及国家发展中的重要性得到国家的高度认可；另一方面，女性的政治地位又被有意识地压制，无法获得与男性比肩的国民身份。张冬冬认为当时的女性参政运动有其自身的局限性。她们的力量比较薄弱，发起的运动不彻底，而且参加运动的人数有限，只局限于中产阶级中上层女性，所以成果还不显著。[2] 其主要原因之一是女性教育的普及率还不够高，妇女间阶层差异巨大，底层妇女还没有意识到争取政治权利的重要性。

---

1. 平塚らいてう『青鞜』第1卷復刻版 不二出版、1986、1–2頁。
2. 张冬冬：《甲午战争前后日本女性地位考察》，《日本问题研究》2014年第6期，第55~61页。

三　日本公娼制度向海外的延伸

在日本国内教育界以良妻贤母为目标展开女性教育的同时，另一批不符合"良妻贤母"规范的女性出现在日本海外殖民史中并得到政府的支持。她们在民间被称为"唐行小姐"[1]，在当时政府的正式文件中被称为"丑业妇"，即日本娼妓。从19世纪70年代到20世纪20年代，这些女性背井离乡远赴海外，其足迹北起西伯利亚、中国东北部，南至马来半岛，西达印度、非洲的好望角，东抵美国加州沿岸地区。其规模之大、范围之广在世界上不多见。由于南洋地区的日本娼妓数量最多，因此国内也译为"南洋姐"。

"唐行小姐"虽然早在江户时代末期就已经出现，但在明治时代人数最多，而衰落于大正中期。1897年日本外务省专门调查过海外的日本娼妓情况，同年海参崴贸易事务馆事务代理提交的第一份报告显示，截至1897年6月末，在西伯利亚地区从事"丑业"的日本妇女的人数为471人。其中来自长崎县的有312人，熊本县67人，佐贺县30人，山口县21人。[2] 日本驻新加坡领事藤田敏郎在《海外勤务四分之一世纪的回顾》中则写明，1896年、1897年前后，在新加坡居留的日本人大约有1000人，其中900人为女性，这些女性中的99%为娼妓。[3] 可见赴海外打工的日本娼妓往往远多于当地的日本男性。其服务对象既有日本人也有外国人。据村上信彦的推算，明治年间输出的女性可能

---

1. 唐行小姐日语原文是"からゆきさん"，原意是去往海外的唐（中国）、天竺（印度）等地打工的人，不分性别，后专指赴海外卖淫的日本娼妓。
2. 《海参崴贸易事务馆致外务大臣报告》，《指示1件》（1897年8月11日），转引自林博史《日军"慰安妇"前史——西伯利亚出兵与"唐行小姐"》，芦鹏译，《日本侵华史研究》2015年第4卷，第102~110页。
3. 倉沢愛子「インドネシア」吉川利治編『近現代史のなかの日本と東南アジア』東京書籍、1992、83~84頁。

第一章
日本妇女参与"妇女、和平与安全"议程的历史背景

达数十万人。[1]

"唐行小姐"的出现主要有两大原因,一个是妇女及其家庭有迫切的经济需求,另一个是日本政府鼓励娼妓去海外打工。

在江户时代卖妻卖女被认为是底层百姓求生的方式而受到默许,因此曾根弘美认为"在近世社会,卖春对很多人来说并非需要积极回避的事情,国家政策上的应对也缺乏伦理性"。[2]远赴海外为娼的日本妇女中有很多是因为知道在海外挣钱容易而自愿入行的,甚至不惜采取偷渡的方式。

作为存娼论的代表人物,日本著名的思想家福泽谕吉一方面批判一夫多妻制,另一方面肯定娼妓的必要性。其不仅论及日本国内的娼妓问题,还将海外纳入了视野。1896年福泽在《时事新报》上发表了名为《人民移居海外和娼妇外出赚钱》的文章,鼓励人民移居海外,认为应该认可娼妇外出打工。福泽给出的理由是移民以单身或将妻儿暂且留在日本的男性居多,因此移居地的人口中男女比例失调。既然在人口稠密的内地需要娼妓,那么在海外就更有必要,应该公开认可娼妓外出打工。她们外出赚了钱能够回国盖房,这是值得赞许的事。[3]他还举出德川幕府时代在中国香港的英国官员请求日本妇女去中国香港为娼等例子来证明娼妓出国打工的必要性,这也从侧面说明日本政府默许本国妇女出国卖淫由来已久。1891年2月28日,明治政府向帝国议会提交《海外日本妇女保护法案》,将以卖淫为目的引诱日本妇女的国内外中介、以卖淫为目的出国的日本女性和帮助其出国的人都作为处罚

---

1. 村上信彦『明治女性史(4)愛と解放の胎動』下巻講談社、1977、52頁。
2. 曽根ひろみ『娼婦と近世社会』吉川弘文館、2003、9頁。
3. 福沢諭吉「人民の移住と娼婦の出稼ぎ」『時事新報』、1896年1月18日。

对象。但该法案在一个月后就被悄悄撤回了。1892年，外务大臣榎本武扬向日本娼妓增加明显的几处领事馆发出内部训示，称大的方针是在海外扩张国民势力，所以不能拘泥于这些微不足道的保护政策。只要不违反本国法律，日本妇女渡海取缔方法也不得不从宽。[1]这篇内训显示了明治政府对日本海外娼妓的纵容态度，而且该内训将中国和朝鲜除外。对于这一点，岳本新奈评论说《移民保护法》出台之际是日本在甲午战争中获胜占领台湾、将朝鲜变为"保护国"之后。采取对外扩张政策的日本在原本取缔日本娼妓的朝鲜、中国的上海和台湾陆续出台基于国内公娼制度的法令法规，《移民保护法》的内容便于从日本国内运送娼妓。[2]将海外的日本娼妓置于支配下的法令法规是日本公娼制度的延伸和变形。

但明治维新后日本的中上阶层受到了西方伦理道德的影响，开始认为娼妓败坏民风且危害人民的健康，因此出现了废娼派。明治初期的政治家植木枝盛1888年向高知县提交《娼妓公许废止》，列举废娼六大理由，其中提到政府不应该干预卖淫，将娼妓统一管理的公娼制度在外国人看来也不体面。

日本国内的废娼派认为娼妓肮脏低贱，视其为需要拯救的存在，但很少关注娼妓个体的不同需求。纠风会向帝国议会提交的《关于制定外卖淫妇取缔法的请愿》中屡次将"偷渡卖淫妇"称为"日本之耻"，认为其"因无知愚

1.「明治廿五年三月二十三日附榎本外務大臣発信在清国、朝鮮、香港、シンガポール、桑港、バンクーバ各領事館宛内訓」外務省編『外務省警察史 支那ノ部 在上海総領事館』不二出版、1996、20487頁。
2. 嶽本新奈「境界を越える女性たちと近代――海外日本人娼婦の表象を中心として」博士学位論文、一橋大学、55頁、https://hermes-ir.lib.hit-u.ac.jp/hermes/ir/re/26725/lan020201300703.pdf，最后访问日期：2020年6月8日。

第一章
日本妇女参与"妇女、和平与安全"议程的历史背景

昧、唯利是图而陷入诱拐者之圈套,虽悔前非而终不得归国者众多。……虽日本帝国强兵富国,于东洋称霸,大义遍及四海,此却永为国旗之耻"。[1]从该请愿书的措辞不难看出废娼派对娼妓的蔑视以及对国家体面的看重。

无论是存娼论还是废娼论,两者的关注点都在于是否对国家有利。前者强调娼妓带来的经济效益和日本男性所能得到的好处,后者则指责其"不干净",有损国威。海外娼妓因为除了人身买卖以外还带有主动"出国打工"的性质,因此比日本国内的公娼更令废娼派厌恶。

朱忆天认为"南洋姐"进入南洋,在改变自身命运的同时也有力地带动了近代日本迈进南洋的步伐。通过她们的先期开拓和耕耘,进入大正时代（1912—1926）,南洋成为日本社会各阶层广泛关注的对象,并且其被提升为一种关注南洋的国家层面的共同意识形态。[2]

日本娼妓活跃于海外有利于近代日本的原始资本积累和海外扩张,这是得到日本政府纵容的根本原因之所在。提倡"妇德"和鼓励卖身看似相悖,其实都是日本为了发展经济、增强国力而采取的手段,妇女的权益让位于巨大的国家利益。无论是支持还是反对娼妓的存在,两派都没有真正站在这些妇女的立场去思考和判断,而是将其视为帝国的垫脚石或体面,在国家发展的不同阶段或鼓励其用身体获取经济利益,或收回管理权以维护国家形象。

1.「在外売淫婦取締法に関する請願」『婦人新報』,1889。
2. 朱忆天:《试论"南洋姐"的生存实态及历史定位》,《南洋问题研究》2012年第1期,第93页。

第三节　大正时期的妇女运动

大正时期虽然短暂，但可以说是一个承上启下的时代，在此期间爆发了大正民主运动，发生了关东大地震，都对政坛产生了巨大影响。妇女组织也在此时期登上了历史舞台。

一　大正时期妇女运动的社会背景

1894年甲午战争后，日本已经逐渐形成了以都市为中心的生活模式。1914年爆发的第一次世界大战加快了日本经济，尤其是工业的发展速度，农业人口逐渐向工业人口转化。随着越来越多的年轻人从农村进入城市并组建家庭，以夫妇为核心的小家庭大幅增加，受大家族的制约减少。然而，女性并未因此摆脱家父长制的支配。"良妻贤母主义"要求女性作为"良妻"支持丈夫外出工作或打仗，作为"贤母"为国家多生育未来的战士，并承担起教育子女的责任。但大量女性进入城市后由于产业发展的需要而从事接线员、工人、记者、服务员、教师等职业，得以在经济上自立，这为她们打开了通往家庭之外的新世界的大门。

1905—1925年日本爆发了大正民主运动，[1]本次运动的核心在于确立资产阶级政党政治和争取普选权，以工人阶级和城市中间阶层为中心如火如荼地展开了普选运动。1925年《男子普通选举法》出台，取消了选举财产限制，规定25岁以上的男子有选举权，30岁以上者有被选举权，参政人数从1919年的307万人剧增到1241万人，所占比例从最初限制选举的1.1%提高到

---

1. 大正民主运动是指从日俄战争以后到大正末年，以政治为中心，扩展到社会、文化领域的具有民主主义、自由主义倾向的运动。

第一章
日本妇女参与"妇女、和平与安全"议程的历史背景

19.4%。[1]

1923年9月1日还发生了一件引发全日本社会震荡的事，即关东大地震。关东大地震的震区包括东京、神奈川、千叶等县市，震级7.9级，随之引发的大火造成至少10万人死亡，东京烧毁了三分之二，造成13.3万人死亡、10.43万人受伤，财产损失约55亿日元。这在日本历史上是仅次于2011年东日本大地震的第二大规模的地震。[2]由于政府机构集中在东京，政府职能一度瘫痪，警力不足，缺乏有序的避难疏导，救灾工作进行困难。灾后社会治安混乱，犯人越狱，治安事件频发都造成了居民的恐慌。从9月1日下午开始就在避难人群中产生了谣言，风传有社会主义者和朝鲜人放火。9月3日，谣言已经传到全国各地。报纸刊登的不实消息加剧了"鲜人暴动"等谣言的传播。[3]加上地震前五天首相加藤友三郎去世，日本政局动荡，大地震发生后的9月2日山本内阁才仓促成立，这些都加剧了救援工作的难度。

二 大正时期妇女的觉醒

在大正民主运动期间，始终被排斥在政坛之外的妇女却因一次捍卫家庭的举动推动了政局的改变。第一次世界大战末期的1917—1918年物价腾贵，作为日本主食的大米价格更是一路飙升。虽然寺内正毅内阁为了抑制米价出台了相应的政策，但效果不佳。日本政府1918年准备向西伯利亚出兵，干涉俄国革命，军队囤积大米作为军粮更是导致米价无法控制。7月23日，富山县下新川郡鱼津町的鱼津港内，几十个当地渔民的妻女聚集在囤积大米的十二

---

1. 遠山茂樹・安達淑子『近代日本政治史必携』岩波書店、1982、161頁。
2. 『帝都復興区画整理誌』東京市役所、1931、19頁。
3.「鮮人大暴動」『河北新報』、1923年9月3日。

银行仓库前要求搬运工不要把米运出富山县，经过主妇代表的交涉，大米被留了下来。8月3日，在富山县鱼津町渔村西水桥町又有众多渔民妻女要求米商卖米，要求卖米的请愿活动吸引了越来越多的居民。这次运动被当地报纸《高冈新报》称为"越中女子起义"，就此拉开了持续两个月的全国规模暴动的序幕，最终导致寺内正毅内阁倒台。在这次运动初期，男性渔民出海打鱼，渔家妇女挺身而出，以一己之力对抗男性货主、搬运工和警察，为了自己和家人的生存展现了出色的交涉能力和非凡的勇气。在富山以妇女为组织者和主要参加者的"米骚动"并未发展为暴动，也正是源于妇女们温和而坚定的行为。"米骚动"后大正民主运动进入以工人阶级和城市中间阶层为主体的发展期，日本共产党也在不久后的1922年诞生。

从关东大地震后的废墟里站起来的妇女们并不只是受灾者和被保护者，为了更好地应对赈灾工作，地震发生一个月后，东京的妇女组织纷纷投入救灾工作，妇女组织间加强交流和团结，组建了"东京联合妇人会"。纠风会在当时的妇女组织中处于中坚地位，主要成员从创办以来对性工作者多持有蔑视态度，认为其是社会之恶，但关东大地震后因为目睹吉原（吉原位于东京都，江户时代成为幕府认可的妓院聚集地，于1957年关闭）妓院中女性被烧死的悲惨遭遇，而在灾后多次展开了反对重建烧毁的妓院的运动，扩展到全国后也影响到朝鲜的废娼运动。[1]

对海外的日本娼妓，纠风会等妇女组织也持续关注。1919年纠风会总干事林歌子一行人去西伯利亚视察，认为当地日本娼妓众多是由于教育水平不

---

1. 楊善英「関東大震災と廃娼運動——日本キリスト教婦人矯風会の活動を中心に」『国立女性教育会館研究紀要』9号、2005、95–105頁。

第一章
日本妇女参与"妇女、和平与安全"议程的历史背景

足,因而决定向全国普及贞操教育,为此委托布川孙一赴娼妓籍贯最多的岛原、天草和佐贺进行调查,发现日本娼妓在海外主要服务于外国人而非日本男性,纠风会因此从优生学的角度批判娼妓玷污了血统的纯洁性。

女性杂志也在这一时期发出女性自己的声音。大正初期从女性文学杂志转变为涉及女性问题的女性主义论坛《青鞜》为女性发声呐喊,后来更是发展为呼唤女性觉醒的刊物。这也和平塚雷鸟创办刊物的初衷促进"女子的自我发现和觉醒"相符。一批接受了启蒙思想教育的进步女性,如与谢野晶子、伊藤野枝、奥梅尾、市川房枝等都在该刊物上批判束缚妇女的封建制度,提倡妇女解放。1914年《青鞜》展开了贞操论争,1915年该杂志在经营权和发行权转到伊藤野枝手中后发起了如堕胎问题、母性保护问题、废娼问题等关于妇女的大讨论,各方观点自由而激烈的碰撞反映出女性在父权制度下的迷惘和反抗。其中堕胎问题触犯了国家禁止堕胎的禁忌,导致《青鞜》遭到禁售处分,而时至今日堕胎问题仍然在困扰很多国家和地区的妇女。1994年和1995年,国际人口发展会议和国际妇女大会分别将"关于性与生殖健康及权利"明确写入行动纲领,说明其具有现实意义。1918年在与谢野晶子和平塚雷鸟之间爆发的母性保护论争则涉及妇女解放运动中的一大争论焦点,即女性生育子女是否应该受到国家的保障。平塚雷鸟对此持肯定态度,将母性与国家联结在一起。与谢野晶子则强调女性的经济独立,认为母性应该归于个人或家庭层面。

《青鞜》在1926年2月后就停刊了,发行的时间不长,但进步女性们为争取政治权利而发出的声音和为自由做出的努力在社会上产生了巨大的影响,激励了年轻女性。

1920年平塚雷鸟和市川房枝等成立"新妇人协会"，最初发起的运动是要求修订封杀妇女政治活动的《治安警察法》第5条，为此向国会提交《关于众议院议员选举法改正的请愿书》，通过讲演和《女性同盟》杂志进行宣传普及。1922年第45届议会对第5条做了部分订正，废止了对妇女主持和参加政治集会的限制，但是仍然不允许妇女加入政党。尽管新妇人协会1922年因内部分歧而解散，但在日本妇女参政权运动史上做出了很大的贡献，妇女赢得了政治评议权利，这意味着日本妇女在争取参政权的道路上前进了一大步。

　　1921年，纠风会的内部组织日本妇人参政权协会成立，目的是进行"妇选运动"。1924年邀请东京的妇女选举团体参加"对议会运动座谈会"，筹建联合各妇女团体的新的组织"妇人参政权获得期成同盟"。其《成立宣言》提到"我们坚信男女都应该根据天赋的义务和权利肩负起建设新日本的责任"，[1]并从第50届议会开始，在每次议会期间都提交法案谋求妇女公民权、妇女参政权和妇女结社权。进藤久美子称其为日本真正意义上的妇女参政权运动。[2]妇人参政权获得期成同盟1925年改名为妇选获得同盟（以下视情简称"获得同盟"）。其从成立之初就把自己设定为政府的支持者而非反对者，尽力在政府的严厉管控下传递妇女的政治主张。1928年4月在获得同盟第4次大会上，市川房枝宣称妇女参加选举是为了使政治成为清廉公正的国民政治，使政治和厨房的关系紧密相连，改革废除那些不利于妇女儿童的法律制度。[3]1928年2月

---

1. 児玉勝子『十六年の春秋——婦選獲得同盟の歩み』ドメス出版、1990、12-23頁。
2. 进藤久美子：《市川房枝与日本妇女选举运动——近现代日本政治暗流的形成》，《日本研究》2019年第3期，第11页。
3. 児玉勝子『十六年の春秋——婦選獲得同盟の歩み』ドメス出版、1990、12-23頁。

第 一 章
日本妇女参与"妇女、和平与安全"议程的历史背景

在首次男子普通选举期间,获得同盟的女性监督男性选举,并进行了276次助威演说,[1]赢得不少议员和在野党支持妇女参政。此外,获得同盟团结所有争取妇女参政权的妇女团体,其中也包括无产阶级组织,可谓跨阶级跨地域。因为当时社会上认为女性应该被束缚于家庭之内,以厨房为活动场所,市川房枝巧妙地将政治与厨房联系在一起,认为最好的政治就是每个国民家庭厨房的米柜里随时都能装满大米,[2]从而使"主内"的女性取得在政治上不可被男性替代的理由。然而,获得同盟从建立伊始就服从于国家意志,政治与厨房的结合显示出对掌握公领域中的权力的男性的避让,因此不难理解为何1928年就将要求男女平等和同等政治权利的主张从纲领中删除了。

1925年细井和喜藏的纪实文学作品《女工哀史》出版,描述了纺织女工严酷的工作条件和艰难的生存环境。1927年劳动妇人联盟建立,除了上述组织,还有1916年成立的由女性劳动者组成的友爱会妇人部、1921年成立的社会主义妇女团体赤澜会等。日本妇女争取自身权益的尝试以不同形式展开,但共同的特征是运动与生活紧密结合。

由于大正时代妇女受教育程度的提高,因此其在职业选择上不断取得突破,开阔了视野,提升了经济能力。经济实力的提高又进一步引发了妇女对获得话语权的渴望,增强了她们的参政议政意识。在大正民主运动的潮流中,妇女的参政意识高涨,多个妇女团体都对政治权利有所诉求,即使仍然没有争取到选举权和被选举权,也体现出了妇女在政治领域的进步。无论是在社

---

1. 『東京朝日新聞』,转引自进滕久美子《市川房枝与日本妇女选举运动——近代日本政治暗流的形成》,《日本研究》2019年第3期,第13页。
2. 市川房枝「総選挙と婦人」『婦選』,1932、5頁。

会领域、政治领域还是文学领域，妇女都持续发出自己的声音，并呈现出多样化的特点，显示出不同出身和经历的女性之间的差异和分歧。堕胎、贞操、母性保护等都与女性自身利益密切相关，但长期以来在男权社会中不能由女性自主决定，更不能提出异议。到了大正时代，妇女间加强联系，壮大了力量，积极主动地摸索属于自己的未来。越来越多的妇女为了捍卫自身的权益，奋力摆脱男性制定的标准，用女性视角观察和推动社会变革。

第四节　昭和初年到二战结束前妇女的生存困境

尽管日本妇女在大正时期迈出了勇敢的一大步，但其处境没有获得根本性的改变，处于发现和指出了问题但尚未找到解决问题的办法的阶段，又因经济危机的爆发以及日本帝国野心的膨胀，在进入昭和时代后遭遇了更大的危机。

一　"孝女"困境

对于昭和前期的日本人而言，忠存在于臣民和君王之间，孝则建立在血缘关系之上。在日本更加重视前者，孝往往要让位于忠，但在家庭经济遭遇危机之时以"孝"之名强迫妇女做出牺牲的事例比比皆是。

1929年10月美国爆发经济危机，很快就发展为前所未有的全球性经济危机，1930年经济危机波及日本，大量中小企业、工厂倒闭，小手工业者负债，工人失业，原本在纺织厂等打工的女性因失业不得不回到农村。然而，由于主要出口产品生丝价格暴跌，其他农产品如大米等价格也持续走低，农村经济遭受了沉重的打击，农民生活困窘。农村的负债总额增至60亿日元，平均

第一章
日本妇女参与"妇女、和平与安全"议程的历史背景

每一农户的负债为1000日元。[1] 1931年北海道和东北地区歉收，1934年东北地区又严重歉收导致饥馑，儿童缺少食物，年轻女性沦为娼妓的数量大大增加。

根据安中进的分析，主要是蚕茧生产减少导致女性卖身增多。[2] 妇女从工厂或帮佣的人家回到农村后依然找不到经济来源。为了避免全家饿死，年轻女性成为被牺牲的群体，而且大多是自愿被发卖。例如，1934年11月《东京朝日新闻》刊登了岩手县一名原本靠做帮佣养活家人的贫农家庭的长女，被以300日元卖到妓院后因被带去登记而被警察发现并被"保护卖身姑娘"运动成员救助。然而该女性并不感激，因为她获救回到家乡会导致家人饿死，所以提出"只要牺牲自己能让父亲和弟弟妹妹活命请让我当妓女"的请求。警察只能将她交给爱国妇人会，让其帮助她寻找做女佣的机会。[3]

探讨为何出现这样自愿为娼的现象，需要先回顾一下日本的近代娼妓制度以及年轻女性面临的困境，妇女为了家人的生存而卖身为娼至少从江户时代起就被认为是符合孝道的美德，社会上对这种牺牲的允许和鼓励是导致贫家女性被卖入妓院的一大原因。1869年津田真道提出《禁止人口买卖的议案》，表示娼妓与奴隶一样都不应存在于走向文明的皇国之中，但他只是认为买卖人口有损国家形象，并不反对基于本人"同意"的性交易。1872年明治政府迫于国际压力颁布《解放艺妓娼妓令》，禁止人身买卖，废除了江户时代的游廓制度，但次年12月又公布"贷座敷[4]渡世规则"和"娼妓渡世规则"，

---

1. 藤原彰：《日本近现代史》（第三卷），伊文成等译，商务印书馆，1983，第39页。
2. 安中進「『娘の身売り』の要因と鉄道敷設」『Winpec Working Paper Series』1702、1-25頁。
3. 「『私が犠牲になれば』救われて浮かぬ娘凶作地の『血の記録』」『東京朝日新聞』1934年11月17日。
4. 贷座敷是挂牌营业所的名称。

将满16岁的"自愿"娼妓集中到"贷座敷",建立了接受健康检查、领取营业执照、缴纳税金的公娼制度。公娼的特点是其存在获得国家的许可,需申请营业执照、缴纳税金并定期接受性病检查。她们必须居住在指定的妓院接受妓院经营者的支配,几乎没有外出的自由。经营者事先向其家人支付"预支金",由公娼靠卖淫分期偿还。妓院经营者和公娼之间在实质上仍然是一种人身买卖关系。妇女看似自愿,其实是被其家人卖进了妓院,在还清"预支金"之前遭到人身禁锢,无法自由离开。

1900年10月2日,日本政府颁布了《娼妓取缔规则》,建立了全国统一的娼妓管理体制。该法令将从事娼妓业的法定年龄提升至18岁,规定娼妓废业只需要娼妓采取口头或书面申请的方式,废除了必须经过妓院经营者认可的规定,强调任何人都不得无理干涉娼妓的废业申请。1921年国际联盟通过了《关于禁止买卖妇女儿童的国际条约》,日本虽于1925年12月批准加入,但拒绝其中第5条将娼妓最低年龄提升到21岁的规定,并宣称不包括朝鲜半岛、中国台湾和关东租借地。由于人权意识的增强,在1926年的帝国议会上公娼制度因其不人道且在风纪、卫生、教育上有害无益而遭到批判,因此日本政府于1927年撤销了对该条约娼妓最低年龄的保留意见。总体来说,日本政府对废娼采取极为消极的态度,这致使女性得不到法律层面的有效保护。

1929年山形县最上郡西小国村村民为了购置国有土地而卖掉自家女儿,其中卖为娼妓39人、女招待15人、艺妓11人、女佣20人,以致村中年轻女性全都消失了,[1]遇到灾年农家女性更容易遭到发卖。女性被家长以"尽孝"的

---

1. 岩本由輝『山形県の百年』山川出版社、1985、182-183頁。

第一章
日本妇女参与"妇女、和平与安全"议程的历史背景

名义卖到妓院,并非真正的自由择业,而国家也参与了对娼妓的管理和剥削。

其实早在明治年间社会上对卖身的看法已经由江户时代的传为"美谈"逐渐转变成视为"丑事"。福泽谕吉认为,从道德上看娼妓可耻但又不可缺少。其在1883年自己创办的《时事新报》上提出将娼妓视为孝女是社会弊风,[1]1885年在《品性论》一文中斥责娼妓是人类里最下贱的,但同时又表示必须依靠娼妓来维持社会的安宁。[2]这样的态度转变使因经济窘迫不得不卖身为娼的女性在道德上陷入绝境。

在政府不作为的情况下,一些妇女组织参加了废娼运动和对娼妓的救济,如上文提及的纠风会和1901年成立的爱国妇人会[3]等。1931—1934年爱国妇人会的新潟县支部参与了防止卖儿卖女的救济活动。但需要指出的是,纠风会等妇女组织对娼妓大多持歧视态度,称其为"丑业妇",又由于参与废娼运动的妇女组织领导者多出身中上流社会,因此态度颇为傲慢。朱忆天和潘锦蕾认为绝大多数废娼运动家对催生卖淫制度的社会构造以及娼妓在男权家长制之下的"弱者立场"等缺乏应有的认识,未能从民主平等、女性解放等视角去维护娼妓的权利,更鲜有从经济根源等角度去解剖公娼制的存在本质,废娼运动从一开始就带有追随国家权力的特质,呈现出与国家公权力紧密"联

---

1. 福沢諭吉「婦女孝行余論」『時事新報』(1883年10月18日)『福沢諭吉全集』第9巻 岩波書店、207頁。

2. 福沢諭吉「品行論」『時事新報』(1885年11月20日)『福沢諭吉全集』第5巻 岩波書店、565頁。

3. 爱国妇人会成原本是一个以救援战死者家属和重伤人员为主的后方军事救助团体,在各个县都有支部,占据该团体核心地位的是皇族和上流社会的已婚女性。

姻"的价值取向。[1]20世纪初优生学传入日本后，女性的纯洁被认为是生育优秀后代的前提，男性因嫖娼患性病会污染原本纯洁的妻子，导致后代也被传染。这为废娼提供了更为"科学"的证据。

在纠风会、救世军等多个团体的推动下，加上国际上的废娼运动对日本政府施加的压力，20世纪30年代前半期，各地公娼制度逐渐废止。但这只是废除了正式挂牌的妓院，由于内务省没有发出废娼指令，因此妓院改头换面继续营业，公娼转为私娼。在海外从事其他行业的日本人逐渐发展壮大并要求驱逐娼妓，而娼妓赚取外汇的重要性不断下降，因此日本在海外也采取了废娼的举措。例如，1919年日本驻新加坡总领事代理山崎平吉宣布全面实施"废娼"，"南洋姐"此后逐渐退出了东南亚。

可见进入昭和时代后日本妇女的身体仍然被"孝道"所捆绑，政府也依然采取消极的应对态度。日本妇女组织的介入和国际废娼运动的影响使公娼转为私娼，即使是因为生活所迫不得不卖身为娼的女性，也因其不再"纯洁"而被贴上"不道德"的标签，遭到"良妻贤母"们的鄙视，显示出不同阶层、不同境遇的女性间的鸿沟。

二 殖民政策下"大陆新娘""寮母""慰安妇"的性别角色

从1906年起日本政府在中国东北地区推行移民政策，试图借此消化日本农村过剩人口，建立其在东北的长期统治，特别是"九一八"事变后，在关东军的大力推动下日本加快了移民步伐。1932年日本尝试了第一次武装移民，即

---

1. 朱忆天、潘锦蕾：《"废娼"大义下的"排娼"思想体系——试论近代日本废娼运动的精神实质》，《华东理工大学学报》（社会科学版）2017年第6期，第106~113页。

第 一 章
日本妇女参与"妇女、和平与安全"议程的历史背景

由成年男性组成"满蒙开拓团",但因为当地人的抵抗以及条件艰苦并不成功。日本关东军司令部陆军大尉东宫铁男认为安定人心的最好办法是把男性移民的配偶也送到东北,并为单身男性从日本国内招募了新娘。1936年,广田弘毅内阁将"二十年百万户移民计划"列为"七大国策"之一,从政府层面开始运作招募"大陆新娘"的活动。全国各地纷纷举办大陆女子拓殖讲习会、成立女子拓殖训练所等,皆以培训新娘为目标,媒体和妇女团体也大肆宣传鼓吹,一方面将"满洲"描绘为天堂,另一方面灌输"大东亚新秩序",把结婚和爱国联系在一起,掀起了日本年轻女性嫁往"满洲"的热潮。1939年1月拓务、农林、文部三省联合制订"百万新娘计划"。"大陆新娘"大多在18—25岁,日本政府看中的是她们强大的生育能力,希冀她们在殖民地大量孕育大和民族纯粹的血脉。1941年日本又在中国东北地区开办"开拓女塾",培训对象是独身且年轻、有成为开拓团成员配偶的意向或帮助推进女性移民的妇女。

1937年日本发动全面侵华战争后征召成年男性入伍导致移民人数减少,因此1938年日本开始招募"满蒙开拓青少年义勇军",将16—19岁的少年也送到东北的训练所,经过三年的训练后编入"开拓团"。日本政府除了加大"大陆新娘"的招募和培训力度,还建立了"寮母"制度。招募第三期"寮母"时发布的《满蒙开拓青少年义勇军女子指导员(寮母)招募纲要》中写明要实施有家庭感觉的教育,因此配置以母性教育为任务的指导员(寮母)。[1] 招募条件是独身或丧偶的30—45岁妇女,身体强健且有一定学历。日本政府希望"寮母"能让这些远离家乡的少年感受到母爱,获得慰藉。从招募条件可以推测出应征当"寮母"的妇女在日本国内处于独身状态,而独身意味着

---

1. 清水久直『満蒙開拓青少年義勇軍概要』明治図書、1941、115–116頁。

她们无法成为良妻贤母，因此被视为"失败者"。对她们来说"满洲"是一片寄托了希望的新天地，在这里她们将获得一个"母亲"的身份和报效祖国的荣誉，成为被帝国需要的人。

然而无论是"大陆新娘"还是"寮母"，其获得的成功和满足感都是建立在日本掠夺他国土地资源的侵略行为之上的，她们协助政府培养身兼士兵和农民双重身份的殖民者，是日本政府稳定移民情绪的工具，其自身也成为侵略者的一员。战败后一切希望和付出都付之东流，有人沦为难民，有人夫妻双双死在东北，孩子成为孤儿。日本鸟取县的地方报纸《日本海新闻》从1940年起刊登"满洲"移民相关报道，煽动一拨拨移民接受培训、离开故乡，并以1948年12月13日的一篇报道《龙爪鸟取屯开拓团员的孤儿被仓吉町因伯保育院收容》为标志，宣告了一代日本青年移民和他们的新娘悲剧性的结局。

日本发动侵略战争后足迹遍布东亚、东南亚、太平洋、印度洋等地，其残暴的殖民统治、杀戮和掠夺对当地人民造成了巨大的伤害，对亚洲国家妇女的残害更是令人发指。以南京大屠杀为典型的大规模屠杀中，大量当地妇女遭受酷刑、奸辱和杀害。1937—1945年日本全面侵华期间，日军所到之处将中国妇女作为泄欲对象加以折磨。江西省抗战期间人口伤亡统计表显示，妇女伤亡人口占总伤亡人口的31%。[1] 除了随时可能出现的奸淫行为，日军还在各地建立"慰安所"，强征"慰安妇"，供官兵发泄性欲。

"慰安妇"与日本国内长期存在并推广到海外的公娼制有着一脉相承的关

---

1. 江西省政府统计处：《江西省抗战损失调查总报告》，转引自卞修跃《抗日战争时期中国妇女伤亡及日军对中国妇女的残害》，中国社会科学院近代史研究所编《青年学术论坛（2003年卷）》，社会科学文献出版社，2005，第673、698页。

第一章
日本妇女参与"妇女、和平与安全"议程的历史背景

系，日本国内的公娼由国家统一管理，"慰安妇"则由军队统一管理。日本的性管理模式早在明治时期就已经随着日本娼妓远渡重洋，并在日本开拓殖民地的过程中得到加强。统一的管理模式和交通网的发展使娼妓在殖民地之间的流动量增大，这都为后来的"慰安妇"制度打下了基础。20世纪30年代在废娼派的推动下日本国内的公娼制度走向终结，但由于防止性病泛滥和强化军队管理的需要以及废娼运动领导人向政府的靠拢，"慰安妇"制度失去了来自日本国内的抵制。

1932年"一·二八"事变后日本陆军在中国上海建立了第一个"慰安所"，在日本上海派遣军副参谋长冈村宁次等人的建议下从长崎县征募"慰安妇团"送往上海。[1] 随着战线的推进，"慰安所"逐渐增多，除了中国，日军也在韩国和东南亚地区建立"慰安妇"制度。但由于日本国内法律法规的制约，很难从国内征召到足够的女性，因此日军强迫众多外国女性充当日军的性奴隶，带给亚洲国家妇女深重的灾难和耻辱。"慰安妇"问题的清算是日本战后的一大问题。这一点将在第四章加以详细说明。

无论是"慰安妇"还是"大陆新娘"或"寮母"，其共同点是为男性提供慰藉，都是日本为了对外扩张而安抚本国男性士兵以及殖民者的手段之一。大陆新娘和寮母分别为侵略者提供家庭之内的妻子和"母亲"，"慰安妇"则满足侵略者在家庭之外的性欲。日本政府将女性的身体视为国家的所有物，以为国尽忠为名索取妇女的身体支配权并分配给需求不同的男性。在"大义"的旗号下，强烈要求废娼的妇女活动家也对"慰安妇"的痛苦视而不见。自

---

1. 稲葉正夫編『岡村寧次大将資料』上巻　原書房、1970、302頁。

愿成为大陆新娘及寮母的妇女，更没有意识到自己因扮演良妻贤母而成为战争的加害者。

三 战争中日本妇女的两极分化

在战争阴影的笼罩下，日本妇女的关注点逐渐转向战局，显示出对战争的支持态度。其原因既有政府对战争的煽动和对不同立场的打压，也有妇女为谋求自身利益的积极参与。

日本妇女因其性别身份被排斥在战场之外，没有参军的义务，但这并不意味着她们可以置身战局之外，她们被要求以妻子、母亲的身份为国家做出贡献，而拥有子宫的女性身体更是被纳入严格的国家管理之下。1930年警视厅禁止避孕、人工流产，1937年日本政府颁布《母子保护法》《保健所法》，1938年颁布《母子保健法》，1941年颁布《国民优生法》，制定《人口政策确立要纲》。此外，厚生劳动省还在二战期间设立母子卫生科。以上法令和措施的频繁出台说明日本政府将生育视为关系到帝国命运的大事，表面看是加强了对女性及儿童的援助，实际上是为了让更多优质人口投入战争中。日本政府和媒体都大肆宣扬无私奉献的"母性"。既要借"慈母心"来安抚出征士兵，又要利用其来为国家生育更多士兵。作为妻子，日本妇女还必须为不在家的丈夫守住家园，并在丈夫战死后压制自己的性欲以告慰在天之灵。东条英机在1942年曾言"前线士兵发挥战斗力的内在动力来源于母亲、妻子和姐妹"。[1]这句话点出了日本政府是如何利用妇女在家庭中的性别角色，来驱使士兵奔向战场的。

---

1. 蒋立峰、汤重南主编《日本军国主义论》（上），河北人民出版社，2005，第586页。

第一章
日本妇女参与"妇女、和平与安全"议程的历史背景

为了让更多妇女心甘情愿地支持战争,日本政府树立了诸多鼓励丈夫或儿子战死沙场的"榜样",其中井上千代子是非常典型的一例。"九一八"事变后的1931年12月12日,大阪步兵第37联队的井上清一中尉出征中国前夜返家后,发现时年21岁的新婚妻子千代子以短刀割喉自尽,留下遗书称自己因为丈夫出征而心怀喜悦,为了能让丈夫没有牵挂地为国效力而选择自杀。[1]千代子的死震动了日本全国。12月16日,陆军相关人员1000余人和民众10000余人出席了她的葬礼。千代子被誉为"军国之妻""昭和烈妇"等,其事迹载入小学教科书,其出生地为她立碑纪念,电影公司则制作了《啊,井上中尉夫人》《死亡饯别》两部电影来歌颂她。千代子之死更大的恶果是令日本妇女发现,除了默默守在家庭之内这条道路外,还可以有其他路径体现自己的存在价值。井上夫妻的媒人安田静作为发起人,在1932年3月18日成立了"大阪国防妇人会",号召全市妇女走出厨房和家庭保卫国家。她们的主要活动为身穿白围裙为出征士兵送行,迎接伤病士兵和遗骨,向前线赠送慰问袋等。

除了对士兵的鼓励和援助以外,随着男性劳动人口的减少,妇女的身影越来越多地出现在原本由男性从事的工作领域,成为汽车司机、理发师、厨师等,也有人在军工厂和煤矿从事重体力劳动。日本政府也随着战争的进展日益重视女性的劳动力,颁布法令来驱使女性填补男性奔赴战场后留下的空缺。例如,1944年8月日本公布《女子挺身勤劳令》,强制12—40岁的未婚且没有工作的女性组成女子挺身队到军需工厂劳动,违反者给予处罚。

---

1. 加納実紀代「白の軍団『国防婦人会』——女たちの草の根ファシズム」岡野幸江等編『女たちの戦争責任』東京堂、2005、6頁。

妇女组织对日本妇女的战争参与起到了很强的推动作用。在军方和媒体的推动下，1932年10月24日"大阪国防妇人会"在东京召开大会，更名为"大日本国防妇人会"，其后迅速在全国扩张，1940年12月达到900万人之多。1942年大日本国防妇人会与爱国妇人会、大日本联合妇人会这三大官方组织合并为"大日本妇人会"，直至1945年6月解散。大部分日本妇女都通过加入这三大妇女组织以及其合并后的大日本妇人会支援前线。她们积极响应政府的号召，参加"后方家庭强化运动""家庭节约运动""女性储蓄运动"等来应对后方物资的不足。各妇女组织组织妇女捐献物资，发起"嫁给伤残军人运动"，协助警察监视反战人士等。

除了从创立伊始就带有浓厚官方背景并与战争有关的妇女团体，以往并不鼓吹战争的一些妇女运动领袖及其领导的团体也先后改变了原来的立场。其中妇选获得同盟的转变过程具有典型意义。一直积极为妇女谋求参政权的妇选获得同盟的领导者市川房枝在"九一八"事变后从否定一切战争的非战立场批判军部，认为因战争直接受到最大伤害的是妇女，希望早日结束在中国大陆的战争，并提出生育子女的女性决不希望把自己的孩子送上战场，因此只有女性与男性共同参与决策才有可能避免战争。[1]1932年5月15日，对妇选运动持支持态度的首相犬养毅遭到刺杀，5月28日第三届全日本妇选大会召开，通过了"我们站在妇女的立场坚决反对眼下正在抬头的法西斯主义"的决议。[2]但是到了1933年2月举行的第四届妇选大会时内部分裂严重，日本基督教妇人纠风会下属的日本妇人参政权协会拒绝明确其反对战争的立场，其领导人久布白落美在

---

1. 市川房枝「国際平和と婦選」『婦選』1931、2–3頁。
2. 平田のぶ「第三回全日本婦選大会の記」『婦選』1932、18–19頁。

第一章
日本妇女参与"妇女、和平与安全"议程的历史背景

"九一八"事变后视察中国并在此后开始讴歌法西斯主义。1934年第五届妇选大会在开始之前就被政府警告不许通过反战决议,但最后的决议仍然包括要求取缔煽动战争的出版物、在国民之间普及反对战争爱好和平的思想、为了实现世界和平寻求与各国妇女的合作等内容。1935年2月第六届妇选大会召开,同年初日本政府已宣告进入非常时期,因此该年度的妇选大会没有明确提出反对法西斯和军备扩张,1937年1月第七届妇选大会以妇选团体协议会的形式召开,依然坚持妇女参政的必要性,但并未对日益紧张的时局进行批判,这次是最后一届妇选大会。同年7月7日的卢沟桥事变标志着日本全面侵华战争的开始,9月近卫文麿内阁发动"国民精神总动员",加紧了对全体国民的思想控制,11月发表了"建设东亚新秩序"的声明,并在次年提出"近卫三原则",将对中国的侵略正当化。1938年近卫内阁进一步制定《国家总动员法》,该法规定由政府统一征用调配全国人力物力以应对中日战争的长期化。在这样的局势下,市川房枝于1940年初首次访问中国后认为战争会长期化,因此转为积极支持"近卫三原则"和协助政府,并解散了妇选获得同盟。

从市川房枝的转变历程可以看出,日本妇女解放运动者由于对政府以及男性议员的依赖而一步步放弃原本坚持的非战立场,为了达到女性参政的目的而对政府的错误行为从沉默到屈从再转变为同流合污。

妇女组织在战时的转变并非突然发生,往往是在其建立之初就已经埋下伏笔。1935年曾在废娼运动中发挥了重大作用的纠风会与廓清会组成的废娼联盟自动解散,组成"国民纯洁同盟",掀起"纯洁报国"运动,与法西斯主义政权合作,用优生学的理论建设更为"纯洁"、强盛的国家,减少士兵的性病以维持战斗力。从最初的废娼到后来的强制"纯洁",其本质都是贞操至上

主义和对娼妓的歧视。

妇女团体对政府的屈从或者积极迎合都为政府对广大妇女的操控创造了便利条件。然而，并非所有妇女团体和组织者都走上了歧途，有极少数妇女活动家坚持抗争到了最后，其中最著名的当数宫本百合子。宫本百合子1930年末加入日本无产阶级作家联盟并当选为同盟的中央委员，次年日本无产阶级文化联盟成立后其当选为中央协议会委员和妇女协议会的负责人，并于同年加入日本共产党。1933年日共大批党员"转向"放弃信仰。宫本在1932—1945年多次被捕入狱，数次被禁止发表作品，更是在1942年由于牢狱环境差而得重病最终导致在战后早逝，但其没有"转向"，坚持了反法西斯的立场。此外，1916年创刊的《妇人公论》从创办之初就呼吁女性解放与男女平等，由于在1943年刊载了肯定阵亡将士遗孀再婚的文章惹怒陆军而受到减少刊物用纸配额的惩罚，于1944年休刊后并入《中央公论》，然而后者也被认为对战争态度不够积极而在同年7月停刊。军方对媒体的严格把控使幸存的妇女杂志都沦为政府的工具，强迫全国妇女只听一种声音。

对待战争，日本妇女其实只有两种选择，支持或反对，并无第三条道路可走，即使保持沉默也免不了为战争提供经济支持。男性青壮年奔赴战场，为女性就业创造了大量机会，这造成一种战争带来妇女解放的假象。生育这一个体行为被纳入国家管理体系，妇女因多生、早生、优生而获得政府的鼓励。生育，尤其是生育男孩从私事变为公事，母爱也与军国主义结合，从私人感情转变为受国家操控的、用于稳定前线士兵情绪和提供情感支持的战争资源。妇女渴望参与国政和提高自身价值的正当要求为获得男性的支持而扭曲变形，然而在当时，绝大多数日本妇女没有意识到自己已成为加害人。

第一章
日本妇女参与"妇女、和平与安全"议程的历史背景

第五节 1945年后日本妇女的权益获得

1945年8月日本战败后掀开了新的历史篇章。随着一系列法规政策特别是新宪法的出台，日本妇女原先在教育、经济、婚姻、政治等各方面的壁垒都被打破。

一 战后日本妇女参政活动的兴起

1945年日本投降后，日本民众积极要求建立民主的政治体系。以联合国最高司令官道格拉斯·麦克阿瑟为首的盟军总司令部根据《波茨坦宣言》的精神监督并参与了日本政府制定新宪法的过程。由于币原喜重郎内阁起草的新宪法草案过于保守，盟军总司令部于1946年2月亲自起草了新宪法草案。同年3月6日，日本政府以此为基础，遵循自由、民主、和平的原则制定了《日本宪法修改草案纲要》，又以纲要为基础制定了《宪法修改草案》，并于1947年5月3日正式实施《日本国宪法》。《日本国宪法》第十四条"法律下的平等"明确规定了妇女的参政权。

战后的民主化进程日本妇女团体第一时间参与并起到了推动作用。市川房枝在战后争取妇女参政权的过程中做出了很大努力。早在日本投降的当月，市川房枝、赤松常子等进步妇女就组建了战后第一个妇女团体"战后对策妇女委员会"，要求修改《众议院议员选举法》，废除《治安警察法》，给予妇女参政权。内政大臣堀切善次郎对妇女参政运动表示理解，在10月10日的首次内阁会议上就提出赋予妇女参政权的问题，并获得一致通过。[1]同月，麦克阿瑟

---

1. 堀切善次郎「婦人参政権はマッカーサーの贈り物ではない」『日本婦人問題資料集成（政治）』ドメス出版、1977、677-678頁。

向日本政府发布的五项重大改革指令中的第一项就是解放妇女，赋予妇女参政权。1945年11月以市川房枝为核心的"新日本妇人同盟"成立，致力于在宪法的基础上建设平等、保障人权、和平的政治和福利社会，后在1950年改称日本妇人有权者同盟。1948年主妇联合会成立，提出降低物价、回收残次商品等诉求，显示出主妇成为新的有权者后参与社会活动的积极态度。

1945年11月《治安警察法》废止，妇女得以加入政党，12月依照《日本国宪法》第二十四条草案修改《众议院议员选举法》，规定20岁以上男女都有选举权，25岁以上男女都有被选举权。日本妇女在经过多年奋斗后终于得以与男性一起参加普选。1946年4月10日，日本女性第一次行使参政权，大约1380万20岁以上的女性在二战后第一次众议院选举中投票。当年诞生了日本史上最早的39名女性议员，占全体议员的8.4%，[1]比当时世界上平均3%的女性议员比例高出很多。战后第一次总选举使用的海报，内容是女作家生田花世写的文章，目的就是呼吁妇女参加选举。同年10月7日诞生的新宪法，经过了这些女性议员参与的特别议会审议。新宪法实施后参议院替代了贵族院，并于1947年4月20日举行了第一次选举，选出了10名女性参议员。由于日本国民男女人数基本相当，为了争取妇女手中的选票，社会党、自由党等政党先后成立了妇女部。

二战后，美国主导的西方资本主义国家和苏联领头的社会主义国家分为两大阵营进入冷战态势。在此背景下美国对日政策产生变化，加速了对日合约的缔结。饱受战争摧残的日本妇女，表示了对世界和平的强烈愿望。平塚雷鸟认为此时女性也应该发出声音，因此在1950年5月起草了《非武装国家

1.『女性参政関係資料集—女性参政50周年記念女性参政50周年記念——女性と政治資料集』市川房枝記念会出版部、1997、912頁。

第 一 章
日本妇女参与"妇女、和平与安全"议程的历史背景

日本女性关于合约问题的希望要项》，经野上弥生子等四位女性署名后在26日呈交给负责对日合约的美国特使约翰·福斯特·杜勒斯（John Foster Dulles）。1951年2月8日得到6个妇女团体以及27名妇女支持的《关于合约问题的日本女性的希望要项》发表，并于5月2日刊载于美国的《基督教世纪》杂志上，同年9月《旧金山对日和约》缔结。

1954年3月，美国进行氢弹试验导致出海捕鱼的日本渔民受害。1953年建立的日本妇人团体联合会，向国际民主妇女联合会提交了禁止进行氢弹实验的要求。同年，日本有14名代表参加了国际民主妇女联合会举办的世界母亲大会。日本妇女努力发出自己的声音，以此推动政府向男女平等的方向迈进。

根据日本总务省的调查，日本妇女从获得参政权踏入政坛到2017年的71年间，众议院女性议员比例经历了初期的大幅增长和其后长期在1%—2%的徘徊，然后在1996年改革选举方法后增幅加大。[1] 截至2018年5月9日，女性议员在众议院的占比为10.1%，截至2018年1月21日，在参议院的占比为20.7%，在都道府县议会的占比为10.1%，在市区町村议会的占比为13.1%。从国会议员（众议院）的女性比例来看，在193个国家中日本排第158位，在经济合作与发展组织诸国中排在最后。在内阁成员中女性的数量也较少，国务大臣中有2名女性，占10%，副大臣2人，占7%，大臣政务官2人，占7%。[2] 基层的町村议会中完全没有女性议员的超过30%，各都道府县议会的议

---

1. 総務省自治行政局選挙部「衆議院議員総選挙・最高裁判所裁判官国民審査結果調」、2017年10月22日，https://www.soumu.go.jp/main_content/000612972.pdf，最后访问日期：2020年3月2日。
2. 内閣府男女共同参画局「政治分野における男女共同参画の推進に関する法律」，http://www.gender.go.jp/about_danjo/law/pdf/law_seijibunya04.pdf#search=%272018+%E8%A1%86%E8%AD%B0%E9%99%A2+%E5%A5%B3%E6%80%A7%27，最后访问日期：2020年2月25日。

长一席也全由男性把持。这一现状说明在日本政坛女性活跃度很低，这样的比例显然不能充分展示女性的视角和传达女性的诉求。

日本有识之士注意到了这个问题，1999年日本制定的《男女共同参与社会基本法》第5条规定"政治等的立案和决定的共同参与"，2018年5月公布和实施了《关于在政治领域推动男女共同参与的法律》，其目的是在政治领域积极有效地推进男女共同参与，为男女共同参与的民主政治的发展做出贡献。其基本原则之一是在众议院、参议院以及地方议会的选举中尽可能达到候选者男女比例相当。但该法律只是提出了一个目标，对各地执行力度并无具体要求，也没有相应的奖惩规定。

与妇女的参政环境相比，日本皇室在继承权上的性别区分更为显著。1947年公布的《皇室典范》沿袭了1889年颁布的明治《皇室典范》，第1条规定只有皇室中的男系子孙才能继承皇位。由于从1997年到2005年没有男性皇族诞生，时任首相的小泉纯一郎就皇位继承人问题在2005年召开会议研究修改《皇室典范》。该会议的最终报告提出扩大皇位继承范围，承认女性天皇和女系天皇。2006年明仁天皇次子秋篠宫文仁亲王的王妃纪子诞下男婴，安倍晋三上台，关于女系天皇的议案就此作废。2012年野田政权重启对修订《皇室典范》的讨论，但安倍晋三再次上台后讨论被搁置。2019年德仁天皇继位后，考虑到男性继承人数量过少，日本国会开始讨论皇室继承的问题。女性皇族成员如与天皇或皇族以外的人结婚在婚后必须脱离皇室，这成为女性皇族在婚后继续执行公务的障碍。日本政府也倾向于不破坏自古以来的男系继承方式。不同于皇室和政府的保守，民众显示出对女性天皇的认可。共同通信社在2020年4月实施的民意调查显示，针对由女性继承皇位一事，受访者中表示赞成和倾向于赞成的超过了85%，还有79%的受访者认可母系血统的

第一章
日本妇女参与"妇女、和平与安全"议程的历史背景

女性天皇。[1]虽然民众对女性或女性天皇的后代继承皇位的态度变得宽容，但皇室和政府试图维持原状，继续将女性排除在皇位之外。这种守旧的态度显然不符合两性平等的世界潮流。

二 战后日本针对妇女问题的举措

1979年联合国通过了《消除对妇女一切形式歧视公约》（CEDAW），日本也投了赞成票，但于1985年才在日本国内生效。由于从20世纪80年代开始，日本少子老龄化不断加速，特别是90年代初泡沫经济破灭后，晚婚和不婚人口增加，双职工家庭逐渐增多，高龄独居老人数量也不断攀升。政府亟须促进妇女就业以增加劳动力，又需要解决生育率下降带来的一系列问题，因此致力于提高妇女的地位。为了推动各领域的男女平等，日本政府根据时代的变化出台了一系列政策法规，除了政治以外，在教育、婚姻、劳动等方面也给予了女性更大支持力度。

在教育上，1948年日本制定了《基本教育法》，规定了教育的目的、理念和实施上的基本原则，其中第5条规定男女学生间应该彼此尊重，相互合作，允许男女同校。2006年修订后的新法延续了旧法对教育的机会平等原则的规定，所有国民不分性别均有平等接受教育的权利。但实际上高中毕业后有条件接受高等教育的人群里毕业于两年制的短期大学的女性远多于男性，男性则更多地选择四年制大学。这是由于泡沫经济破灭前两性同工不同酬，社会对女性的期待是早毕业早就业，工作几年结婚后辞职回归家庭。泡沫经济破灭后女性进入四年制大学的比例提高，这导致大量短期大学因生源不足

---

[1]「女性・女系天皇『支持』が高く 天皇に『親しみ』58%」『東京新聞』，2020年4月26日，https://www.tokyo-np.co.jp/article/14232，最后访问日期：2020年8月2日。

而倒闭。在受教育程度上，男性高于女性，但近年来差距有所缩小。

在婚姻上，1947年日本修订了《民法典》第四编《亲属法》和第五编《继承法》，规定夫妻对各自的财产拥有所有权和管理权，但夫妻双方也需共同分担婚姻产生的费用。新民法也修订了继承权部分，废除了旧民法规定的长子继承制，配偶和第一继承人拥有同等地位，子女的继承权也由以前的长子单独继承制改为儿女均分制。1980年日本再次修订民法，提高了配偶的继承份额。但在实际生活中，长子继承仍然占据主流，没有儿子的情况下用"入赘"的方式由女婿继承也很常见。这说明日本男尊女卑的观念没有完全消除。

针对家庭里配偶的施暴问题，日本在2001年出台了《关于防止配偶暴力和保护受害者的法律》（以下简称《配偶暴力防止法》），2013年进行了最近的一次修订，将该法律适用于没有婚姻关系但共同生活，类似于夫妻的情况。在日本全国各地都设有配偶暴力求助中心，其对遭受家暴及跟踪骚扰等的受害者进行紧急保护、提供各种相关信息等。从2018年度（2018年4月至2019年3月）配偶暴力求助中心接到的相关求助案例来看，全国共有114481件，电话求助远多于直接到求助中心求助，其中求助者为妇女的有112076件，使用语言还包括英语、西班牙语、中文等多种外语。[1] 可见妇女仍然是家庭暴力以及跟踪骚扰行为的主要受害者，其中丈夫的行为导致妇女受到的伤害最多。

在劳动方面，日本政府于1986年4月实施《男女雇用机会均等法》，旨在维护职场上的男女平等，保障妇女不受到性别歧视。其第21条将性骚扰分为

---

1. 内阁府男女共同参画局「配偶者暴力相談支援センターにおける配偶者からの暴力が関係する相談件数等の結果について」（平成30年度分），http://www.gender.go.jp/policy/no_violence/e-vaw/data/pdf/2018soudan.pdf，最后访问日期：2020年4月5日。

第 一 章
日本妇女参与"妇女、和平与安全"议程的历史背景

"报复型性骚扰"和"环境型性骚扰"两种,要求企事业单位负责人考虑采取相关措施防止性骚扰的发生。2007年修订该法律时改为"企事业单位负责人必须采取相关措施防止性骚扰的发生",强化了负责人的法律义务。2016年再度修订该法律,规定企事业单位负责人有义务采取措施防止妇女因妊娠、生产、育儿休假等遭受上司或同僚损害其就业环境的行为。

1947年根据宪法制定的《劳动标准法》是规定了最低劳动条件和劳动契约关系的最基本的法律,随着时代变化经历了数次修订。其第65条规定了妇女的产前产后休假权,第26、27条规定了妇女产检休假权以及产后一年内照顾孩子的休假时间,第68条规定妇女如因月经导致工作困难可以申请必要的休假,第64条规定限制怀孕的妇女进行危险有害的工作,第66条规定禁止孕产妇进行深夜作业,限制孕产妇8小时之外的劳动。[1]1991年还专门出台了《关于劳动者在育儿休假、看护老人休假方面的福利的法律》(以下简称《育儿看护休假法》),规定不分性别都享有育儿和看护老人的休假,这对改变以往日本社会男女性别分工方面的意识有着重要意义。2019年12月该法律经修订后休假从以半天为单位改为以小时为单位,并惠及所有劳动者。此规定将于2021年1月1日开始实施。

以上一系列法律法规从多个方面保障妇女的权益,提高妇女的地位,形成对妇女的保护,并不断根据实际状况加以修订。但需要指出的是,早已固定的性别角色意识致使法律法规的落实缓慢而艰难。

1.「労働基準法」, https://elaws.e-gov.go.jp/search/elawsSearch/elaws_search/lsg0500/detail?lawId=322AC0000000049,最后访问日期:2020年3月1日。

小　结

尽管在远古神话中地位尊崇的天照大神是女神，古代也出现过女性部落首领和女性天皇，但其后日本妇女的地位逐渐下降，在很长时间里没有参政权，在教育、经济等方面都远未达到与男性同等的地位。步入近代以后妇女的发展成为近代国家建设的一环，日本妇女借此机会积极争取参政权，试图分享原来由男性掌控的权力，而在之后日本对外侵略的过程中日本妇女既是受害者也是加害者，二战结束后才终于在美国的大力推动下获得了参政权，其他各项权利也受到新宪法的保护。在随后的经济高速发展期，日本男女同工不同酬，加之以家庭为单位的纳税制度，众多女性遵循"男主外、女主内"的模式在婚后离职成为专职主妇，这大大阻碍了女性的发展，降低了女性的自立能力。20世纪80年代后少子老龄化的趋势和泡沫经济的破灭促使日本政府开始构筑男女共同参与的社会，要求妇女也同样承担国家建设的责任，为此在生活和工作两方面缩小两性的差距，给予妇女更多机会。

在近代各个历史转折期，日本妇女地位的提升体现出了政府主导、由上而下的特征。妇女解放自身的愿望不得不经由男性的认可和推动，与国家利益捆绑在一起。在取得参政权之前，日本妇女的身体被用来向男性提供性服务，生育为帝国作战的士兵，妇女对家人的爱也被"忠""孝"之名所利用，这显然背离了妇女寻求独立自主、安全与和平的初衷。日本新宪法出台后妇女虽然逐步获得了前所未有的权利，但没有彻底摆脱依靠外力引导和推动的模式，也仍然服从于国家利益。

第二章　日本落实"妇女、和平与安全"议程的现实基础[*]

日本妇女从古代到近代基本被隔绝在政治舞台之外，无论是在法律上还是在社会习俗上都没有掌控自己人生的权利。近代以来，随着妇女受教育程度的提高、经济的发展以及西方思想理论的流入，妇女与社会的联系越来越紧密，参政议政意识逐渐增强，1945年以后在美国的干预下终于一举突破壁垒，获得了争取多年的选举权和被选举权，在诸多领域都争取到了和男性同场竞争的入场券。然而，多年来政坛妇女活跃度的低迷说明日本远未达到两性平等。20世纪末很多国家都加大了对妇女问题的关注力度，日本也在其中。本章首先论及1945年以后特别是20世纪80年代后日本国内妇女面临的安全问题，之后梳理日本在联合国中的角色与作用，论述其对联合国"妇女、和平与安全"议程的态度和日本妇女的参与，探究日本在应对国内外妇女问题时展现的差异及其原因。

---

[*] 本章部分内容刊载于《中国妇女报》2020年11月18日、2020年11月25日。

第一节　日本国内妇女的安全问题

日本本土在二战结束后多年来没有再经历战火，政治经济稳定，日本妇女面临的安全问题主要来自本国男性在日常生活中施加的暴力、多发的自然灾害和驻日美军的暴力威胁。本节将分别从这三个方面分析日本妇女亟须解决的具体问题。

一　针对妇女的暴力行为的泛滥

对妇女的暴力行为是男女权利不平等关系的一种体现，这种权利的不平等在历史上长期被忽视和纵容，妇女被迫服从于男性，在政治、经济、教育等诸方面都处于不利地位，而暴力使女性遭受到了最简单且直接的压制和伤害。

20世纪80年代末以来，随着泡沫经济破灭后经济的长期低迷、西方女性主义思潮的涌入和少子老龄化的进展，女性劳动力增加，婚后或产后女性继续工作的比例不断攀升。日本政府发布多项法律法规给予女性更多机会，促进两性平等的进程。日本政府认为配偶、交往对象施加的暴力[1]及性犯罪、性交易、性骚扰、尾随等针对女性的行为严重威胁到女性的人权，是建设男女共同参与社会必须解决的重要课题，因此从2001年开始，政府各相关机构联合地方公共团体、妇女团体等发起了"消除对妇女的暴力的运动"。运动期间是每年的11月12日到25日，而11月25日正是联合国大会在1999年通过决议指定的"国际消除对妇女的暴力日"。消灭暴力的前提之一是受害妇女认识到什么是针对妇女的暴力并能够主动寻求帮助。然而2002年11月的全国调查结

---

1. 在日本现行相关法律法规中，配偶、交往对象施加的暴力与家庭暴力（DV）同义，两种名称同时存在，本书会根据具体情况分别使用。

第二章
日本落实"妇女、和平与安全"议程的现实基础

果显示,虽然五分之一的妇女遭受过配偶的暴力,但绝大多数妇女都没有向公共机关求助。[1]这个结果说明,日本妇女虽然意识到自己的人权遭到侵害,但选择了沉默。除了受害妇女自身认识不足,公共机关工作人员的性别观念有待改变以及缺乏有力的预防和保护措施是更重要的原因。

2012年日本针对人权意识所进行的舆论调查显示,在目前什么问题涉及女性人权这一点上,女性认为第一位是家庭暴力,而男性则把性骚扰置于首位。[2]这体现了男性对家庭暴力的认识不足。2013年运动的重点是通过使用杜绝对妇女施加暴力的标志,让大众充分意识到配偶等施加暴力、性犯罪、性交易、人口买卖、性骚扰、尾随等是对妇女的暴力行为而应受到禁止。[3]这项运动的重点表明,在2013年的时候日本还需要向大众普及什么是对妇女的暴力,这在随后的几年里也仍然是运动的重点。

内阁府多年来一直展开"关于男女共同参与社会的舆论调查",从家庭生活、职场、学校教育、政治、法律制度、社会观念、自治会等多个方面体现出的男女地位的平等感调查关于男女共同参与社会的意识,也调查了关于对女性施加暴力的意识和婚后使用原来姓氏的意识等。2012年的舆论调查针对大众传媒中的性和暴力场景做了统计,其结果显示,对于电视、报纸、杂志、网络、电子游戏中的性和暴力场景,认为有问题的女性多于男性,男性给出

---

1. 女子差別撤廃委員会「女性差別撤廃委員会第29会期日本レポート審議 最終コメント」(日本女性差別撤廃条約NGOネットワーク訳)、2003年7月18日、http://jaiwr.net/jnnc/conclcomments.pdf,最后访问日期:2020年4月4日。
2. 内閣府大臣官房政府広報室「人権擁護に関する世論調査(平成24年8月調査)」、https://survey.gov-online.go.jp/h24/h24-jinken/2-2.html,最后访问日期:2020年4月5日。
3. 男女共同参画局「平成25年度女性に対する暴力をなくす運動実施要綱」、http://www.gender.go.jp/policy/no_violence/no_violence_act/outline_25.html,最后访问日期:2020年3月28日。

的最多的理由是损害社会道德观和伦理观，而女性认为这样的场景会让儿童和不愿看的人也看到，助长儿童的性犯罪，自己也感到不快。由此可见，妇女更加注意维护个体的不同感受。¹2019年9月实施的调查结果显示，来自配偶和交往对象的暴力是最需要解决的问题，占回答人数的26.4%，其次是以儿童为对象的性交易、虐待、色情和性暴力，占21%。大都市对强制发生性行为、猥亵、色情狂、偷拍等性犯罪要求采取措施的呼声更高。调查对象最迫切的需求是希望有24小时咨询窗口的服务，占60.9%，排第二位和第三位的分别是能匿名咨询和配备律师等具备法律知识的咨询员。比起男性，女性调查对象中希望有24小时咨询窗口服务和通话费免费的比例更高。²

内阁府从2001年开始每年发布《男女共同参与白皮书》。2013年6月发布的白皮书显示，为了根绝对妇女施加暴力，政府在该年度做出的努力包括警方为了更好地询问受害女性而设置女警察和有心理学知识的职员，积极推进对性犯罪前兆的发现和预警，并从2013年2月开始在尾随及遭遇家庭暴力等案件中的受害者寻求帮助时导入"支持受害者意愿的手续"，向受害者说明事件的危险性和警察能够采取的措施等。2012年度法务省在全国范围内设立了"女性人权红线强化周"；厚生劳动省强化了妇女咨询所的咨询体制；内阁府为家庭暴力受害者提供了咨询机构的电话联系方式；各相关省厅根据"消除儿童色情综合对策"联合推进国民运动等。³

---

1. 内阁府「男女共同参画社会に関する世論調査（平成24年10月調査）」，https://survey.gov-online.go.jp/h24/h24-danjo/2-3.html，最后访问日期：2020年4月4日。
2. 内阁府「男女共同参画社会に関する世論調査」，https://survey.gov-online.go.jp/r01/r01-danjo/gairyaku.pdf，最后访问日期：2020年3月20日。
3. 内阁府男女共同参画局「平成25年版男女共同参画白書（概要）」、2013，http://www.gender.go.jp/about_danjo/whitepaper/h25/gaiyou/pdf/h25_gaiyou.pdf，最后访问日期：2020年3月20日。

第二章
日本落实"妇女、和平与安全"议程的现实基础

以上行动是日本政府推进男女共同参与社会建设的一个重要组成部分。日本政府意识到,要提高妇女的社会地位就必须让国民认识到哪些行为是伤害妇女的暴力行为,政府相关部门也需要采取有效手段保护寻求帮助的受害妇女,并根据情况调整措施和定期检查实施状况,以获得反馈。

二 自然灾害中的妇女安全问题

日本是自然灾害较多的国家,经常发生暴雨、台风、火山喷发等灾害,特别是地震频发,因此防灾减灾任务艰巨。1994年5月23日,第一届联合国世界减少自然灾害大会在横滨召开,通过了《横滨宣言》和《防灾行动计划》,鼓励妇女也参加防灾减灾工作。由于在这样的自然地理环境中生活,日本国民从小就接受防灾训练,妇女也不例外。2005年联合国在神户市召开的第二届世界减灾大会通过《兵库行动框架2005—2015》,更特别指出要确保妇女等弱势群体得到适当的训练和教育机会,将降低灾害风险的教育和训练作为不可或缺的因素,充分顾及训练中的性别和文化差异。[1]

然而,20世纪90年代日本还面临新的问题。由于经济衰退,一些税收不足的地方基础防灾设施老化,加上老人比例的增长,地方政府不得不从以防灾为主转变为防灾减灾并重,当地居民为了自保自发参与到防灾减灾工作中。20世纪50年代和60年代日本各地妇女已经开始组建妇女防火俱乐部等组织,这种妇女自发性的防灾组织数量于1996年达到顶峰,随后逐渐减少。与此同时,各地消防团中妇女的比例逐渐增长,各地区的防灾会议没有女性参加的比例仅为20%出头,其中多为町村级别的防灾会议。参加防灾志愿者活动的

---

[1]. 国連防災世界会議「兵庫行動枠組2005-2015」,9頁,https://www.mofa.go.jp/mofaj/gaiko/kankyo/kikan/pdfs/wakugumi.pdf,最后访问日期:2020年4月4日。

男女比例也相当。[1]

妇女参与防灾活动的方式，从妇女自己成立组织到加入原先的男性组织，再到与男性共同领导，这一变化说明妇女在防灾减灾活动中的重要性逐步提高，地位也不断提升。但我们必须看到日本妇女尚未能在防灾救灾工作中达到与男性比肩的程度，因此难以发挥最大的作用。

当灾害发生的时候，原本就存在的两性差异得到强化，妇女和儿童由于生理构造处于弱势地位，在灾后不安定的生活中更容易受到伤害，而本地区原有的咨询机构也可能因自顾不暇无法提供帮助，这造成灾区妇女的人身安全和精神安定难以获得保障。

以下以20世纪90年代以来日本发生的两次大地震为例，分析日本妇女在两次灾害中遇到的困难和应对方式及其变化。

1995年1月17日日本发生7.3级的阪神淡路大地震，受灾范围以兵库县的神户市、淡路岛以及神户至大阪间的都市为主。这次地震中的死亡人数为6434人，失踪人数为3人，受伤人数为43792人，最高峰时的避难人数为316678人。住房的受损程度为全部倒塌的有104906栋，半倒塌的有144274栋，全部倒塌和半倒塌的合计为249180栋（大约涉及46万个家庭），部分损坏的为390506栋，受损总额约10兆日元。[2]在大地震后的混乱中，妇女遭受丈夫的暴力和在避难所遭到强奸的事例频发。

---

1. 内閣府男女共同参画局「令和元年版男女共同参画白書（概要）」，2019，http://www.gender.go.jp/about_danjo/whitepaper/r01/gaiyou/pdf/r01_gaiyou.pdf，最后访问日期：2020年4月2日。
2. 総務省消防庁「阪神・淡路大震災について（確定報）」，2006，https://www.fdma.go.jp/disaster/info/assets/post1.pdf，最后访问日期：2020年6月18日。

第二章

日本落实"妇女、和平与安全"议程的现实基础

2011年3月11日日本又发生了9.0级的东日本大地震,受灾地区主要集中在日本东部地区,特别是福岛、岩手、宫城3县沿海地区遭到巨大的海啸袭击,离海岸数公里的地区被海啸淹没,许多沿海城市与设施遭到摧毁,仅宫城一县死亡及失踪人数便接近11000人,经济损失更是惨重。该地震成为日本历史上伤亡最惨重、经济损失最严重的自然灾害之一,死亡人数为15527人,失踪人数为7102人,死伤者以老年人为主。地震引发的海啸还导致福岛第一核电站核泄漏事故发生。这两次地震震级高、震度强,造成了很大的破坏。

东日本大地震发生后的2012年6月,NHK放送文化研究所做过抽样调查,调查结果显示有80%的人担心地震,70%的人赞成减少和废止核电,75%的人对国家管理核电站感到不安。[1]核泄漏事故使国民陷入暴露于核辐射的恐慌中,妇女也参与到反对核电站的运动中。

由于灾区的地方公共团体在灾害中受创,内阁府男女共同参与局为了解除妇女灾后生活和面对暴力的烦恼不安,分别从2011年5月10日和9月1日开始,在岩手县和宫城县与当地的公共团体和民间团体共同开设临时窗口和安装咨询电话,也派遣咨询员前往避难所和临时住宅直接与受灾妇女面对面交流。根据咨询员的反馈,内阁府在福岛县也开设了咨询窗口,从2011年2月11日到3月31日以上三县共开设了11个临时咨询窗口提供集中咨询服务,并根据咨询结果从2011年起每年出版《东日本大地震灾区女性的烦恼、暴力咨询报告书》。

2011年度的报告书提到该年度寻求帮助的人中,妇女比例最高,在岩手县

---

1. 高橋幸市・政木みき「東日本大震災で日本人はどう変わったか」『放送研究と調査』,2012,https://www.nhk.or.jp/bunken/summary/research/report/2012_06/20120603.pdf,最后访问日期:2020年4月10日。

求助妇女占比高达97.8%，最低的宫城县也有77.1%。求助内容最多的是不安、抑郁等心理问题，其次是有关生存价值和孤独感等，咨询员提供的最多的帮助方式是倾听，占45.6%。来自配偶的暴力有156件，53.2%的暴力是精神上的攻击，其次是精神和肉体的攻击，占26.3%。配偶以外的人施加暴力的有19件，占第一位的是强奸和猥亵。求助者中经受的灾害位列第一的是地震引发的海啸，排在第二位的是住宅的全毁和半毁。解决心理问题和对家人的担心是求助的主要内容之一，求助者中有36.5%的人认为自己的问题由震灾引起，13.6%的人认为自己的问题在震后恶化和表面化。[1]这说明灾害不仅会造成人身和财产安全的损失，也会带来一系列心理问题，而且灾害发生后的特殊时期女性更易遭受男性的攻击。

2011年6月24日，《东日本大地震复兴基本法》公布和实施。在其基本理念里明确指出应反映出妇女、儿童、残疾人等不同国民的意见。因为考虑到东日本大地震的受灾妇女多样性的需求，和光大学教授竹信三惠子、和洋女子大学教授中岛明子等在当月成立了东日本大地震女性援助网，表示要尊重妇女的视点，创造一个环境让妇女能作为主体参与灾后重建。

根据东日本大地震女性援助网2011年10月至2012年12月进行的灾区妇女儿童受害情况调查，咨询员、志愿者和医师等提供的82例受害情况报告中家庭暴力为45例，其中40例来自丈夫或前夫的暴力，而家庭暴力之外的37例受害情况中有10例为强奸或强奸未遂，19例为其他猥亵行为和骚扰。被害者和加害者年龄范围都很广。家庭暴力多半发生在家中，而家庭外暴力有近一

---

1. 男女共同参画局「東日本大震災被災地における女性の悩み・暴力（集中）相談事業報告書（平成23年度）」，http://www.gender.go.jp/policy/saigai/pdf/chapter3.pdf，最后访问日期：2020年4月5日。

第二章
日本落实"妇女、和平与安全"议程的现实基础

半发生在避难所,这说明防止暴力事件发生的重点在日常起居环境中。此外,医生、警察等的应对方法也需要改进。调查发现受害者往往得不到警察、志愿者等的帮助,身边的亲友、邻居、同事等也对此态度淡漠,甚至有强奸未遂的受害者和加害者被警察送回同一个避难所的事情发生。在震后这一特殊时期,由于个人空间难以确保,妇女比平时更容易遭到侵害。震后人手不足,且警察、志愿者等本应提供救助的人士本身如果持有错误的性别观念,受害妇女就得不到有效的帮助,甚至会受到二次伤害。

在推进男女共同参与社会的过程中,一些自治体意识到了灾害中性别的不同可能会造成男女遭遇困难的不同,因而在制订防灾计划时将这点考虑进去。如《横滨市地区防灾计划·震灾应对篇》(2012年修订)中提到,要充分认识到孕产妇等在发生灾害时无法采取迅速且适宜的行动。另外,要求考虑到受灾居民基于性别而产生的不同需求,其包括三点。第一,确立加入男女共同参与视点的防灾体制,在防灾方针制定过程中让妇女参与进来。第二,预防对妇女、儿童的暴力,在避难所的运营上考虑男女的不同需求,如确保妇女安心更衣、哺乳等的场所,确保儿童安全游戏的场所,安全的厕所,防止避难所里发生对妇女、儿童的暴力行为等。第三,实施应对男女不同需求的防灾教育,培养女性领导者。[1]神户市同年推出的灾害紧急应对计划也引入了性别视角。岐阜县2011年编写的《避难所运营手册》更明确地提出避难所要设置男女管理者,如果避难时间长,需要洗衣服的话,男女晾晒场所要分开,女性专用厕所的安全也需确保,妇女专用的物

---

1. 横浜市防災会議「横浜市地域防災計画·震災対応編(2012年改定)」,转引自東日本大震災女性支援ネットワーク 池田「いくつかの自治体の計画·ガイドラインの紹介」,http://www.bousai.go.jp/taisaku/hinanjo/h24_kentoukai/3/pdf/1_2.pdf,最后访问日期:2020年4月3日。

资如卫生巾等要由妇女来发放，还需要设置妇女专用咨询窗口，安排女性咨询员解答问题。[1]

灾害应对措施中性别视角的导入更好地保障了妇女的人身安全，也考虑到了妇女在生理上不同于男性的需求，而且不仅是保护，也提供给妇女参加管理的机会。

灾后就业问题也体现出性别差异。由于结婚生育等原因，非正式员工中妇女的比例远高于男性。根据总务省的调查，2010年日本妇女劳动者中非正式员工占53.8%。地震后灾区的非正式员工被解雇的可能性大大增加。大量企业的倒闭使失业人数增加，观光业等妇女比例高的产业遭到重创，建筑业等对重体力劳动者的需求大增。妇女显然比男性更难找到安定和带来足够经济收入的工作，这种状况下妇女还要承担家务以及照料家中老人等被认为是妇女天职的重担，更使妇女难以经济独立。

尽管日本政府和民间团体对地震中妇女问题的特殊性有了更强的认识，采取了多种相应的对策，但仍有很多不足之处。内阁府在2011年11月到2012年3月实施了"站在男女共同参与的视点的震灾应对调查"，结果显示男性仍然是避难所设计和经营的主体，男性占比在岩手县、宫城县、福岛县都达到96%以上，临时应急住宅的负责人也多是男性，说明妇女作为参与主体的必要性并没有得到充分认识。在雇用和心理健康方面，妇女比男性形势更严峻。[2]

---

1. 岐阜県防災課「岐阜県避難所運営ガイドライン（2011年）」, https://www.pref.gifu.lg.jp/kurashi/bosai/bosai-taisei/11115/hinanjyo-gaidorain.data/hinanjyo-gaidorain.pdf, 最后访问日期：2020年4月3日。
2. 内閣府「平成24年 男女共同参画の視点からの防災・復興」, http://www.gender.go.jp/about_danjo/whitepaper/h24/gaiyou/index.html, 最后访问日期：2020年4月8日。

以上问题说明性别视点没有在救灾和灾后重建的实际工作中得到充分重视。妇女在防灾救灾中贡献了自己的力量,但没有受到正确评价。妇女就业方式灵活的反面是不稳定,承担着随时失去工作的风险,在灾害来临之际更是如此,严重影响到妇女的经济独立。灾害中妇女遭受暴力和性侵害案件的高发,映照出两性关系中妇女地位的低下和社会整体对此的漠视。灾后管理工作中暴露的以上问题,证实了只有妇女真正参与到救灾和灾后重建的决策、执行过程中,才能更有成效地防止非日常时期环境下性暴力和性别歧视的升级,保障妇女的安全和基本利益。

三 驻日美军性暴力事件和妇女的抗争

二战结束后的1951年,日美两国签署了《日美安全保障条约》,规定美军在日本恢复主权后有权继续驻扎。该条约使美国可以在日本设立、扩大和使用军事基地以保持其在远东地区的军事力量。美军以托管的名义占领冲绳并设置了多处军事基地。1950年朝鲜战争爆发后在冲绳的美军人数达到新高。1952年,日本和美国根据《日美安全保障条约》第三条规定签署了《日美行政协定》,详细规定了驻日美军的地位及特权。其中规定美国军人及其家属犯罪,日本无审判权。1953年,两国修改了《日美行政协定》中关于美军犯罪的审判条款,规定除执行公务外,美军犯罪的第一次审判权属于日本。1960年,在日本民众的反对声中,日本政府又和美国续签了《日美安全保障条约》(通称"新安保条约"),加强了日美军事同盟关系,同时修订了《日美行政协定》,改称《关于设施和区域及美国驻日本国军队的地位的协定》(以下简称《日美地位协定》)。因为日本国民对新安保条约的强烈反对,时任首相的岸信介被迫下台。1972年美国将冲绳归还日本,但保留了美军基地。截至2016年

1月，驻日美军基地共有84处，冲绳集中了全日本74%的美军基地设施，达到34处，占冲绳县总面积的10%。[1]

冲绳县居民反对美军基地的呼声在全国最高，有其历史原因。第二次世界大战中，冲绳是日本本土唯一发生了登陆战役的地方。战败前夕日本政府鼓吹"一亿玉碎"，对百姓进行战争动员，在冲绳更号召"军民一体协同作战"，征召本地居民来弥补军队战斗力的不足。冲绳战役中本地居民死伤惨重，其中包括大量妇女。从1944年末开始冲绳的所有女学校就已经接受了看护训练，1945年初男学生则被训练为少年兵。1945年5月日本政府制定了《战时教育令》，将学生编成学徒队，同年6月又制定《国民义勇兵役法》，发展冲绳的学生部队，将学生分到部队里。1945年3月23日，以美军和英军为主的联军登陆冲绳，当地各学校组成的学徒队前往战场，负责看护伤兵、搬运物资等，其中包括由冲绳师范学校和冲绳县立第一高等女校组成的姬百合部队。姬百合部队最后在美军包围下无路可逃，死伤大半，其他学校的学徒队的命运也大致相同。1946年，日本冲绳民众在冲绳建立了姬百合之塔，并在1989年建成姬百合和平祈念资料馆来纪念这些惨死的花季少女。日本战败后，在美军管制的收容所里还有众多妇女遭到美军强奸。冲绳战役给日本妇女带来了巨大的伤痛。

二战结束后，美军占用大量冲绳土地、噪声扰民和军机坠毁事件等都困扰着当地居民，再加上美军官兵违犯军纪侵犯当地居民权益的事件屡有发生，冲绳县民多次呼吁美军基地搬离本县、本国。然而，日本政府为了自身的国家战

---

1. 防卫省『平成28年版　防卫白书』，https://www.mod.go.jp/j/publication/wp/wp2016/pdf/28020404.pdf，最后访问日期：2020年3月20日。

第二章
日本落实"妇女、和平与安全"议程的现实基础

略和利益需要维护日美同盟军事体系,因此在普天间基地等问题上与冲绳县民站在了对立面。日本主流媒体很少报道美军驻冲绳基地的消息,只有《冲绳时报》《琉球新报》等冲绳本地媒体才会经常性报道有关美军基地的重大新闻。

在冲绳归还给日本之前,美军的强奸事件没有具体统计数据,归还之后也只有逮捕嫌犯的数据。根据冲绳县警察总部的统计,仅在2008年1月到2012年12月,冲绳美军基地官兵相关的猥亵、强奸案件就发生了7起,其他饮酒驾驶、非法闯入民宅等案件也有多起。[1] "为反对基地、军队而行动的女性之会"调查发现2000—2008年发生了8起强奸事件,其中有2起没有被当地媒体报道,而同时期冲绳警方公布了13起强奸案件。这说明当地居民并没有被告知美军的实际犯罪情况。

1995年5月,一名24岁日本妇女被美军士兵殴打致死,同年9月又有一名12岁的日本小学生被三名美国海军官兵拉走强奸,该事件使冲绳民众反美情绪高涨,引发了全冲绳范围的反美、反基地运动。当时正值第四次世界妇女大会在北京召开,以冲绳县为中心的日本代表团正在参加NGO论坛,就军队与性暴力的问题进行发言,当即在9月11日以北京实行委员会的名义就少女遭受性暴力的事件发表了抗议声明并着手筹办县民抗议大会。

1995年10月21日,在宜野湾市召开的县民大会要求以此次美军对少女的暴行为契机重新考量《日美地位协定》,以时任冲绳县知事的大田昌冲为首共计85000人参加了大会。从北京归来的妇女代表提出强奸案件的发生来源于军

---

1. 沖縄県知事公室基地対策課「沖縄の米軍基地　平成25年3月」,https://www.pref.okinawa.jp/site/chijiko/kichitai/documents/6kitihigainogaiyou.pdf, 最后访问日期:2020年4月12日。

事基地本身的暴力构造，性暴力不是个人问题，而是政治问题。也正是这次大会，首次将性别视角引入了反对美军基地的斗争中。

1995年10月，日美两国政府召开日美共同委员会，就改善《日美地位协定》的使用达成了协议，其重点是杀人或强奸等严重犯罪的特定场合，美国对日本方面要求在起诉前移交嫌疑人予以拘留的请求应予以考量，日本应向共同委员会提交移交拘留的请求。而《日美地位协定》第17条5C的规定是，如嫌疑人为美国军人或军属，应由日本行使审判权，如其在美方手中，则在日本提起公诉之前仍留在美方。[1]

虽然对协议的执行有所松动，但协议本身并无变动，这意味着是否在公诉前向日方移交嫌疑人仍由美方决定，日本无法在提起公诉前对嫌疑人采取有效措施，而美军官兵犯案后也大多能逃脱日本的法律制裁。对少女施暴的三名犯人最终未引渡给日方，美军的性暴力事件此后仍然存在。

为了预防和减少此类事件，日本政府和美军方面也采取了一些措施。日本政府要求美军对基地军人进行教育和整顿军纪来预防，并在事件发生后迅速对受害人进行适当的补偿。美军也制定了夜间饮酒限制措施，对一定级别以下的军人执行任务以外的夜间外出进行了限制。然而，暴力事件仍在发生。其根本原因在于日本政府重视日美同盟，长期以来对美方采取妥协和退让的态度，因此冲绳民众的安全利益得不到应有的保障。

作为美军作案受害者的冲绳民众，特别是妇女对于不得不与美军基地共

---

1. 外务省「日米地位協定第17条5（c）及び、刑事裁判手続に係る日米合同委員会合意」，https://www.mofa.go.jp/mofaj/area/usa/sfa/rem_keiji_01.html，最后访问日期：2020年4月12日。

第二章
日本落实"妇女、和平与安全"议程的现实基础

存的状况深感不安和愤怒。少女遭到美军性暴力的事件发生后，创办冲绳妇女团体"姐妹庆典"的成员和参加过北京世界妇女大会的女性，在1995年11月8日创办了以冲绳妇女为核心的和平运动组织——"为反对基地、军队而行动的女性之会"，结成"强奸救援中心·冲绳"。其他有代表性的相关妇女团体，还有1997年成立的"不容忍军事主义的国际女性组织"，其特点是积极开展与境外如韩国、菲律宾、澳大利亚等有美军驻扎的地区的妇女的交流，从性别视角来审视美军基地、驻军以及国家安全保障问题。1955年成立的日本母亲大会，从成立伊始就持有明确的反战立场，长期开展反对美军基地的运动，尤其关注冲绳美军基地问题。

驻日美军基地并非存在于武装冲突之中，基地驻军引发的性暴力事件也远少于武装冲突中的性暴力事件，因此其残暴程度和规模都没有引起国际上足够的重视。没有卷入武装冲突的日本妇女同样面临性暴力事件、围绕美军基地的性产业及性工作者的人权问题。美军官兵与驻地日本妇女之间所生子女的人权和教育问题等也由日美两国的国家安全保障政策所左右，日本政府无力单方面解决。日本妇女的处境充分说明了非武装冲突地区也并非皆是和平之地，冲绳乃至所有日本境内的、为了国家安全而设立的美军基地成为威胁妇女安全的存在。其中冲绳尤其因其经历过冲绳战役，又有日本最多的美军基地而对此更为反感，其反抗也更为激烈。宫城晴美认为冲绳妇女无法仅凭自己的力量阻止性暴力的连续发生，应该与同样因美军基地而受到困扰的妇女进行国际性的合作来摸索解决之道。[1]然而，民间妇女组织的国际合作固然重

1.宫城晴美「沖縄からの報告——米軍基地の現状と米兵によるレープ事件」『立命館言語文化研究』23巻2号、2011、182頁。

要，日本政府的立场和态度才最为关键。

第二节 日本对国际和平与安全的积极贡献

1945年，50个国家签署了《联合国宪章》，以"维持国际和平及安全"为目的成立了联合国。联合国成立之初，被定为敌对国的日本于1956年12月12日加入后一直积极参与联合国各机构的活动，为了参加维和行动还专门制定相关法律。日本如此努力是否真正为了国际的和平及安全，日本国民又对此持何种态度？

日本在20世纪70年代跻身经济强国行列后，希望能在联合国发挥更大的作用。1988年5月4日竹下登在伦敦发表《国际合作倡议》，提出要加强日本在国际舞台上的影响力。同年6月至1989年11月日本参加了联合国阿富汗·巴基斯坦斡旋团（UNGOMAP），由此开启了对联合国维和行动的积极参与。此后陆续加入了联合国两伊军事观察团，派遣观察员监督两伊边界停火，参加联合国过渡援助团，派观察员监督纳米比亚大选等。出于对军国主义的反省和警惕，日本政府对派遣军事人员和使用武器都十分谨慎，1991年海湾战争时拒绝派自卫队参加多国籍部队，而是采取了提供高额财政支持的方式，但这种方式并未获得国际上的认可。为了回应国际社会的需求，1992年6月日本通过《协助联合国维持和平活动法案》（以下简称《PKO法案》），自此之后将自卫队派出国门有了法律的支持。依照《PKO法案》，日本可以参加联合国维持和平活动、国际人道主义救援活动和国际监督选举活动。在参加维和的部队的问题上日本制定了五大基本方针，即达成停战合意；接受

第二章
日本落实"妇女、和平与安全"议程的现实基础

国同意；保持中立；上述任何一项没有得到满足的情况下，中断维和工作或停止派遣；只允许最低限度内使用武器。[1]活动内容包括修复灾民生活上需要且因争端损毁的设施，采取措施包括恢复因争端受到污染及其他损害的自然环境等。

1992年9月，日本派遣600余名自卫队员参加柬埔寨过渡时期联合国权力机构（UNTAC）的维和任务，1994年日本参加了对卢旺达难民的人道国际救援行动，涉及医疗、防疫、空中运输等多个方面，并提供了物资援助。日本宪法第九条禁止在海外行使武力，日本在维持治安方面受到限制，因此将重心放在了设施建设和运输上。日本参加了多次、多地区的维和行动。为了响应女性参加联合国维和行动（Peace Keeping Operation, PKO）的国际潮流，日本也派遣了女性自卫队员，如参加2002年的东帝汶PKO的自卫队。在国际人道主义救援活动中，日本的行动包括协助NGO及联合国难民事务高级专员公署（United Nations High Commissioner for Refugees, UNHCR）、联合国世界粮食计划署（United Nations Wold Food Prcyramme, UNWFP）等国际机构，使用航空自卫队的C-130H型运输机向内战中的卢旺达、选举后混乱的东帝汶、阿富汗战争、伊拉克战争中的灾民运送帐篷、棉被等援助物资，并在当地开展医疗救助活动等。

日本政府一直重视联合国外交，在联合国会费上，日本的分摊份额从1956年刚加入时的不足2%逐年上升，长期位居第二，仅次于美国；2020年承

---

1. 外務省「我が国の国際平和協力の概要」，2013年2月1日，https://www.mofa.go.jp/mofaj/gaiko/peace_b/genba/gaiyo_jp.html，最后访问日期：2020年5月3日。

担的联合国总预算比例为8.564%，首次被中国超过，退居第三。[1]其多次参与维和行动，对联合国维和行动的资金支持力度很大。2020年日本的PKO预算比例为8.56%，同承担的联合国总预算比例一样位居第三。

根据《联合国宪章》，联合国安全理事会负有维护国际和平与安全的首要责任。其职能权力从调查可能引起国际摩擦的任何争端或局势，到促请各会员国实施经济制裁和除使用武力以外的其他措施以防止或制止侵略，甚至对侵略者采取军事行动。安理会有5个常任理事国和10个非常任理事国，其中非常任理事国由大会选举产生，任期两年，迄今为止日本已经11次当选安理会非常任理事国，为当选次数最多的成员国，也是2022年非常任理事国选举的候选者。日本前首相安倍晋三在联合国成立70周年之际的2015年9月29日的联合国大会一般性辩论发言中表示，自二战结束以来日本在促进世界和平与繁荣的成功努力中积累了良好记录。日本决心推进安理会的改革，并使日本成为安理会的一个常任理事国，履行为和平与繁荣做出更大贡献的责任。[2]成为政治大国、进入常任理事国是日本多年以来的夙愿，其早在1973年就开始呼吁联合国给予其安全理事会常任理事国的席位，这也是日本响应联合国安理会第1325（2000）号决议的重要原因之一。

从2013年内阁府的调查结果来看，绝大部分日本国民对日本参加联合国维和行动表示支持，只有1.5%的人反对。但与2012年的调查结果相比，希望加大参加力度的国民比例降低了3.4%，希望维持现有参加力度的比例则有所

---

1. 外务省「2018—2020年国连通常予算分担率・分担金」，2020年2月10日，https://www.mofa.go.jp/mofaj/gaiko/jp_un/yosan.html，最后访问日期：2020年5月3日。
2.《联大一般性辩论：安倍晋三称日本战后70年保持了热爱和平国家的地位》，《联合国新闻》2015年9月29日，https://news.un.org/zh/story/2015/09/243662，最后访问日期：2020年5月6日。

第二章

日本落实"妇女、和平与安全"议程的现实基础

提高。从性别来看，女性比男性更倾向于维持参加力度。对于成为安理会常任理事国一事，日本国民也大都表示赞成，但女性的支持力度小于男性。在支持的理由上也能看出性别差异，更多的男性对日本向联合国提供了很大的财政援助却没有得到相匹配的地位不能接受，而女性则认为日本是非核国家且信奉和平主义，如能加入将为世界和平做出贡献。[1]比起彰显大国政治地位，日本女性更关注维护世界和平这一联合国的根本使命，而不像男性那样看重本国在联合国里的地位。

日本在对外开发援助中，注意到了性别差异导致的问题。在2015年2月通过的《开发合作大纲》中规定，要从男女平等和将妇女作为开发的核心力量推进其活跃度的观点出发，充分考虑到妇女容易遭遇的危险和妇女特有的需求，致力于在开发协助的各个阶段促进妇女的参与，并使妇女在开发中公正地得到恩惠。[2]

日本积极参与联合国行动很大程度上是为了借助联合国的平台跻身世界强国行列，为此不但慷慨解囊，在维和活动和开发援助活动中表现突出，而且能够响应联合国号召在行动中考虑到性别立场的不同。日本要求得到与本国所做贡献"相匹配"的常任理事国席位，近似于利益交换的这一要求得到了男性国民的高度认可，但日本妇女的着眼点更多地放在是否能做出更大贡献上，显示出对待和平与安全问题的两性差异。

---

1. 内閣府「外交に関する世論調査（平成25年10月調査）」，2013年11月25日，https://survey.gov-online.go.jp/h25/h25-gaiko/2-3.html，最后访问日期：2020年5月8日。
2. 外務省「ジェンダー　日本の取り組み」，2016年12月19日，https://www.mofa.go.jp/mofaj/gaiko/oda/bunya/gender/initiative.html，最后访问日期：2020年5月5日。

第三节　日本政府与民间团体对联合国妇女问题的不同态度

联合国自1945年通过《联合国宪章》以来一直将谋求男女同权、尊重女性的自由和权利置于重要地位，为此还专门成立了妇女地位委员会，并在1950年以后通过了诸多条约保障妇女权利。日本自1956年加入联合国后迫切希望提高本国在国际上的地位，获得更多话语权，因此在资金提供和维和行动参与上态度积极。然而在妇女问题上，日本政府并没有迅速地响应联合国的号召，反而是日本的民间妇女团体起到了推动政府决策的作用。

一　日本妇女与修宪问题

1947年5月3日生效的《日本国宪法》第九条规定日本国民衷心谋求基于正义与秩序的国际和平，永远放弃以国权发动的战争、武力威胁或武力行使作为解决国际争端的手段。为达到此目的，不保持陆海空军及其他战争力量，不承认国家的交战权。[1] 二战结束后日本本土未发生过战争，日本也未曾派遣作战部队到海外参战，日本国民因此免受战争的危害，但多届日本政府为了获得更大的政治影响力和军事实力而谋求修改宪法第九条。与其他国家相比，日本宪法字数少，具体条文只有一万余字，且多是原则性规定，这就给如何解释宪法留下了多种可能性。

安倍晋三在历任首相中在位时间最长，也对修宪最为坚持。其在2017年5月3日宪法纪念日发表讲话，提出要在2020年前实现修宪，虽然未能达成，

1.「日本国憲法」, http://www.shugiin.go.jp/internet/itdb_annai.nsf/html/statics/shiryo/dl-constitution.htm#2sho, 最后访问日期：2020年5月4日。

第 二 章
日本落实"妇女、和平与安全"议程的现实基础

但修改宪法第九条的尝试一直没有停止。其在2012年第二次组阁后将自卫队的目标定为防卫本土和保障国防。2014年4月，安倍政府通过了"防卫装备转移三原则"，解除了实施近50年的武器出口禁令。2015年5月，日本政府解禁集体自卫权，加大了自卫队的海外军事活动力度，这意味着实质性的修宪。为了达到明文修宪的最终目的，安倍晋三统率的自民党采取了多种策略。自民党宪法修改推进本部设置游说委员会与组织委员会，多人在全国举办有关修宪的集会、演讲会等。自民党所属女性议员联盟"女性议员飞跃之会"在全国各地进行街头演说吸引女性群众。"女性议员飞跃之会"是2019年3月15日由自民党议员、原防卫大臣稻田朋美在自民党内组建的，其在成立大会上发言说，"目前还有人认为政治是男性的事，不仅是政治，企业、政府机关和地方议员中更是有此倾向，我们必须要改变它"。[1]"女性议员飞跃之会"在呼吁增强日本女性参政意识的同时为修宪冲锋在前。

面对修宪危机，也有很多女性加入了反对者的行列。2005年2月23日，日本评论家吉武辉子等16位女性作为发起人，在东京召开记者会宣布成立了旨在维护宪法第九条的和平组织，即女性"九条会"。此外各地也纷纷成立类似的组织，如福冈女性九条会、大阪女性九条会、战时出生女性九条会等。

2013年，家住神奈川县的家庭主妇鹰巢直美与邻居及朋友成立了"维护宪法第九条的日本公民获诺贝尔奖"实行委员会并担任委员长，发起了为日本宪法第九条申请2014年度诺贝尔和平奖的征集签名活动。该委员会认为宪法第九条对战后的日本政府不能进行战争做了重要的限制，这对世界的和平

1.「自民『女性議員飛躍の会』設立　二階幹事長激励」『テレ朝News』，2019年3月15日，https://news.tv-asahi.co.jp/news_politics/articles/000149990.html，最后访问日期：2020年4月17日。

与安定做出了不可估量的贡献。拥有推举资格的大学教授、和平研究所所长等43人为之推荐呐喊，超过4万人为申请书签名，在国外得到了韩国众多政界要人和学者的支持。

以上论述说明在修宪问题上日本妇女也分为了两大阵营，但更多日本妇女坚定地维护国际和国内的和平，为此捍卫宪法第九条以阻止日本重蹈军国主义的覆辙。

总体而言，日本政府加入联合国后为世界和平及安全做出了很大贡献。

二　日本政府对《消除对妇女一切形式歧视公约》的执行情况

1975年是联合国定下的第一个国际妇女年，召开了第一次世界妇女大会。时任参议院议员的市川房枝在当年11月促成了国际妇女年日本大会的召开，并以此为契机在同年12月将日本国内41个妇女团体超越党派地联合在一起结成了"实现国际妇女年日本大会决议联络会"，1981年改称国际妇女年联络会。该联络会呼应联合国的世界妇女大会召开日本大会，为实现男女平等而广泛联系联合国机构、日本政府、各自治体、政党、公共组合、媒体等，敦促男女平等政策的实施，见证了1999年《男女共同参与社会基本法》的制定、内阁府男女共同参与局和男女协同参与会议的设置等男女平等推进机构的成立。在国际上，1998年国际妇女年联络会获得联合国经济及社会理事会的非政府组织咨商地位，获准参与理事会及其附属机构的工作，向它们提交书面资料和陈述。其后在1995年第四次世界妇女大会等联合国主办的国际会议上作为日本政府顾问出席，也向联合国妇女地位委员会、联合国消除对妇女歧视委员会（The Convention on the Elimination of All Forms of Discrimination against Women，以下视情简称"消歧委员会"或

第二章
日本落实"妇女、和平与安全"议程的现实基础

"CEDAW")等派去了观察员。截止到2020年5月,国际妇女年联络会共有35个团体成员,涵盖了不同宗教、党派、行业、专业等,其都是有一定规模、有代表性的妇女组织。它们的参加说明了日本民间妇女团体对平等、和平的大力支持。

相比于民间妇女团体的热切配合,日本政府的态度则明显消极很多。1979年12月18日,联合国通过了《消除对妇女一切形式歧视公约》(以下视情简称《公约》),确立了保障妇女在政治、法律、工作、教育、医疗服务、商业活动和家庭关系等各方面的权利的规则。在1980年召开的第二次世界妇女大会上,日本首位女性大使高桥展子作为日本政府代表团团长在该公约上署名,但1985年公约才获批准,此时已是"联合国妇女十年"的最后一年。日本政府在署名前就已经表现出消极的态度,不表示反对但拖延到了最后一刻。1985年《男女雇用机会均等法》的出台终于使批准该公约有了法律制度上的保障,日本政府在内罗毕会议结束前向联合国事务局提交了《公约》批准书,而《男女雇用机会均等法》是时任厚生劳动省妇女局局长赤松良子等对财界坚持游说的结果。

日本政府为何对批准《公约》表现出迟疑并拖延?其最大的原因在于,《公约》的内容超出了当时日本政府对男女平等和妇女应享受权益的认知和接受程度。

《公约》郑重承认,文化和传统的影响限制了妇女享受其基本权利。序言中指出,"为了实现男女充分的平等,需要同时改变男子和妇女在社会上和家庭中的传统任务"。从具体条款来看,第5条规定要改变男女的社会和文化行为模式,以消除基于性别而分尊卑观念或基于男女定型任务的偏见、习俗

和一切其他做法；第10条规定要修订教科书、教程及教学方法，以消除教育领域的一些定型观念；第16条规定夫妻有相同的权利选择自己的姓氏。可见《公约》最大的突破是对固定的性别角色的否定，其源头至少要追溯到第二次女性主义运动。

20世纪60年代后期，第二次女性主义运动在美国爆发。在此次运动中诞生的女性学与性别研究对男性至上主义进行了批判，关注到以往运动未曾触及的家庭内部的性别角色和性关系、主妇的职责和对家务劳动的评价等，从要求法律上的平等过渡到追求事实上的平等，这种观念的转变对《公约》的诞生产生了深远的影响。[1]

日本在80年代仍然奉行"男主外、女主内"的模式，男性是家庭经济收入的主要来源，妇女多在婚后或妊娠后辞职成为全职家庭主妇，承担起教养子女、照料老人的主要责任。即便自身有继续工作的愿望，也往往难以实现。在这样的机制下，女性劳动力参与率的年龄分布呈M形。20多岁至30多岁的妇女暂时退出劳动力市场，在孩子长大一些后重返职场，但由于需要兼顾育儿而不得不选择钟点工、派遣员工等非正式员工的雇佣形式，很难再成为正式员工。妇女从事的职业以事务性工作居多，平均收入水平低于男性，晋升到管理职位的机会远少于男性。职业生涯的短暂和职业能力的不足使妇女不得不依赖丈夫的收入，从而加重了主张自身权益的困难程度。日本在个人所得税的征收上以家庭为单位进行计算，如果妻子没有工作会得到税收上的减免，丈夫也能获得抚养津贴等。这反映出日本无论是观念还是政策都强化了"男主外、女主

1.《消除对妇女一切形式歧视公约》，联合国，https://www.un.org/womenwatch/daw/cedaw/text/0360794c.pdf，最后访问日期：2020年4月27日。

第二章
日本落实"妇女、和平与安全"议程的现实基础

内"的模式。以上论述显然与《公约》所提出的改变男子和妇女在社会上和家庭中的传统任务相抵触,赞同《公约》的理念并贯彻执行对于当时的日本政府而言并非易事。

为了使《公约》得以贯彻执行,联合国于1982年专门设置了消除对妇女歧视委员会,加入的国家被要求每四年提交一次国情报告,说明本国采取了何种措施落实《公约》的条款,由委员会审议并给出意见。对比一下日本提交的第四次、第五次和第六次国情报告的内容以及消除对妇女歧视委员会的审议书,可以看到日本政府的《公约》执行情况以及问题点。

2003年7月纽约联合国总部召开第29次消除对妇女歧视委员会会议,就《公约》的执行情况审议了日本提交的第四次和第五次国情报告。从日本政府提交的国情报告可以看出,其成果主要是在2001年中央机构改革之际为了实现男女共同参与而改革了总部机构,内阁府成立了男女共同参与局,政府机构与民间有识之士一起组成男女共同参与会议来监督政策的实施,2001年首次制定了日本第一个综合的防止配偶暴力、保护受害者的法律,并依据此法在各地建立了103家配偶暴力求助中心。日本政府认为现存主要问题是,遭受配偶暴力的妇女人数众多但寻求公共机关帮助的人数极少,修订《男女雇用机会均等法》后在职场仍然存在两性间的薪酬差异,妇女中有三分之二因生育而离职等,其列出的解决办法是一系列法律法规的制定和修订。事实上,日本政府1985—2001年密集出台了包括《育儿看护休假法》《男女共同参与社会基本法》等10部法律,从多个方面尝试消除性别歧视。

消歧委员会对日本政府修订法律、设置专门机构、与妇女NGO组织合作共同完成报告等做法表示了肯定,并指出了多项需要改进的问题。其中最主

要的几点概括来说是：（1）虽然日本宪法规定了两性平等，但没有给出"歧视"的具体定义，委员会因此要求日本政府对国会议员、法官等相关人员宣传"隐性歧视"的定义和范围；（2）日本家庭和社会上男女两性的性别角色和责任仍存在固有模式，这反映在劳动市场上妇女的现状、教育的选择和公领域妇女的低参与率上；（3）存在对阿伊努族等少数群体的妇女、私生子的歧视问题；（4）政府须更积极地应对施加于妇女的暴力，彻底解决"随军慰安妇"这一历史问题。[1]

对于委员会认为日本政府过于迎合社会观念，应该承担起改变社会的领导责任、加快步伐这一点，日本代表回答说希望按照自己的步伐慢慢推进男女共同参与。[2]从日本政府的表现来看，根植于日本社会的男女性别角色意识还远未改变，日本政府虽然致力于用符合联合国要求的新的法律来保护妇女权益，但尚未撼动浸透到各个领域的男尊女卑的现状。

2009年7月23日，消歧委员会审议了日本在2008年提交的第六次国情报告。从报告内容来看，在2003年之后的五年间，日本政府修订了《国籍法》第3条第1项。日本男性和外国女性之间生的私生子，无论父子关系的认定是在出生前还是出生后都可获得日本国籍；加大力度保护弱势群体，如降低孕产

---

1. 女子差別撤廃委員会「女性差別撤廃委員会第29会期日本レポート審議 最終コメント」（日本女性差別撤廃条約NGOネットワーク訳）、2003年7月18日、http://jaiwr.net/jnnc/conclcomments.pdf，最后访问日期：2020年4月26日。
2. 田中恭子「国連女性差別撤廃委員会による日本政府に対する勧告——選択議定書の早期批准を！」『国際人権ひろば』52号、2003年11月、https://www.hurights.or.jp/archives/newsletter/section2/2003/11/---2.html，最后访问日期：2020年4月12日。

妇死亡率，补充对残障妇女的雇用对策等。[1]但是，对于2003年委员会指出的缺少歧视的定义、民法中带有歧视的规定、劳动市场中妇女状况及薪酬的性别差异、高级机构中妇女参与率低等问题的改善建议，日本政府并未听从。

日本拒绝改变的部分触及的是性别平等的根本。歧视的定义不明确就难以界定是否属于歧视，民法中带有歧视的规定则带有家父长制的色彩。做不到同工同酬，妇女必然在劳动市场和经济能力上处于劣势，也影响到家庭中的性别地位。女性高级公务员人数的稀少导致缺少能站在女性立场参与政策制定和执行的妇女领导者。可见日本政府在2003年前推出多项法律后放缓了改革的步伐，注重于补充细节而非继续打通关键环节。

三 日本政府和第1325（2000）号决议

1985年7月，第三次世界妇女大会通过了《到2000年提高妇女地位内罗毕前瞻性战略》，这成为国际公认的提高妇女地位的纲领性文件。日本派遣外务省次官森山真弓为首席代表率两院13名女性议员参加了这次大会，响应战略要求以男女共同参与型社会的形成为目标在国内推进"面向公历2000年的新国内行动计划"。

1993年12月20日，联合国通过了第48/104号决议《消除对妇女的暴力行为宣言》，其中给"对妇女的暴力行为"一词做出的定义是对妇女造成或可能造成身心方面或性方面的伤害或痛苦的任何基于性别的暴力行为，包括威胁、强迫或任意剥夺自由，而无论其发生在公共生活还是私人生活中。该宣言认

---

1. 女子差別撤廃委員会「女性差別撤廃委員会の最終見解」，2009年8月7日，https://www.gender.go.jp/about_danjo/whitepaper/h25/zentai/html/shisaku/ss_shiryo_3.html，最后访问日期：2020年4月28日。

为对妇女的暴力行为是实现《到2000年提高妇女地位内罗毕前瞻性战略》中所确认的平等、发展与和平的障碍，也是充分实施《消除对妇女一切形式歧视公约》的障碍，要求各个国家以一切适当手段尽快采取政策消除对妇女的暴力行为。[1]局部纷争、种族冲突和战争往往伴随着性暴力，使冲突地区的妇女、儿童陷入恐惧。妇女在任何冲突中都最有可能受到伤害，妇女的安全得不到确保，人类的和平就无从谈起。

1995年第四次世界妇女大会在北京召开，通过了《北京宣言》和北京《行动纲领》，把"妇女与武装冲突"列为《行动纲领》中提出的12个重大关切领域之一，提出的5个战略目标中占第一位的就是增进妇女在决策阶层参与解决冲突并保护处在武装冲突和其他冲突状态或外国占领下的妇女，也提出促进妇女对培养和平文化的贡献，保护、援助和培训难民妇女、其他需要国际保护的流离失所妇女和国内流离失所妇女。[2]《行动纲领》在妇女与武装冲突问题上起到了引领作用。日本代表团主席是野坂浩贤内阁官房长官兼妇女问题担当大臣，23名国会议员组成顾问议员团参会。因为《行动纲领》要求各国政府在1996年制订本国计划，日本制订了《男女共同参与2000年计划——关于促进男女共同参与社会的形成的2000年度前的国内行动计划》（以下简称《2000年计划》）。该计划规定了对WID（开发与女性）倡议的推进。

第三次和第四次世界妇女大会都论及了妇女、冲突与和平问题，但直到2000年，联合国安理会才将此议题纳入议事日程。2000年10月，联合国安理

---

1. 《消除对妇女的暴力行为宣言》，联合国，https://www.un.org/zh/documents/treaty/files/A-RES-48-104.shtml，最后访问日期：2020年4月20日。
2. 李英桃、金岳嵘：《妇女、和平与安全议程——联合国安理会第1325号决议的发展与执行》，《世界经济与政治》2016年第2期。

第二章
日本落实"妇女、和平与安全"议程的现实基础

会举行了主题为"妇女、和平与安全"的辩论,并在同年10月31日的第4213次会议上通过了联合国安理会关于"妇女、和平与安全"的第1325(2000)号决议。主要内容可以概括为参与(participation)、保护(protection)、预防(prevention)以及救济与恢复(relief and recovery)四个方面,全面引入了性别视角。[1]

第1325(2000)号决议回顾了《北京宣言》、《行动纲领》和题为《2000年妇女:二十一世纪两性平等、发展与和平》的联合国大会第二十三届特别会议成果文件中有关妇女和武装冲突的承诺,其主要规定有:①在武装冲突的预防、解决、构建和平的所有阶段保障妇女参加决策;②保护妇女在武装冲突中不受到暴力的伤害;③注意确保武装冲突结束后妇女和女孩的特殊需要;④将性别观点纳入联合国计划的制订和安理会的维和行动中。这是联合国安理会决议中第一份关注妇女在武装冲突中受到的影响,强调女性在纷争中的贡献的文书,意味着以往以男性为中心的联合国安理会在安全保障方面开始重视妇女的声音,妇女由被动的柔弱的受害者转变为积极主动的参与者。因此第1325(2000)号决议对于全球妇女的发展而言意义重大。

第1325(2000)号决议出台后,安全理事会每年就"妇女、和平与安全"问题举行公开辩论。截至2013年,联合国安理会又通过了第1820、1888、1889、1960、2106、2122号等6个相关决议,敦促会员国制订"国家行动计划"来执行第1325(2000)号决议。从日本在十年后的2013年才着手制订行动计划这一点来看,日本政府对妇女与安全、和平的关系的认知仍然远低于世界

---

1. 李英桃、金岳嵘:《妇女、和平与安全议程——联合国安理会第1325号决议的发展与执行》,《世界经济与政治》2016年第2期。

平均水平，这与大国的国际形象不相符。

为了执行联合国制定的相关条约规定，日本从1985年到2014年面向国内密集地推出了9个有关妇女的平等问题的法律政策并进行了修订，在政治、法律、教育、婚姻家庭、性别观念等方面加大保障妇女权益的力度，加速提高妇女的地位。当然，日本国内泡沫经济破灭和少子老龄化导致的人口结构、家庭结构以及生活方式、工作方式的变化也促使政府重新评估和借助妇女的力量，愿意执行联合国的相关要求。此外，20世纪70年代以来，大量西方女性主义著作被翻译成日语，女性主义运动热潮也波及日本，妇女组织蓬勃发展，在妇女相关政策制定、出台和执行过程中都起到了积极作用。

包括第1325（2000）号决议的一系列联合国方针政策的出台是全世界妇女为自己的人权长年艰苦奋斗的成果，性别观念的改变和性别视角的引入是历史的必然。川真田嘉寿子评价以前的联合国安理会是以男性为中心的军事主义构造，妇女没有存在感。[1]这个评价也适用于行动进展缓慢的日本政府。旧的性别观念根深蒂固，决策层妇女比例过低，以提升国家形象和地位为目的执行联合国的决议等都导致政府的步伐缓慢，其进展并不符合联合国的期待。

但是日本的政府开发援助（ODA）很早就将性别作为一个重要的课题，投入的金额大约达到ODA的10%。1992年，日本政府通过《政府开发援助大纲》，明文规定要充分考虑到确保妇女积极参加开发以及从开发中受益。1995年，日本制定了《发展中国家妇女援助（WID）倡议》，提出重点在教育、健

---

1. 川眞田嘉壽子「安保理決議1325と国別行動計画の意義」『国際女性』28号、2014、94頁、https://www.jstage.jst.go.jp/article/kokusaijosei/28/1/28_93/_pdf/-char/ja，最后访问日期：2020年4月22日。

第 二 章
日本落实"妇女、和平与安全"议程的现实基础

康、参加经济社会活动三个领域提高妇女地位，消除两性差异。[1]为了实施该倡议和更好地执行北京《行动纲领》，联合国开发计划署（UNDP）内设置了日本WID基金。WID基金设立之初的目的是以日本WID倡议的三个重点领域为对象，向平民妇女提供可持续性谋生手段、小额融资、创业者培训、职业训练、教育、保健服务等。在联合国开发计划署从单纯提供资金转变为全球开发，援助手法从提供项目资金改为向发展中国家的开发项目提供政策建议后，WID基金开始向促进性别主流化的项目提供援助。2000年联合国召开千年首脑会议，通过了《千年报告》，为消除贫困和进行可持续开发设定了千年发展目标。WID基金在1995—2005年是唯一着眼于性别的基金，支持性别平等和促进妇女增权益能。因为发展中国家妇女所处环境发生变化，发展过程中的性别主流化也受到更多关注，2005年3月日本政府制定了《性别与开发倡议》，提出应在ODA的所有阶段都加入性别视点。2013年9月，安倍晋三首相在联合国大会一般性辩论中专门提及对妇女相关政策的实施，提出2013—2015年以妇女的活跃、社会参与和妇女能力的强化，以妇女为对象的保健医疗领域的改善，和平与安全保障领域的妇女参与和保护这三个方面为重点，投入超过30亿美元的金额进行援助。

以下从三个方面举例说明日本对发展中国家妇女的援助。

第一，日本对发展中国家妇女权益的尊重和改善方面的援助。其在印度设置妇女专用地铁车厢等以防范性骚扰，改善莫桑比克中学设施环境以促进女性就学，日本还以自己的经验帮助发展中国家如印度尼西亚、摩洛哥等国

---

1. 外務省「日本のWIDイニシアティブ」、1995年9月、https://www.mofa.go.jp/mofaj/gaiko/oda/shiryo/hyouka/kunibetu/gai/wid/jk00_01_shiryo1.html，最后访问日期：2020年4月22日。

发行母子健康手册，提供使用母子健康手册的保健服务系统、相关政策的支持、保健机构人员的培训等，向当地普及关于生育的健康常识，加强医疗机构对母子健康情况的掌握，以降低孕产妇死亡率和婴幼儿死亡率。

第二，日本对发展中国家妇女能力培养方面的援助。自2013年起，日本援助阿富汗约1000名女警察接受训练，以推进妇女的增权益能及法制化进程。

第三，日本对促进发展中国家政治、经济公共领域妇女的参与和领导力提升方面的援助。例如，为亚洲7个国家的防灾官员和市民代表举办了研修班，目的是在减少灾害损失以及防灾的活动中导入性别视点。

从以上援助事例可以看出，日本政府援助方案多是本国成功事例的海外推行，为发展中国家的妇女发展提供了资金、政策、技术等多方面的支持。

小　结

日本自加入联合国以来，一直都积极寻求自己的大国地位，为此在活动经费上做出了很大贡献。在维和行动和对外开发援助中，日本注意到妇女的需求并鼓励妇女的参与。由于受限于宪法第九条，日本多届政府试图修宪以增强军事实力，对此本国妇女表现出对意见的不一致性。

在国内，由于女性主义潮流的影响以及少子老龄化的推进，女性劳动力日益受到重视。日本政府通过制定新的法律法规和大力宣传来提高妇女的地位，在事实上造成了家父长制度的动摇。正是由于日本政府态度的改变，更多的是出于对女性劳动力和生育能力的需要，日本未能真正地履行《联合国

第 二 章
日本落实"妇女、和平与安全"议程的现实基础

宪章》规定的男女同权、尊重女性的自由和权利等条款。对妇女的歧视和暴力仍然广泛存在于社会、家庭以及自然灾害治理过程中。日本妇女参政率的低下、灾后妇女遭受性暴力事件的频发和冲绳驻日美军性暴力的无法根除等都反映出日本政府对维护妇女权益的消极态度。

日本政府执政过程中男尊女卑思想的顽固残留，使日本妇女权利得不到切实的保障，日本迟迟不执行第1325（2000）号决议，充分暴露出日本政府没有真正认识到妇女与安全、和平的关系。这些不足必然会投映到第1325（2000）号决议的执行过程中，影响政府制订妇女、和平与安全行动计划的基本立场。而日本在海外的维和行动和开发援助等因为执行的是联合国的方针政策，因此导致国内与国外的援助妇女政策和行动差别明显。在政府采取消极态度的情况下，日本国内各领域的妇女团体在一定意义上承担了政府的应尽职责，推动了日本妇女地位的提升和权益的保护。

第三章　日本落实"妇女、和平与安全"议程的行动计划

　　从第二章可以看出，二战后日本一直积极参加联合国事务。2000年联合国安理会第1325（2000）号决议颁布后，日本多次参与国际性妇女会议，通过ODA以及发展中国家妇女援助（WID）基金等项目对"妇女、和平与安全"议程在发展中国家的实施提供了大量援助。然而，由于日本受浓厚的父权制社会文化影响，加之21世纪初日本领导人更迭不断，政治处于不稳定状态，政府对于响应第1325（2000）号决议的号召，制订本国妇女、和平与安全行动计划一事表现得并不积极。与政府不同的是，日本民间妇女团体对于制订妇女、和平与安全行动计划一事期盼已久。在政府宣布制订之前，国内妇女团体已经做了大量的准备工作，并且试图说服日本官员采纳制订建议，被驳回后也一直关注着政策的发展动向。2013年政府宣布制订行动计划后，日本妇女团体又积极争取到了共同参与制订行动计划的权力，完成了日本第一个由官民协商制定的国家政策。在行动计划的前期准备、中间制订、后期监察和评价阶段，国内妇女团体的作用都不可小觑。不过，整个过程政府始终处于主导地位，也使得行动计划民主制订模式在各方权力失衡状态下存在一些

缺失。

第一节　政府在行动计划制订中的主导作用

2000年联合国安理会通过第1325（2000）号决议后，最早响应并制订行动计划的国家是丹麦（2005年）。随后西欧、北欧和非洲一些地区每年都有少数会员国开始逐渐完成本国行动计划的制订。2010年联合国安理会通过决议十周年之际，国际上迎来了行动计划制订的高峰期，一年内有11个国家完成了制订。日本自2013年才开始考虑这一问题，其消极性可见一斑。政府宣布制订后，第一版行动计划的制订历经了两年半的时间才完成。2015年9月第一版行动计划终于正式出台。为何13年后日本才转变策略决定制订行动计划，且制订过程如此耗时？政府的宏观决策起到了关键作用。

一　政府对制订行动计划态度的转变

自2013年决定响应联合国安理会第1325（2000）号决议以及后续决议，落实"妇女、和平与安全"议程以来，日本目前已制订了两版行动计划，分别是2015年版和2019年版。

此前日本政府在制订行动计划这一问题上态度始终消极，使得日本妇女、和平与安全行动计划的进程一直裹足不前。反倒是日本民间妇女团体一直为制订行动计划寻觅机会，并积极奔走于国内政府和国际组织之间。2010年第1325（2000）号决议颁布十周年之际，日本并未出现在制订行动计划的11个国家中。就在同一年，日本驻联合国妇女地位委员会（Commission on the Status of Women, CSW）代表桥本广子、目黑依子以及联合国消除对妇女

第 三 章
日本落实"妇女、和平与安全"议程的行动计划

歧视委员会委员林阳子3人，曾经就制订行动计划事宜向当时的日本外务政务官西村智奈美提出建议，同时递交了3人此前对已制订计划的国家所做的研究资料。当时西村智奈美坚定地回答"日本不会制订行动计划"，理由是政府认为，执行联合国安理会第1325（2000）号决议完全可以通过联合国女性开发基金加大对冲突型国家女性受害者的资金援助力度来落实。2011年日本便支出了450万美元，以ODA的形式对阿富汗废除针对女性的暴力运动进行了援助。[1] 然而，2013年在英国北爱尔兰召开的八国集团峰会（G8）上，日本开始意识到八个成员国中只有日本和俄罗斯仍未制订该计划，这一现状将对2015年日本竞选联合国安理会非常任理事国十分不利。[2] 当时日本虽已被列为候选国之一，但亚洲区同时还有孟加拉国与之竞争。鉴于之前的教训，日本预测2015年的竞选将有一定难度，[3] 于是决定效仿澳大利亚将本国行动计划（2012年制订）作为竞选的宣传内容来获得竞选成功。[4] 日本政府首先于2013年3月在联合国妇女地位委员会上表明将开始制订行动计划。中途孟加拉国由于某些原因退出竞选，但日本认为行动计划的制订对于参加竞选依然是有利的。2013年4月，日本外相岸田文雄在伦敦G8外长会议上也公布了日本

---

1. 橋本ヒロ子「国連安保理決議1325及び関連決議を実施するための国別行動計画（1325NAP）と女性活躍推進政策」『国際ジェンダー学会誌』14号、2016、7頁。
2. 联合国安全理事会非常任理事国由联合国大会选举产生，最初为6个，1965年开始变为10个，会员国任期为2年，每年更换5个。2015年之前日本已当选过10次，唯一落选时由孟加拉国当选。在2015年第70届联合国大会选举会上日本如愿成功入选，任期为2016年1月1日至2017年12月31日。
3. 橋本ヒロ子「国連安保理決議1325及び関連決議を実施するための国別行動計画（1325NAP）と女性活躍推進政策」『国際ジェンダー学会誌』14号、2016、7頁。
4. 2012年10月8日，澳大利亚通过第67届联合国大会选举成为2013—2014年度的安理会非常任理事国。同年度成功入选的还有卢旺达、阿根廷、韩国、卢森堡四个国家。在作为候选国竞争阶段，澳大利亚在选举活动宣传册上重点提出将"人权追求，女性赋权问题"作为国家政策和行动，且今后将着力推行。

将制订行动计划的决策。同年9月26日,日本首相安倍晋三在第68届联合国大会发言中再次宣告日本为"创建让女性绽放光彩的社会",将对国内社会结构进行改革。同时这一目标也将进一步指导日本外交。针对该议题,安倍晋三在发言中提出四项外交举措,其中第二项便是:"同其他已制订行动计划的国家一样,日本也将制订本国"妇女、和平与安全行动计划,并同草根阶层共同协作。"[1]

至此,在政府的主导下日本结束了对行动计划的消极抵触,开始进入紧张的筹备工作之中。从表面看,日本制订行动计划的直接原因是为了赢得2015年联合国安理会非常任理事国竞选。然而,行动计划一旦制订完成将作为一项国家政策长期执行下去,不会因安理会非常任理事国成功竞选而解除。所以,从深层次看,日本政府态度的转变并非仅为了赢得一次联合国非常任理事国选举,还有更广泛、更长远的打算。日本态度转变与国内政治环境的改变有一定关系。自2012年安倍晋三第二次执政后,新政府采取了一系列措施力图扭转日本不断衰落的局面,制订行动计划是安倍政权大策略中的一环。关于日本政府的长远打算,本书将在第四章做详细介绍,此处不再赘述。

二 政府对官民共商共建模式的妥协

日本第一版行动计划(2016—2018年)的制订是一项复杂而耗时的工程,花费了两年半的时间。事实上,最初政府计划在短期内单独完成制订,最高限度减少公民团体的参与。然而,此举引起国内共39个妇女团体和民间组织

---

[1]. 日本首相安倍晋三在第68届联合国大会中发言,https://www.mofa.go.jp/policy/page3e_000083.html,最后访问日期:2020年1月15日。

第三章
日本落实"妇女、和平与安全"议程的行动计划

的强烈不满。各大公民团体联合起来共同书写请愿书，递交给日本首相安倍晋三、外务大臣岸田文雄，甚至联合国安理会议长、联合国秘书长以及联合国妇女署（UN Women）事务局局长。最终政府迫于压力不仅决定延长制订期限，还形成了三方共同商讨的制订机制。[1]

行动计划的制订在日本之所以变成一项复杂而耗时的工程，除项目本身的难度外，与日本人特有的处事方式和观念有一定联系。制订工作时间长是日本人决策过程中的特点，这一点也反映在日本各大政策的决策过程中。前期制订耗时长，但一旦完成之后实施过程中将会减少很多麻烦。此次形成政府、公民团体和学者三方共同商讨框架，政府决定通过召开民主共商会议来执行。在"官民共商共建"民主模式下，政府和民间妇女团体之间的商讨一开展便是两年半的时间。

1.行动计划制订过程中的"两会"民主模式

在第一版行动计划制订期间，为呈现官民共商共建的民主制订模式，政府设立了"三方共同商讨"的会议机制，即"少数人小组代表商讨会"。制订期间共召开了12次商讨会。在商讨会机制正式成立之前，对制订工作起推动作用的是外务省组织的"意见交换会"。

当时，日本政府在东京首先邀请了与该议题相关的各NGO以及公民团体，并在外务省召开了两次意见交换会。这两次意见交换会为日后日本行动计划的制订工作奠定了基础。参会人员涉及相关NGO、公民团体代表及

---

1. 土野瑞穂「国連安全保障理事会決議 1325 号と紛争下における女性への性暴力の脱政治化」『国際ジェンダー学会誌』15号、2017、69頁。

社会有识之士，每次出席人数为40—50人。2013年9月18日，第一次意见交换会在外务省正式召开。会议主要针对行动计划方案（草案）和今后工作方向展开了讨论，这次交换会收集了来自社会各界人士提出的59项意见（行动计划内容相关42项，制定工作开展方法相关17项）。在第一次意见交换会上，首先由外务省提出行动计划方案的草案。2015年版行动计划最终完成时，全文共设定了五大支柱。但在第一次意见交换会时外务省的草案中实际只设定了三大支柱：预防、保护、援助和重建。在工作开展方面，做出了今后设立由政府、公民团体、学者三方组成"少数人小组代表商讨会"的决定。

2013年10月18日，外务省召开第二次意见交换会，主要商讨了三项事务：一、发布外务省对第一次意见交换会上59项意见的回复；二、就设立"少数人小组代表商讨会"三方共同商讨模式达成了六项协议；三、各公民团体针对政府给出的行动计划草案(第二稿)继续提出8项修改意见。这次意见交换会还决定于2013年11月中旬召开第一次"少数人小组代表商讨会"，并确定了商讨会参加人数。在之后的计划制订过程中，"少数人小组代表商讨会"将取代"意见交换会"正式成为行动计划的主要制订机构。

自2013年11月22日至2015年1月29日外务省举办的12次"少数人小组代表商讨会"主要在东京召开，每次参会人员基本固定，学者与公民团体代表主要来自各大高校以及从事相关课题研究的研究所的成员（见表3-1）。为了在全国范围内继续征集市民意见，在召开"少数人小组代表商讨会"期间（见表3-2），"意见交换会"（见表3-3）机制也被保留下来，并按照不同区域依照特殊情况从中央扩展到地区征集各地市民的不同意见，及时将意

第三章
日本落实"妇女、和平与安全"议程的行动计划

见反馈至"少数人小组代表商讨会",为行动计划的制订提供更全面的信息来源。

表3-1 12次"少数人小组代表商讨会"主要参加成员

	主要参加者（所属机构）	
学者	秋林澪（同志社大学全球研究科/立命馆大学）	福井美穗（御茶水女子大学全球协作中心）
	川真田嘉寿子（立正大学法学部）	堀内光子（亚洲女性交流论坛）
	田中雅子（上智大学综合全球学部）	三轮敦子（世界人权问题研究中心）
	桥本广子（CSW日本代表）	目黑依子（性别行动平台，Gender Action Platform）
市民联络会	武田万里子/山下泰子（国际女性地位协会）	谷口真由美（大阪国际大学）
	本山央子（日本亚洲女性资料中心）	石井宏明（难民援助协会）
	与那巅凉子（女性·和平·安全保障性别顾问）	石井由希子（国际冲突预防中心）
	渡边美奈（妇女战争与和平资料馆）	近藤惠子（全国女性庇护网）
	斋藤文荣（东日本大地震女性援助网络）	龟永能布子（消除公家性别歧视会）
外务省	和田幸浩（外务省综合外交政策局）	
	松川类（综合外交政策局女性参与推进室）	
	其他工作人员若干名	

注：12次商讨会学者代表和外务省成员基本固定，市民联络会成员根据议题择题参加。
资料来源：日本外务省官方网站，表格为笔者自制，https://www.mofa.go.jp/mofaj/fp/hr_ha/page22_001963.html，最后访问日期：2019年12月22日。

表3-2 12次"少数人小组代表商讨会"召开时间

顺序	时间（年/月/日）	顺序	时间（年/月/日）	顺序	时间（年/月/日）
第1次	2013/11/22	第5次	2014/04/07	第9次	2014/08/26

续表

顺序	时间（年/月/日）	顺序	时间（年/月/日）	顺序	时间（年/月/日）
第2次	2013/12/20	第6次	2014/05/09	第10次	2014/11/25
第3次	2014/02/04	第7次	2014/05/27	第11次	2014/12/18
第4次	2014/03/03	第8次	2014/06/17	第12次	2015/01/29

资料来源：日本外务省官方网站，https://www.mofa.go.jp/mofaj/fp/pc/page1w_000128.html，最后访问日期：2019年12月23日。

表3-3 7次"意见交换会"召开时间

交换会名	时间（年/月/日）
第一次意见交换会（东京）	2013/09/18
第二次意见交换会（东京）	2013/10/18
冲绳意见交换会	2014/02/28
北九州意见交换会	2014/05/31
关西意见交换会	2014/06/23
仙台意见交换会	2014/07/06
北海道意见交换会	2014/07/25

资料来源：日本外务省官方网站，https://www.mofa.go.jp/mofaj/fp/pc/page1w_000128.html，最后访问日期：2019年12月23日。

地方性意见交换会自南向北分别选在了冲绳、北九州、关西（京都）、仙台、北海5地召开。参会人员为当地一些非政府组织代表和相关公民团体代表。意见交换会首站选择冲绳，最主要原因是冲绳美军基地引发的针对女性的性暴力以及社会治安问题引起当地市民不满已有多年。冲绳意见交换会上，有关美军基地驻留军队针对女性性暴力的议题不断被提起。不仅在冲绳，交换会所到之处都涉及了对该议题的争论。不少市民希望日本能够向

第 三 章
日本落实"妇女、和平与安全"议程的行动计划

派出国美国提出对军队进行彻底教育的诉求，因为这一问题不仅存在于美国海外驻军，在美军内部同样严重。当地市民还希望日本政府对《日美地位协定》[1]的不平等性提出异议并借此机会向美国提出重新修订方案。另外，同第一、第二次意见交换会一样，因行动计划中未涉及"慰安妇"问题，市民表现出强烈不满。然而，直到2015年行动计划最终完成，这两项议题也始终未被采纳。具体原因参见本书第四章与第六章的内容，这里先论及各地意见交换会的情况。

除冲绳外，仙台及周边地区作为2011年东日本地震灾害区也受到特别关注。在仙台意见交换会上，市民不仅围绕东日本大地震以及福岛核泄漏事件与放射性元素会对当地居民身体造成危害等问题展开讨论，同时针对其他项目总共提出15项意见。仙台交换会是5场意见交换会中所提问题最为尖锐的一场。在官方汇总的意见中，甚至出现了针对日本在第1325（2000）号决议公布后长时间内未制订行动计划一事，外务省应该做出反省的条目。仙台市民针对"慰安妇"问题，也一致表现出希望政府将其纳入行动计划的强烈意愿。

北九州意见交换会提出的综合意见条目最多，[2]不仅涉及驻日美军与"慰

1.《日美地位协定》，1960年日美修改安保条约时，签订并生效，是一项确定驻日美军及军属在日法律地位以及对美军基地的运营做出规定的外交协定。规定驻日美军及军属有尊重日本法律的义务，同时他们在护照、签证、旅日外国人登录、管理手续等方面又不受日本法律约束，并允许美军享有一定特权。由于驻冲绳美军引起的纵火、交通肇事逃逸，尤其对当地妇女、女学生实施性暴力等事件频发且不能得到合理解决，多次引发冲绳民众和当地司法部门的强烈抗议与不满。

2. 根据日本外务省官方网站最终收录意见条目，5场地方意见交换会中的意见数目如下，冲绳：6条，北九州：20条，关西：16条，仙台：15条，北海道：13条。

安妇"两大主流问题，同时在具体措施方面提出有关男女共同参与、ODA、"3·11"日本大地震等自然灾害议题以及女性与和平建构、日本和平宪法、教育中性别观点的引入、实施主体的多元化、确保行动计划有必要的预算等。然而，很多建设性意见在当时似乎并未引起政府的重视。后来在行动计划执行过程中以及每年评价委员会的报告中显示，很多问题实际上早在北九州意见交换会中就被提出过。关西、北海道两地除了共通性意见之外，也有个别创新性意见，如关西意见交换会上提出政府派遣护卫队时，需了解当地宗教问题等。

地方性意见交换会是日本妇女、和平与安全行动计划民主性决策的重要体现，也是"少数人小组代表商讨会"的重要补充。5场地方性意见交换会虽然有按区域选择的因素，但也有很强的针对性。令人遗憾的是，意见交换会作为贴近广大民众的信息收集平台，收集了众多民声，成为制定流程不可缺少的重要部分，但在最后商定阶段因为政府主导，一些与政府意志相违背的提案最终被压制下来。

通过先后由外务省主持的12次"少数人小组代表商讨会"和7次"意见交换会"，以及政府根据意见做出的回复与最后调整，第一版行动计划历时两年半，于2015年在社会各界人士的关注中终于完成。这也标志着15年后日本终于加入了执行第1325（2000）号决议制订本国行动计划的国家行列。本书附录部分附有日本第一版行动计划的中文版译本，本章和其他章节对行动计划的引用和分析，读者可参考附录进行一一对照。

2.民主制模式中的"政府意志优先"原则

如上文所述，"两会"组成的民主模式值得肯定，但也有瑕疵。妇女、和

第 三 章
日本落实"妇女、和平与安全"议程的行动计划

平与安全行动计划的第一版（2016—2018年）虽然由政府和公民团体、相关学者三方共同商讨完成，但并不代表三方权力相互平衡。政府决定制订行动计划之前，早期海外援助活动积累的经验已为第一版行动计划的制订打下了主体地基，同时国内"男女共同参与""女性活跃"等政策也可以用来作为行动计划的指导思想。因此，政府在最初制定商讨草案与社会各界进行商讨时，已经有足够资源搭建行动计划的框架。在第一次意见交换会上，对于行动计划内容的界定，三方代表并非从零开始商讨，政府已事前制定出了界定整体框架的草案供与会人员商讨。这也是为何政府最初决定在2013年底单独完成制订计划，最高限度减少公民团体参与的依据之一。迫于国内外舆论压力，日本政府才最终让步，采取了三方共同商讨、积极听取公民团体和相关学者意见的方式。民间团体组织的加入对行动计划的确有利，但缺少了这一群体的参与，政府认为自己同样有能力单独完成计划制订。从计划方案草案的最初拟定到后来的制订，全程起主导作用的始终是政府。长达两年半的计划制订过程中，很多问题出现过分歧，但在政府的主导下本着"政府意志优先"原则，公民团体和非政府组织提出的部分意见常常被政府以各种理由驳回。这一点在《妇女、和平与安全牛津手册》一书中还曾作为案例被提出。该书在提到各国行动计划的"包容性设计和协调"方面时，指出了制订行动计划面临的三大核心挑战。第一，民间社会作用的不明确和社会参与机制缺乏透明度；第二，缺乏当地利益相关者的参与；第三，缺乏协调中心或执行、协调机构明确的"职权范围"。其中在涉及第一项挑战时便提到："2015年日本的行动计划就是一个很好的例子。尽管起草过程涉及12次'少数人小组代表商讨会'和7场'意见交换会'，过程算是透明，但日本民间社会报告说外务省常常在最后一刻对计划做出重大改变，并且没有进一步的咨询或与其他方面达成共识。如在行动计划文本中最终政府删除了'性别'（gender）一词，

由其他具有不同含义和内涵的术语来取代。"[1]一些敏感的问题也被政府有意回避。从某种意义上说，整个制订过程中政府由于掌控了权力而掌握了对行动计划内容的裁定。

纵观行动计划在日本的落实，从宣布制订到完成着实经历了艰难的过程。2000年联合国安理会第1325（2000）号决议出台后，日本政府消极的态度使得行动计划的制订工作一直搁置，没有被提上日程。经过13年的酝酿与考虑，制订工作启动后政府既想顾全民意采用民主模式，又本着"政府意志优先"的原则对各种意见强力驳回，使制订过程变得复杂化，以至于持续了两年半时间才终于完成。但不论怎样，在官民共商共建框架下，行动计划的出台也表明了日本在落实"妇女、和平与安全"议程上又前进了一大步。如果没有政府2013年的宏观决策，行动计划的落实或许仍然处在被搁置的状态；同样如果没有民间妇女团体的积极参与，整个行动计划的制订和实施一定比现在逊色。

第二节　妇女团体对行动计划的推动作用

在行动计划制订过程中，政府的宏观作为为行动计划的启动开足了马力。如以官方身份向国内外公布了制订行动计划的决定，外务省多次组织召开"两会"。[2]政府的主导地位对行动计划的制订虽然起到了决定性推动作用，但在

---

1. Sara E. Davies，Jacqui True, *The Oxford Handbook of Women, Peace, and Security*，Oxford：Oxford University Press, 2019, p.37. 后来行动计划被指出的这一错误在2019年第二版中得到了修订，本章第二节内容分析中有进一步讲解。
2. 指"意见交换会"和"少数人小组代表商讨会"。

第 三 章
日本落实"妇女、和平与安全"议程的行动计划

行动计划制订的具体细节工作中,发挥不可替代作用的还有国内的民间妇女团体。第二节主要论述民间妇女团体在整个制订过程中发挥的微观作用。这些微观作用不可小觑,没有妇女团体及相关学者的积极参与,日本行动计划会面临更多阻碍。

日本在制订第一版的过程中遇到很多困难。在制订行动计划方面,第1325(2000)号决议给予了各国很大自由度,并未提供统一的制订标准和结构,对具体制订工作来说,这是一项巨大的挑战。公民团体和非政府组织的前期准备工作为解决难题发挥了重要作用。制订过程中,公民团体和非政府组织又为充实计划内容和改善结构献计献策。后期还成立了评价委员会,单独负责行动计划的监察评价工作。

一 日本妇女团体对行动计划的前期贡献

联合国安理会第1325(2000)号决议颁布之后,至2013年3月日本制订行动计划前又相继颁布了关于"妇女、和平与安全"内容的6项后续决议:第1820(2008)号决议、第1888(2009)号决议、第1889(2009)号决议、第1960(2010)号决议、第2106(2013)号决议和第2122(2013)号决议。[1]尽管联合国倡导为落实决议各成员国应尽快制订本国行动计划,但联合国并未在相关决议中提供制订行动计划的基准,也未给成员国提供制订模板和框架说明。例如,这一行动计划项目首先应由哪些机关来执行?如何执行?欧洲各国当时主要由这些国家的外交部负责,而非洲各国多为与性别平等相关的省厅部门(如乌干达执行部门为"性别·劳动·社会开发省";利

---

1. 此后,2015年联合国颁布了第2242号决议,2019年又颁布了第2467号决议,截至本书执笔联合国共颁布了9项关于"妇女、和平与安全"的决议。

比里亚为"性别·开发省")[1]负责。日本的行动计划主要执行部门为外务省（外交部）及其下属机构"日本国际协力机构"（JICA）。其次，对行动计划的内容也未做出统一规定，从现有制订国家的情况看，各国基本根据本国国情做出相应处理。在发达国家和发展中国家（尤其是处于冲突中的国家）之间形成了两大不同阵营。总之，第1325（2000）号决议为各国制订本国行动计划留有很大发挥空间，导致各国行动计划内容、形式并不统一。[2]因此，联合国决议体现出的广泛自由性，导致日本在制订行动计划时面临的首要难题就是制订规范问题。

参与日本妇女、和平与安全行动计划制订的川真田嘉寿子女士在《安全保障理事会第1325号决议与国内行动计划》特集中提到：尽管联合国安理会第1325（2000）号决议没有为各国制订行动计划提供具体标准，但妇女团体代表们已经了解到，"妇女和平建设者全球网络"（The Global Network of Women Peacebuilders，GNWP）负责人梅维克·卡布拉－巴利兹（Mavic Cabera-Ballez）曾对行动计划应包含的要素给出建议。在制订本国行动计划时，日本国内妇女团体参与制订的人员也借鉴了巴利兹提过的几大要素。巴利兹认为一项完整的行动计划应该包含以下几大要素：一、背景；二、为解决冲突做出的努力；三、国内行动计划的基础以及既定政策（和平、安全保障、性别平等、人权等）；四、国内行动计划的一般与特定目的；五、实施机制与构造。同时，她希望行动计划具有以下几个特征：一、有明确的目的；

---

1. 川眞田嘉壽子「安全保障理事会決議1325の実施と国内行動計画」『国際女性』26号、2012、94頁。
2. 川眞田嘉壽子「安全保障理事会決議1325の実施と国内行動計画」『国際女性』2号、2012、94頁。

第三章
日本落实"妇女、和平与安全"议程的行动计划

二、能反映该国的现实情况；三、政府、公民团体、联合国以及其他国际组织之间能够相互协作；四、政府全体参与；五、将执行、测定、诠释第1325（2000）号决议及后续决议的各项活动制度化；六、确保有一定财力资金做支撑；七、能够构建实施评价机制。[1]

此外，日本亚洲女性资料中心（Asia-Japan Women's Resource Center, AJWRC）的学者们在政府决定制订本国行动计划前已举办多次相关活动与研讨会，一直为日本妇女、和平与安全行动计划的产生做前期准备工作。2013年8月13日该组织在东京举办的"公民团体针对联合国安全理事会第1325（2000）号决议国别行动计划的献策研讨会"中，相关学者对部分国家如荷兰、美国、塞拉利昂、利比里亚等国制订的行动计划做了介绍。当时，来自日本立命馆大学、妇女国际和平自由联盟（Women's International League for Peace and Freedom, WILPF）日本支部的秋林澪女士，同时也是后来日本妇女、和平与安全行动计划制订时"少数人小组代表商讨会"的成员，在会上重点对美国行动计划做了介绍。后来，日本在行动计划的形式与结构上完全模仿了美国的矩形表格式，尽管两国行动计划的内涵有所不同。[2]

因此，在无官方指导文件可参考的情况下，日本妇女团体借鉴相关国际组织的政策和他国经验为日本行动计划草案制订提供了技术支撑，解决了制订规范的难题。

---

1. 川眞田嘉壽子「安全保障理事会決議1325の実施と国内行動計画」『国際女性』26号、2012、95頁。
2. 「1325号決議内行動計画の可能性は？」『女たちの21世紀』71号、2012，htttps://www.mofa.go.jp/...2013/oda_seikyo_13_1_06.pdf.

二　妇女团体中期对行动计划内容的扩充

第一版行动计划最初草案内容中只包含三大支柱，整体看来项目单薄而笼统。在制订过程中，公民团体和相关学者根据相关经验对原有内容进行了多次修改和扩充。2015年最终完成后的行动计划条目更加详细和全面，其中蕴含了不少妇女团体和相关学者的智慧和经验。

历经两年半，由政府、公民团体与学者共同制订的2015年第一版行动计划总共包括序文和正文两部分。序文主要包括：①国际和平与男女平等方面的举措；②联合国安理会第1325（2000）号决议的通过及其意义；③日本的举措；④有关行动计划的基本思路；⑤行动计划的结构和各项支柱举措的大目标。正文部分在形式上采用了矩形表格形式。这种形式同美国与澳大利亚制订的行动计划形式相同，尽管各自内部组织结构不同。[1]正文内容包含五个支柱，分别为：参与，预防，保护，人道及重建援助，监测、评价及调整框架。日本妇女、和平与安全行动计划内容以及内部组织和结构主要通过政府以及由市民联络会组成的公民团体与学者三方研讨与妥协最终形成。经过数次商讨会议，妇女团体代表与相关学者根据行动计划正文部分对应联合国安理会第1325（2000）号决议提出的四大板块将最初草案给出的三大支柱（预防、保护、援助和重建）扩充为了五大支柱。五大支柱下具体目标和措施分工明细：行动计划整体共设定具体目标23项，具体措施96项。[2]其中"参与"

---

1. Jody M. Prescott, Eiko Iwata, Becca H. Pincus , "Gender, Law and Policy: Japan's National Action Plan on Women, Peace and Security," *Asian-Pacific Law Policy Journal* 17（1）, pp.1–4.
2. 行动计划呈矩形表格形式分布，每一支柱首先设有一项"大目标"，根据内容再分设几项具体目标，每一具体目标对应几项具体措施。上述统计数字中具体目标不包含各支柱大目标，只统计具体目标与具体措施之和，详见附录。

第三章
日本落实"妇女、和平与安全"议程的行动计划

支柱具体目标4项、具体措施17项;"预防"支柱具体目标6项、具体措施21项;"保护"支柱具体目标5项、具体措施24项;"人道及重建援助"支柱具体目标5项、具体措施21项;"监测、评价及调整框架"支柱具体目标3项、具体措施13项。每个支柱首先设有大目标,下设具体目标。为实现具体目标,又分别设有若干项具体措施来保障。矩形表格最后一列对应每一项具体措施列出了负责、执行部门。内容结构看似简单,在具体制订过程中却相当复杂。

行动计划正文的五大支柱"参与,预防,保护,人道及重建援助,监测、评价及调整框架"中"参与—预防"两大支柱,主要涉及预防冲突与防止冲突发生的相关项目,推进妇女参与该领域活动。亚洲女性资料中心的本山央子,作为参与制订行动计划的市民联络会成员,对该部分内容在文献特集中做过重点解说。本山央子提到,政府在最初制订草案时认为"女性参与"这一概念几乎涉及行动计划所有领域,不必单独列为一大支柱。[1]但市民联络会则认为从国际层面看,与其他积极推进女性参与的国家或区域组织相比,日本明显处于落后行列。因此,政府应该对"妇女参与"一项加以重视。经过第一次少数人小组代表商讨会协商,日本政府最终将"参与"单独列为一大支柱。同时需要指出的是,该支柱内容并未触及如何推进日本妇女参与国内事务的问题。最终经过市民联络会的努力,"参与"支柱在第一稿时,大目标是"确保妇女在和平与安全保障领域各个阶段的平等参与,以实现该领域的社会性别主流化",之下又确立了5项具体目标作为支撑。在最终版本中具体目标变为4项,"制定人

---

[1] 日本政府在举办第一次意见交换会时制订的草案中只列出三大支柱:(1)预防;(2)保护;(3)援助和重建。

道及援助重建决策时充分反映社会性别观点，积极发挥女性参与作用"[1]一项被删除。另外，提案中"推进妇女参与国内事务"这一项也被政府搁置，未能写入行动计划的目标之中。

第一版中，"参与"支柱目标3对应的第4项具体措施中规定了在国内防灾事务方面确保妇女参与决策和项目实施。[2]但从其中的17项具体措施整体内容分析，政府提出的政策倾向于两方面：一是冲突地区及援助对象国妇女参与各项行动项目的相关措施；二是日本本国妇女参与海外项目的相关措施，譬如在海外派遣自卫队援助、灾后重建、联合国机构就职等方面。尤其在自卫队派遣援助领域，2016年日本首相安倍晋三在自卫队高级干部会议上提到："目前女性自卫队员人数仍然不足。"针对这一评价，2017年4月防卫省便提出"要进一步推动女性自卫队员主动参与，争取人数倍增"的应对政策。据统计，截至2018年1月，日本PKO派遣活动中，女性自卫队员派遣人数已达到14000人，占总成员（23万人）的6%，为史上最高纪录。事实上，这一现象背后也体现出目前少子老龄化背景下日本政府意欲减少年轻男性派遣人数。[3]不仅在数量上，同时在派遣任务类型分配中，陆、海、空三线均开始起用女性，甚至部分女性自卫队员可以携带武器参与到最前线任务当中。由此可见，日本妇女、和平与安全行动计划对发展海外派遣力量起到了巨大的推动作用，

---

1. 本山央子「特集Ⅱ安保理決議1325に基づく日本の国別行動計画策定の動向3」『国際女性』28号、2014、99頁。
2. 日本第一版《关于妇女、和平与安全保障的行动计划》"参与"支柱中目标3之措施4："在国内灾害应对方面保持与防灾计划、《灾害对策基本法》、男女共同参与基本计划的吻合性，确保妇女参与决策和项目实施。"
3. 北沢杏子「安倍政権、女性自衛官の倍増を狙う」，https://www.ahni.co.jp/kitazawa/sei/kantougen1801.htm，最后访问日期：2019年12月31日。

第三章
日本落实"妇女、和平与安全"议程的行动计划

本书在第四章将继续阐述这一推动作用。

作为自然灾害多发国,日本在防灾援助方面的"妇女参与"也积累了丰富经验。2016年3月公布的《推进防灾领域女性领导力相关调查报告》显示,日本政府在2012年和2014年联合国妇女地位委员会上曾提出《自然灾害方面社会性别平等和妇女赋权决议》提案,该决议旨在揭示妇女在自然灾害、防灾、重修与重建方面的脆弱性,以及为建设"应对灾害更强的社会"以提高妇女日常参与度的必要性。这一决议现在成为重要的国际基准。同时以此为基准,2015年3月在仙台举办的第三次联合国世界防灾会议上,公布了《仙台防灾框架2015—2030》。[1]该框架的原则也在于促进女性领导,提高女性援助能力。因此,经过妇女团体的积极建议,"参与"支柱中防灾领域的妇女参与情况也被政府采纳写入其中。

第二支柱"预防"领域,大目标为"促进妇女参与冲突预防、管理、解决的所有进程和决策并发挥指导性作用,引入并加强男女共同参与的观点",之下又设立了6项具体目标。与目标对应的一系列具体措施,主要通过对冲突影响下基于性别暴力的分析与削减风险措施等课题展开。同样是加强"妇女参与",但在"预防"这一支柱中更加倾向于将"妇女参与"渗透到和平进程、预防冲突等相关领域。同时,各项措施还体现了日本与国际合作的意愿,通过国内NGO、公民团体开展国际交流活动,了解行动计划为预防女性遭遇暴力冲突所采取的措施体现在"针对人口贩卖、和平教育以及小型武器的管

---

[1].「防災における女性のリーダーシップ 推進に関する調査研究報告書」、株式会社 ソフィア研究所、2016、117頁、https://www.gender.go.jp/policy/saigai/pdf/kenshu_bousai_houkoku.pdf,最后访问日期:2020年1月3日。

理援助"等方面。

  保障冲突中或冲突后国家、地区的妇女和女童这一群体处于和平安全的社会环境是第1325（2000）号决议的宗旨，作为保障条件，各国军队和警察等治安组织的援助不可或缺，行动计划中有多处言及日本在海外开展联合国维和行动。此外，据参与制订该板块的负责人与那巅凉子女士介绍，制订过程中除军事、政治援助之外，市民方面还给出意见，希望政府能够兼顾国内"慰安妇"问题，将和平教育与"冲突下的性暴力预防"教育相结合，但这一建议最终被政府拒绝。[1]有关和平教育相关措施只在具体目标6之具体措施3中单独提出。[2]除此之外，预防措施的制定基本按照最初的草案进行。

  第三支柱"保护"领域，大目标为"让包括妇女和女童等在内的各种受益者在冲突中、冲突后或者大规模灾害等人道危机状况下免遭性别暴力等人权侵犯"。其下又设5项具体目标，24项具体措施。联合国维和行动目的在于解决国际争端，在当地政府因各种原因无力履行保护本国公民的责任前提下，保护当地居民的安全。事实上，由于在联合国人道主义干涉过程中，系统性失灵问题在维和行动领域的多发，维和行动中往往会产生一系列意想不到的"副产品"。随着维和行动数量的增多，在维和目的地对妇女进行性侵犯和性暴力事件的丑闻也在不断增多，同时妇女作为性工作者被贩卖到维和目的国

---

1. 与那巅凉子「特集Ⅱ 安保理決議1325に基づく日本の国別行動計画策定の動向3」『国際女性』28号、2014、101頁。
2. "预防"板块中具体目标6内容为"促进缓和国家间紧张局势，建立友好关系，不通过武力解决冲突。此外，为了实现这一目标，促进日本国内的妇女、公民社会和NGO的活动"。其下对应措施3规定：在日本国内促进和平教育。由此可见，日本制定这一国内政策是以服务于日本对外政策为目的的。

第三章
日本落实"妇女、和平与安全"议程的行动计划

的数量也在逐年增加,主要原因有以下几方面。第一,联合国维和人员目前多以男性为主,是性工作者的主要消费者,人数增多导致需求量变大,刺激了针对性工作者的人口贩卖活动。第二,联合国维和人员有可能直接参与到人口贩卖活动当中为己谋利。第三,作为获得援助的偿还,维和行动的受援国被要求提供性服务等。[1] 因此,在"保护"支柱中共设有5项具体目标,各具体目标下又设多项具体措施对相关人员提供保护。一方面对当地妇女、难民和国内流离失所者提供保护,另一方面针对本国从事PKO等建设和平活动的女性派遣队员和工作人员,将进行派遣前的包括性和生殖健康在内的应对性别暴力的培训和训练。

针对男性派遣人员,在"保护"支柱的具体目标4中也提到:"防止派遣人员进行性别暴力,对施害者进行适当的搜查和处罚。"

第四支柱"人道及重建援助"支柱通过两次"少数人小组代表商讨会"才最终确定下来。确切地说,第四支柱是从第一支柱"参与"领域分离出来,通过内容扩充后形成的一大支柱。上文分析"参与"支柱时提到,最初在第一稿大目标下原本设有5项具体目标,2015年最终定稿时具体目标变为了4项,其中"制定人道及重建援助决策时充分反映社会性别观点,积极发挥女性参与作用"一项被删除。原因在于制定过程中市民联络会认为,仅把人道及重建援助作为"参与"支柱中的一项具体目标,无论从内容还是结构上都不足以完全阐释清楚,应该单独作为一个支柱全面而详尽地予以说明。于是,制订过程中市民联络会成员决定对"参与"支柱的构成形式进行微调。因此,行动计划第

---

1. 赵洋:《国际干涉中的合法性与有效性研究》,《国际政治研究》2019年第6期,第75页。

一稿中"参与"支柱里有关"人道及重建援助"这一具体目标最后确定单独成立一个支柱，并重新制定了该支柱的大目标："反映妇女和女童等的特有状况和需求，促进妇女赋权，通过确保妇女参与的形式进行人道及重建援助。"其下设5项具体目标，21项具体措施。[1]

另外，该支柱目标1至目标3根据不同阶段和执行情况又分成了3个时期。目标1"紧急人道援助期"，即在冲突中以及冲突、灾害刚发生后的紧急人道援助阶段，针对妇女和女童开展援助活动。目标2"过渡期"，即从紧急人道援助到重建援助的无缝过渡期援助，避免妇女和女童等在援助中被遗漏。目标3"重建期"，即在冲突和灾害后，援助难民及国内流离失所者的回归和重新整合重建援助项目，其计划制订、实施、监测、评价一系列过程中要引入男女共同参与的观点，保障妇女和女童的权利，实现男女平等和公平性，从而增强援助效果。

根据援助重建过程中出现的问题，目标4被列为"重点课题"，共设有8项具体措施，涵盖"保健""教育""农业""生计援助、收入增长""基础设施建设""DDR-SSR"[2]"司法制度援助"等领域。目标5主要是将性别主流化和男女共同参与的观点引入人道及重建援助项目中。

第五支柱"监测、评价及调整框架"与前四大支柱有所不同，"参与、预防、保护、人道及重建援助"均为实质性执行支柱，支柱五是针对行动计划

---

1. 石井宏明「市民連絡会提案の解説 ④人道・復興支援『特集Ⅱ 安保理決議1325に基づく日本の国別行動計画策定の動向3』』『国際女性』28号、2014、102-103頁。
2. 第一版行动计划"保护"支柱的具体目标中对其解释为：协助进行冲突中和冲突后解除武装、复员和重返社会（DDR），以及包括司法制度在内的安全机构改革（SSR）。

本身做出的制度性规定。这一部分的设定,一方面为行动计划的实施起到了监察与评价的作用,另一方面为第二版行动计划的制订提供了修订依据,是不可或缺的一大支柱。支柱五的大目标为"构建适时、有效地对行动计划进行监测、评价及调整的框架,定期修改行动计划",下设3项具体目标,13项具体措施。目标1为建立合理监测行动计划实施状况的框架;目标2为建立合理评价行动计划实施状况的框架;目标3为为3年后进行修改而合理调整行动计划。针对第五支柱,行动计划制订小组还专门设立了评价委员会,自实施日起对行动计划展开一年一度的监察、评价。评价委员会成员均来自妇女团体和民间学者代表,这一群体不仅参与了行动计划的制订,还作为监察小组一直持续对行动计划进行幕后监督。

三 妇女团体对行动计划后期的监察与评价

1. 由妇女团体和学者组成的评价机构

作为一项长期执行的国家政策,追踪监察、评价与调整是十分必要的。如上文所述,根据第五支柱的要求:自行动计划执行起,一年一度的评价和监察工作是必要的,也为将来第二版修订和完善提供依据。行动计划制订完成后,日本国内相关妇女团体以及在"妇女、和平与安全"保障领域具有丰富知识和经验的专家学者组成了妇女、和平与安全行动计划评价委员会(见表3-4)。对于为何全部交由学者和社会人士组成的评价委员会进行评价,而不包含政府人员,评价报告书在第一年(2015年)总评内容中解释过原因。首先,民间社会和非政府组织已在日本行动计划的制订过程中发挥了巨大作用,这次加入评价委员会更加体现了评价工作集公民、性别和专业知识三要素于一体。其次,人事调动是日本国内各部委和机构的惯例。每次有人员调动时,评价工作相关各方必须仔细协调相互的工作，协调、监测、评价和审查与行动计划相关的内容将需要大量时间。考虑到这一点，全部交由妇女团体参与评价，具体来说避免了由于政府各部人员经常调任而造成监测和评价的长期退化和制度疲软。所谓监测和评价的长期退化，是指人员调动后由于新任人员对评价体系和标准理解不透彻而影响了评价的结果，或者由于人员的反复更替导致知识反复被解释，始终停留在最初状态不能得到持续发展与完善。制度疲软是指评价委员会的评价能力随着时间的推移而降低，不能再产生有效的信息，但评价体系运作仍然需要成本，导致制度运作出现高成本低效率的疲软状态。[1]

评价委员会在工作过程中也会创造机会，一方面直接反映更接近前线的非政府组织、非营利组织等的意见，另一方面也将建立论坛，进行包括政府在内的开放性和建设性的对话。[2]

表3-4　行动计划评价委员会委员名单

职务	姓名	头衔
委员长	目黑依子	上智大学名誉教授
	池田惠子	静冈大学教育学部教授·防灾综合中心兼任教员
		减灾与男女共同参与研修推进中心共同代表
	石井宏明	非营利组织（NPO）难民援助协会常任理事
		一桥大学国际·公共政策研究生院客座讲师
	石井美惠子	国际医疗福祉大学研究生院灾害医疗领域教授
	大崎麻子	关西学院大学综合政策学部客座教授

1.「女性·平和·安全保障に関する行動計画年次報告書 2015 年 1 —12 月」、17页、https://www.mofa.go.jp/mofaj/files/000264423.pdf，最后访问日期：2019年12月26日。
2.「女性·平和·安全保障に関する行動計画年次報告書 2015 年 1 —12 月」、17页、https://www.mofa.go.jp/mofaj/files/000264423.pdf，最后访问日期：2019年12月26日。

第三章
日本落实"妇女、和平与安全"议程的行动计划

续表

职务	姓名	头衔
委员长	川真田嘉寿子	立正大学法学部教授
	久保田真纪子	JICA国际协力专员
	佐藤文香	一桥大学大学院社会学研究科教授
	濑谷留美子	非营利组织（NPO）日本冲突预防中心理事长
		JCCPM有限公司董事长（原文无全称）
	山谷清志	同志社大学政策学部教授

资料来源：2019年4月17日发布于日本外务省官方网站，https://www.mofa.go.jp/mofaj/fp/pc/page1w_000152883.html，最后访问日期：2019年12月25日。

2. 妇女团体对评价工作的不断完善和改进

自2015年起，评价委员会根据各年度执行情况制定了详细的年度报告书。目前，官方网站公布了2015—2018年的《妇女、和平与安全行动计划年度报告书》（英文版/日文版）。从已公布的四版报告书看，为了精进报告内容，评价委员会每年都对报告书的内容和形式不断改善。2015—2017年报告内容主要包括对当年行动计划执行情况的总评，继而分支柱进行单元总评和案件举例、分析。另外，报告还通过矩形表格形式对行动计划中各项具体措施进行了一一核对。这样一来，每一年度行动计划各项措施实施情况一目了然。通过纵向数据统计也容易分析出日本海外援助在某一领域实施力度的不足。笔者在本书第六章分析行动计划存在的不足与缺陷时，评价报告书连续四年的统计数据提供了重要信息。2015—2017年的评价报告还单独附有援助冲突后和脆弱国家的项目。由于这些国家政府治理能力较差，大部分建设需要国际社会的援助。同时，报告书中还包括人道主义援助组织，如联合国难民事务高级专员公署（UNHCR）和联合国世界粮食计划署（UNWFP）提供的汇报

内容，总之，除了对行动计划的实施评价外，报告书也体现了项目类别的多样化。从2018年起，报告书在形式上出现较大变动，2018年评价报告与前三年相比在形式上更为简化，各项内容统一汇总到以行动计划具体措施为主的矩形表格中。报告书整体上去除了系统性文字总评报告，只保留对照性内容，但矩形表格中的信息变得更加丰富，如对冲突后国家的援助基金、援助类型、案例整体实施年限、案例英文名称等内容也被汇总到表格之中。[1]从2015—2018年的连续四年报告来看，每年执行过程中的确存在一些不足和缺陷，但评价委员会也在逐年不断完善。

四年间评价工作取得了丰硕成果。2015年作为评价工作开展的第一年，评价、监测等各方面工作都是第一次尝试性执行，首先在时间划分上就出现了难题。按照规定每年度评价报告的时间划分为自然年的1—12月，第一版行动计划2015年9月才制订完成，所以2015年的评价报告并没有局限于对行动计划项目的监督与评价，还包含了行动计划制订前的案例，根据案例的特殊性部分项目起止时间甚至是从2016年6月1日起向前推移了一年。第一年评价委员会尽最大可能选择了与实际目标相近的案例。最后的评价结果显示，在各部门提交的案例中，一些在受援国以性别主流化为核心的项目被证实的确是在日本的倡议下实施的，这些项目均是由负责各支柱的评价委员会成员选出的优秀案例。评价委员会以报告书的形式将这些事实向公众清楚地展示出来，这对日本而言具有重大意义。总之，评价委员会第一年的努力受到高度赞扬，其为行动计划之后的执行与评价工作提供了很大价值，而不仅仅是

1.「『女性・平和・安全保障に関する行動計画』モニタリング・実施状況（2018年1～12月）」，https://www.mofa.go.jp/mofaj/files/100073841.pdf，最后访问日期：2019年12月26日。

第 三 章
日本落实"妇女、和平与安全"议程的行动计划

"暖场"。[1]

尽管第一年评价工作取得了很大成果,但为了之后能更全面准确地评价,委员会认为仍然有很多工作需要做。譬如,之后如何根据项目的整体目标和具体指标来选择合适的案例,以便对三年后的行动计划进行整体调整等。行动计划包含100多项不同的具体措施,且时间有限,考虑到评价委员会成员很难对整个行动计划的实施情况进行全面而详细的评价,评价和监察工作需要尽可能多地同各部委和机构各监测工作组内的协调中心进行交流,特别是2016年的评价工作,这是第一次全面以行动计划为对象展开的评价。鉴于两年后将要对行动计划进行全面调整,评价委员会认为应该做出更加精准的评价。

2016年是首次以行动计划制订后实施的案件为对象进行评估的,以日本制订行动计划后的2016年1—12月实施的案件为对象。同时根据案件的不同,也包括横跨多年和未满一年的案件。考虑到要与2015年进行比较,对评价方向、评价标准、工作体制均进行了改变。[2]鉴于篇幅原因,本节对评价系统的具体改变不予过多详细论述。总之,2016年案例的选定与2015年不同,不是根据支柱之间或主管机构之间的平衡,而是根据评价标准进行的。2016年评价类别分为对活动与过程本身的评价和对实施结果的评价,这两类在选定的案例评价中也都有明确标识。另外,对执行案例的评价标准仍然分为三个等级:最高级别中案例以性别平等,妇女、女童的发展为主要目

1.「女性・平和・安全保障に関する行動計画年次報告書 2015 年 1—12 月」、17 頁、https://www.mofa.go.jp/mofaj/files/000264423.pdf,最后访问日期:2019年12月26日。

2.「女性・平和・安全保障に関する行動計画年次報告書 2016 年 1—12 月」、3 頁、https://www.mofa.go.jp/mofaj/files/000382431.pdf,最后访问日期:2019年12月26日。

的；其次是案例体现性别平等，且对妇女、女童地位的提高有所帮助；最后是案例对妇女、女童性别平等几乎没有任何贡献。[1]与2015年、2016年评价报告不同，2017年评价报告书主要对四大支柱从内容倾向、实施主体、成果三方面进行了评价。[2]2018年除了形式上的改变，评价标准和类别并没有大的变动。

2015—2018年，评价报告体系在不断改善和升级，日本的行动计划案例内容不断丰富，实施也在不断改进，整体上目标设定和与实施方法相关的案例逐年增多，实施主体也逐渐多样化。日本的行动计划中包含对"自然灾害"援助的案例，将四年间日本国内发生的灾后援助案例作为评价对象，范围也在不断扩大。灾后重建与冲突后重建具有共通性，日本在这方面贡献了丰富的经验，这一点也受到了海外相关人士的赞许。同时，四年间国内各省厅对于行动计划的主体意识增强也受到评价委员会的肯定。不过，各领域在执行过程中仍存在不同程度的不足。"参与"领域在促进和平进程方面案例不足。"预防"领域中针对冲突影响地的社会性别统计管理和社会性别分析案例欠缺，支援由草根阶层和公民团体实施的援助活动等案例也相对不足。根据第1325（2000）号决议指示，"和平建构"的两个轴心——"社会性别主流化"和"妇女赋权"理念应始终贯彻在各国行动计划四大支柱中，这也是今后各国行动计划制订执行和要实现的根本目标。同时，自行动计划执行日起有关日本做出的贡献仍然是一个需要深入探讨的课题。本书在第五章论述日本落

---

1. 针对这一标准，评价委员会当时参考了《联合国性别平等标志指南》（*UN Gender Equality Marker Guidance Note*），2013年9月。
2. 「女性・平和・安全保障に関する行動計画年次報告書 2017年1～12月」，https://www.mofa.go.jp/mofaj/files/000500875.pdf，最后访问日期：2019年12月26日。

第三章
日本落实"妇女、和平与安全"议程的行动计划

实"妇女、和平与安全"议程的成绩与案例时将进一步介绍。

3.评价过程中存在的缺点

作为评价机构本身，评价委员会的工作也被纳入了评价范围内。由于监测、评价、调整的对象不仅针对支柱一至支柱四，支柱五作为行动计划的内容同样需要被监督与审查。因此，评价委员会自身也设有监察机制，及时发现评价工作中存在的问题与缺陷。在四年评价过程中评价报告普遍存在的问题是"案例重复记录"。监察小组在工作过程中对行动计划的每一支柱、每一具体目标和具体措施，都对应附有相关实施案例。易出现的问题是有时同一案例会被对应在多个支柱之下，导致案例有可能被重复评价为优秀案例。为了避免问题的再次出现，之后评价委员会规定了行动计划相关实施机构提交案例时需经过详细调查，但部分机构执行不彻底，部分案例在多个支柱下仍然被重复记录并被重复选为优秀事例。对此评价委员会研究后认为，这与其说是案例报告的归类问题，不如说是行动计划框架下的信息复杂，作为监控和评价的工具存在问题。即各支柱大目标的描述中包含模糊的术语，使其很难与其他支柱内容区别开来。另外，大目标、具体目标、具体措施之间的逻辑整合性也存在问题，成为案例重复被记录但问题始终存在的原因。

除此之外，评价工作本身也存在个别问题。比如，评价委员会认为今后在确认各项事务的企划内容和实施内容方面，应该严格按照国际基准来评价，避免由于评价基准不统一造成评价误差等。

尽管评价工作存在一些问题和不足，但一直在完善中。评价委员会根据行动计划不同阶段执行情况，对评价标准和评价范围做出适时调整。如

对2017年执行情况进行评价时各个目标参评范围都有所扩大,原因是有关"社会性别主流化"和"妇女赋权"案例的企划力和实施力的上升令案例数量均有所增加。对"妇女赋权"概念的理解加深,评价委员会希望今后执行过程中不再将妇女或少女群体单独从整个社会团体中分离,而将其定位于同社会其他行为体共同关联的位置上来,进而不再将女性单纯作为援助对象,而是将其视为整个社会重构的重要负责人对其进行赋权活动。尽管如此,需要注意的是同2016年相比,2017年的大多数案例仍然在阐述行动本身。当然,也有人认为信息报告存在诸多制约因素,例如一年一度评价期限太短,很多案例的效果短期内不能显现出来,这样会直接影响评价结果。

不论怎样,由日本民间团体和学者组成的评价委员会对行动计划的执行和再次修订做了很大的贡献。通过评价委员会四年评价报告的纵向统计,能够大致掌握日本妇女、和平与安全行动计划实施存在的主要问题和基本方向。本书在第六章还将针对行动计划评价报告给出的统计数据展开进一步分析,主要针对行动计划矩形表格中内容的实施情况做了统计,筛选出连续四年或三年未实施的措施并展开分析,为行动计划实施中存在的问题提供了客观分析的数据。

此外,从日本民间妇女团体在行动计划制订前后的各项努力和贡献看,日本国内妇女团体的力量也在不断壮大,在政治舞台上发挥的作用也越来越重要,这是一种良性循环。尽管政府仍然占主导地位,但在一些专业性问题上民间妇女团体的作用是政府不能替代的。

第三章
日本落实"妇女、和平与安全"议程的行动计划

第三节　第一版行动计划与第二版行动计划的比较分析

一　第二版行动计划的制订

第一版行动计划在第五支柱中规定三年后将重新修订。2018年下半年起，日本外务省便着手第二版行动计划的修订工作，最终于2019年3月顺利完成了第二版行动计划，整个过程不到一年时间。有第一版以及各年度工作报告作为基础，第二版修订工作的开展相对来说轻松许多。从侧面也体现了第一版持续两年半的精细制作为后续版本的制订提供了便利，并且使行动计划整体具有稳定性和持续性。第二版行动计划内容只是根据最新实况对第一版序文部分内容与正文部分目标和措施框架进行了调整，对部分措施内容进行了删减和置换，整体上并未出现大的结构变动。修订过程中，政府并未再次开展现场的"少数人小组代表商讨会"和"意见交换会"征集修订意见，而是在2019年1月11日至2月6日，采用以官方网站为平台的形式向公众开放了专用电子政府综合窗口（E-Gov）进行公共评论征集。之后由外务省对收集到的各项意见进行汇总和整理。意见收集完毕后，外务省相关部门共整理出34项综合意见，并于2019年3月22日在官方网站发布了针对这些公众意见政府做出的回应。

通过汇总可见，第二版行动计划虽有近50处细节得到了修订，依然没有解决学界提出的关键问题。

这种微观修订理念在第二版序文的第四部分"有关行动计划的基本思路"中有解释说明。官方解释为："第一，修订工作自第一版实施后的第三年才着

手策划。第一次行动计划的执行经验目前还不够丰富，因此没有进行大幅度修订。今后将继续按照原有框架积累经验。第二，第一版行动计划是历经两年半时间与公民团体交换意见共同努力的成果，但此次发现各支柱间有重叠的部分，此次修订在可能的范围内进行了改善。第三，第二版行动计划依然优先各实施主体继续积累经验，至于结构的调整则计划在后续版本中予以实施。"由此可见，尽管政府表明继续利用民间群体和组织的声音来推动今后的计划修订，但第二版在修订时仅在可能的范围内反映了评价委员会报告书中提出的意见以及同公民团体、非政府组织交换的意见，并未全面展开大范围的调整。

二 第二版行动计划内容的具体变动

第二版正文依旧保持原来的五大支柱，共设定了具体目标22项，具体措施91项。[1]其中"参与"支柱具体目标4项、具体措施16项；"预防"支柱具体目标5项、具体措施17项；"保护"支柱具体目标5项、具体措施26项；"人道及重建援助"支柱具体目标5项、具体措施17项；"监测、评价及调整框架"支柱具体目标3项、具体措施15项。

两版文本内容的具体变动如下。

第一，第二版对"gender"一词做了重新审视，有关这一问题的缺失本章上一节中曾有提及。"gender"一词中文译为"社会性别"，北京外国语大学国际关系学院女性主义国际关系研究学者李英桃教授在《社会性别视角

---

[1]. "预防"支柱原具体目标5被删除，除此之外其他支柱具体目标数量不变。具体措施变动较复杂，有添加、删减与内容的变动，总措施数量较第一版减少5项。

下的国际政治》一书中对这一概念这样定义："社会性别作为一个社会、文化、政治和历史的范畴，是指在社会文化中形成的属于男性或女性的群体特征和行为方式……它们原本被认为是普遍的、本质的、一成不变的，而对社会性别概念的强调改变了这种观念。"[1]第二版行动计划也对序文及正文中出现的"gender"一词加入了注释，并且将第一版正文中提到的"统计、分析"等表述内容分别置换成了"社会性别统计、社会性别分析"。对于这两个新的概念，新版行动计划借用《第4次男女共同参与基本计划》对其进行了解释。具体来说，社会性别统计指根据男女间意识不同产生的差别以及对产生原因和现状导致的影响进行客观把握的统计；社会性别分析指基于在社会文化中形成的性别特征进行的社会分析。第二版的变动体现了新版行动计划逐渐对"社会性别"以及性别主流化的正视与重视。

第二，第二版序文以及正文部分将原本只针对"妇女"的保护与援助措施改为"妇女和女童"，将保护对象范围进一步明确和扩大。在参与ODA、联合国PKO等海外援助培训方面针对自卫队员及文职人员的培训教育增加了行动计划相关决议、性榨取、虐待（SEA）、冲突下的性暴力等内容。同时，明确了要实现国内外的人才培养和能力强化目标。

第三，第二版行动计划对各支柱目标中的具体内容进行了增减，内容位置也有所变更（见图3-1、表3-5）。

---

1. 李英桃：《社会性别视角下的国际政治》，上海人民出版社，2003，第18页。

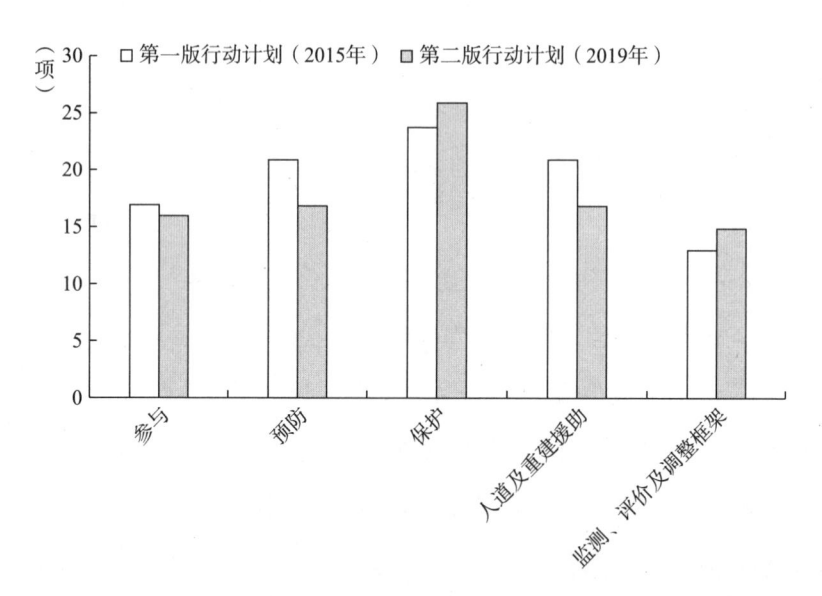

```
         □ 第一版行动计划（2015年）   ■ 第二版行动计划（2019年）
（项）30

     25

     20

     15

     10

      5

      0
         参与      预防      保护     人道及重建援助  监测、评价及调整框架
```

图 3-1　2015年版与2019年版行动计划"五大支柱"具体措施数目对比

资料来源：笔者根据第一版与第二版行动计划自制。

表 3-5　第一版行动计划到第二版行动计划变动统计对比概况

支柱	目标	第一版行动计划具体措施	第二版行动计划具体措施	数量变动	内容变动
参与	1	5项	2项	−3	删除：①协助关怀妇女的联合国PKO等和平建设活动（1-2）；②协助对象国家的妇女在建设和平的活动中积极发挥作用（1-4） 添加：①推进女性参与联合国PKO等维和援助活动以及第1325（2000）号决议相关决议的实施（4-5） 其他措施：在内部各目标间进行了相互调换
参与	2	2项	5项	+3	
参与	3	4项	3项	−1	
参与	4	6项	6项	—	
参与	总计	17	16	−1	
预防	1	4项	4项	—	删除：①分析处于冲突影响下的社会中的性别暴力等的风险并采取降低风险的措施（2-1）；②不论正式与否，让妇女参与日本涉及的和平谈判进程和决策，并发挥指导性作用（3-1）；③包括性别暴力等的应对和预防在内，在日本涉及的和平进程中体现男女共
预防	2	2项	1项	−1	
预防	3	4项	2项	−2	
预防	4	7项	7项	—	

第三章
日本落实"妇女、和平与安全"议程的行动计划

续表

支柱	目标	第一版行动计划具体措施	第二版行动计划具体措施	数量变动	内容变动
预防	5	1项	0项	-1	同参与的观点（3-2）；④加强PKO人员等援助和平活动的人员预防和应对性剥削及虐待（SEA）、性别暴力等的能力（目标5）其他措施：基本未变
	6	3项	3项	—	
	总计	21	17	-4	
保护	1	5项	4项	-1	删除：①预防从事联合国PKO等建设和平活动以及援助发展中国家相关工作的文职工作人员和队员的性别暴力（1-4）其他措施：除个别名称变化，内容基本一致添加：①在冲突影响下和人道主义危机下的社会中的性暴力和基于性别的暴力等风险分析和风险减轻措施（2-1）；②加强联合国维和人员等在冲突中基于性别和性别的暴力的防范和应对（2-2）；③联合国PKO人员等，以及从事和平构建活动和发展中国家开发、人道主义援助事业的职员、队员的性剥削虐待(SEA)的防止和应对（4-2）
	2	5项	7项	+2	
	3	5项	5项	—	
	4	5项	6项	+1	
	5	4项	4项	—	
	总计	24	26	+2	
人道及重建援助	1	5项	4项	-1	合并：目标2与目标3合并，导致具体措施出现合并；目标4中第一版中具体措施4、5、6合并为具体措施4、5删除：①协助开展针对妇女和女童等的性别暴力等的防止、应对、保护工作（1-5）；②确保项目实施过程中妇女的参与（3-2）；③在项目的监测和评价中引入男女共同参与的观点（3-3）
	2	2项	5项	-2	
	3	5项			
	4	8项	7项	-1	
	5	1项	1项	—	
	总计	21	17	-4	
监测、评价及调整框架	1	3项	3项	—	添加：①评价委员的评价每2年进行一次，报告书在网上用日语和英语公开（2-6）；②委员会将与窗口合作，为按照安理会第1325（2000）号决议及相关决议宗旨活动的公民团体及NGO等提供说明评价报告书并交换意见的机会（2-7）
	2	7项	9项	+2	
	3	3项	3项	—	
	总计	13	15	+2	

资料来源：笔者根据第一版与第二版行动计划自制。

如图3-1及表3-5显示，第二版行动计划未出现结构性调整，但在内容上各支柱都有一定的微调。"参与"支柱删除了两项协助关怀女性和平建构的项目，对于女性"强者角色"的参与更加重视，对女性的关怀协助则相对下降；同时增加了类似行动计划向第1325（2000）号决议靠拢的表述。对"预防"支柱和"保护"支柱之间的部分具体措施进行了相互置换。"预防"支柱中的部分措施转移到"保护"支柱中，如"冲突影响下的社会中的性别暴力等的风险并采取降低风险的措施"相关内容和"联合国PKO人员等，以及从事和平构建活动和发展中国家开发、人道主义援助事业的职员、队员的性剥削虐待（SEA）的防止和应对"等，同时两支柱在语言表述方面于诸多目标中也加入了"gender"一词。第四支柱"人道及重建援助"部分，将"过渡期"与"重建期"统合成了一项。支柱中删除和统合的内容部分是由于在大目标中已经重申，因此在措施中并未再次设置。最后的"监测、评价及调整框架"支柱，第二版更加强调了政府尊重行动计划制订过程，必要时多听取专家意见的决心。同时，根据联合国安理会第1325（2000）号决议和相关决议，政府今后会更加愿意同"妇女、和平与安全"领域有丰富知识以及经验的专家、公民团体和NGO交换意见。不同于第一版行动计划3年的修订期限，第二版行动计划的修订年限改为了4年。

从第二版行动计划的修订结果可以看出，日本落实联合国"妇女、和平与安全"议程的政策仍具有稳定性和持续性。局部内容的变动除了解决"支柱间内容重叠"问题，也能够反映政府近些年在某一具体项目中态度的转变。虽然第二版序文中提出结构的变更将在此后的版本中体现，但鉴于框架与结构修改涉及多方面因素，目前尚无法预测2023年第三版行动计划能够对现有框架结构进行多大程度的修改。

第三章 日本落实"妇女、和平与安全"议程的行动计划

小 结

  日本妇女、和平与安全行动计划作为本书研究主体,既是前两章研究的落脚点,也是后三章研究的基础。本章涉及的研究数据均以日本外务省官方资料为主,丰富的一手资料为议题的研究提供了诸多实证信息,也从侧面体现了日本政府自身对这一议题的重视。第三章承接前两章日本女性迈向和平的历史里程,最后落脚于21世纪日本响应联合国号召制订妇女、和平与安全行动计划。行动计划将日本女性政策的实施范围拓展到了国际层面,并作为指导性政策进一步引领日本今后在"妇女、和平与安全"领域的相关项目与活动。这一行动计划的制订是日本政府和国内民间妇女团体及相关学者共同努力的成果。政府的权威性决策以及在制订过程中,外务省通过组织召开"两会"收集国民意见,体现了政府的主导作用。作为第一部官民共商制定的国家政策,妇女团体和学者的加入对计划内容的制订也发挥了重要推动作用。面对制订规范和标准的难题,妇女团体和学者借鉴他国的经验和国际社会的政策为制订工作提供了诸多技术支持,同时使行动计划从原草案到最终版本有了内容扩充以及结构上的变化。此外,妇女团体和相关学者不仅是行动计划制订工作的参与者,也是监察其执行情况的评价委员会成员,后期全权负责行动计划的监察、评价工作。事实上对行动计划上百条措施展开评价是一项复杂的工作,但每一年度评价委员会对最小级别的措施也会进行追踪调查和反馈。针对评价工作本身,委员会也会随时进行自省和修正。

  在制订过程中,尽管政府采纳了妇女团体诸多建议,但在政治敏感话题上,政府仍然驳回了一些妇女团体和学者的意见。这种"政府意志优先"原则下的民主模式对第二版行动计划的制订也产生很大影响。鉴于专家认为三

年的修订时间依然短暂，第一版行动计划仍未积累足够经验，第二版行动计划的保守性成为其主要特征。因为有第一版做基础，加之修订工作的保守性，第二版行动计划的参考价值十分有限。对于未来第三版行动计划的制订，第二版中虽然表明将对结构进行调整，但在政府的主导下能够进行多大程度的调整，仍然难以预测。

第四章　日本落实"妇女、和平与安全"议程的两大立场[*]

2013年日本领导人和政府官员借出席各大国际会议之机,多次向其他国家宣布日本将制订妇女、和平与安全行动计划。2015年第一版日本妇女、和平与安全行动计划顺利完成,对国际社会保障妇女权利、提高妇女地位而言这是值得肯定的。但通过第三章对行动计划的文本内容和制订过程的相关论述,可以看出日本行动计划的制订过程虽属民主模式,实则仍然是政府意志优先。公民团体组织对行动计划的制订起了很大作用,但因政府主导,许多敏感问题被驳回。学界对行动计划也存在一些争议,认为其立场存在缺失并且有一定的模糊性。本章继续深入分析行动计划的文本和制订过程,对引起学界争议的内容展开研究。

行动计划主要体现出两大立场。尽管没有官方文件针对行动计划基本立场做出正式声明,但结合上一章的论述以及日本领导人和政府官员在一些国

---

[*] 作为该项目阶段性成果,第四章"外向型"立场及第六章"行动计划存在的问题"部分研究成果曾作为论文发表于《山东女子学院学报》2021年第2期,第30~42页。

际会议上的发言，仍然可以确定这两大明显的立场："外向型"立场——以援助保障海外冲突地区妇女和女童安全权益为主；"未来型"立场——以指导日本现阶段及将来在"妇女、和平与安全"方面的项目活动为主。第一大立场的判断依据来自行动计划各项具体目标和具体措施内容，同时，日本首相安倍晋三在第68届联合国大会将妇女、和平与安全行动计划设定为外交政策的发言也是有力证据。第二大立场可从政府对历次"意见交换会"民众意见的回复中找到。另外在2013年G8外长峰会上，日本外相岸田文雄针对行动计划与"慰安妇"问题给出的回应也是有力证明。在发言中，岸田文雄强调日本仅从维护女性人权角度对联合国决议予以支持，"任何倡议都应着眼未来，应避免谈及对女性施加性暴力的历史案件"。[1]

本章希望通过文本分析法进一步证实行动计划体现的"外向型"和"未来型"两大立场，找到立场确立过程中产生的模糊点以及立场确立的依据和原因。

第一节 以海外援助为特点的"外向型"立场

日本的行动计划出台后，学界对行动计划中体现的"外向型"立场始终持批判态度。尽管日本首相安倍晋三在第68届联合国大会发言中提到将其作为外交政策来执行，但学界始终质疑日本是否能够全面落实第1325（2000）号决议。结合日本国内妇女和平与安全保障现状，不少学者认为政府确立

---

[1]. 陈洪桥：《安倍主义与日本全球治理战略的调整》，《社会科学》2018年第2期，第10页。

第四章

日本落实"妇女、和平与安全"议程的两大立场

"外向型"立场使行动计划在对第1325（2000）号决议的全面落实过程中存在不确定性因素。行动计划文本中部分内容在行动目标、实施对象上的模糊性，更加剧了人们对政府确立这一立场的争议。

一 "外向型"立场的表现与模糊点

2013年9月26日，安倍晋三在第68届联合国大会上公开表示："（日本政府）提出'创建让女性绽放光彩的社会'这一口号后，我正下大力气改变国内的框架。然而，这一任务并不仅仅局限于日本国内，它也将引导日本外交。"[1] 安倍提出了日本在外交领域要成为主导国际社会的一员需做出的四点贡献。第二点贡献便是"与其他志同道合的国家一样，日本也将通过与在基层活动的民众进行合作，制订妇女、和平与安全行动计划"。[2] 日本领导人在联合国大会的发言表明，日本的妇女、和平与安全行动计划主要是作为一项外交政策来实施。在行动计划的立场定位问题上，日本学者土野瑞穗在《联合国安理会第1325号决议与冲突下对女性性暴力的去政治化——着眼于日本版国别行动计划中有关"慰安妇"问题的争议》一文中对行动计划的"外向型"立场也有阐述。文中提到日本第一版行动计划序文第3部分"日本的举措"和第4部分"有关行动计划的基本思路"实际上已明确表明该行动计划的基本定位为"海外援助型"。[3] 笔者分析了日本的行动计划文本后，进一步

---

1. 日本首相安倍晋三在第68届联合国大会中发言，https://www.mofa.go.jp/policy/page3e_000083.htm，最后访问日期：2020年2月2日。
2. 日本首相安倍晋三在第68届联合国大会中发言，https://www.mofa.go.jp/policy/page3e_000083.htm，最后访问日期：2020年2月2日。
3. 土野瑞穂「国連安全保障理事会決議 1325 号と紛争下における女性への性暴力の脱政治化——日本版国別行動計画における「慰安婦」問題をめぐる議論に着目して」『国際ジェンダー学会誌』15号、2017、70頁。

证实行动计划确有明显的外向型基本立场，同时存在部分内容模糊的地方。

日本的行动计划目前共有两版［第一版（2016—2018年）及第二版（2019—2022年）］，通过对比发现，除部分细节的更新与变动外，两版在整体结构与主干内容上变动不大，本章仅以第一版作为研究对象展开分析。首先，笔者通过对第一版序文进行研究后发现，序文第3部分与第4部分的表述大部分以对外行动为主，但在文字表述中对立场的界定存在模糊性。如第3部分中有这样的表述："为让21世纪成为没有侵犯妇女人权和冲突中对妇女进行性暴力的世纪，日本将……在和平解决冲突以及世界和平、与各国建立友好关系、妇女人权方面不断开展工作。"[1]从概念界定来看，该行动计划不仅针对冲突地区还涵盖全球所有女性的权益保障。因此，日本国内妇女同样属于行动计划开展范畴之内。第4部分提到"本行动计划的制定和实施应根据宪法……反映日本作为和平国家的发展情况。此时，日本应谨记各国在日益国际化的国际社会中团结起来解决课题的必要性，为建成国内外没有战争也没有贫困、剥削、歧视和暴力的社会，通过具体行动，更加积极地为确保国际社会的和平、稳定、繁荣做出贡献"。[2]在这一表述中出现的"国内外"一词实际上已将目标影射范围扩大化了，暗示日本国内问题也包含在行动计划内。

从正文来看，各项目标设定以及对应措施更多地面向海外冲突地区的援助活动，如"参与、预防、保护、人道及重建援助"四大支柱共设定了具体目标20项（不含每一支柱所设大目标），对应具体措施83项。各具体目标只

---

1. 详见日本第一版《关于妇女、和平与安全保障的行动计划》，序文第3部分"日本的举措"。
2. 详见日本第一版《关于妇女、和平与安全保障的行动计划》，序文第4部分"有关行动计划的基本思路"。

第四章
日本落实"妇女、和平与安全"议程的两大立场

提及对妇女和女童进行关怀、培训与保护,究竟面向国内还是海外,方向并不明朗。进一步对83项具体措施展开分析后,可以清楚发现大部分内容基本上都直接或间接同海外冲突国家或地区援助项目有关,具体措施的实施主体为外务省与其下属机构JICA。不过,在具体措施中也能寻找出部分与日本国内事务相关的内容,如"参与"支柱目标3的具体措施4中的"在国内灾害应对方面保持与防灾计划、《灾害对策基本法》、男女共同参与基本计划的吻合性,确保妇女参与决策和项目实施"。[1]实施主体由外务省、JICA转换为处理国内相关事务的内阁府防灾担当与男女共同参与局、复兴厅和消防厅,执行措施和目标突然转向了国内。另外,目标4的具体措施1中提到"积极协助日本妇女在联合国等国际机构以及联合国代表团中任职。特别是促进干部的任用",目标对象直指日本女性。除此之外,"预防"支柱目标6的具体措施3中提到了"在日本国内促进和平教育",实施主体为外务省和文科省。"此外,为了实现这一目的,促进日本国内的妇女、公民社会和NGO的活动。"[2]除以上几处之外,便再难找到针对日本国内事务参与和援助本国妇女权益的相关内容。2019年重新修订的第二版行动计划(2019—2022年)虽有近50处的细节改动,但总体框架和结构内容几乎未出现大变动。这里不再对第二版内容展开分析。

综上所述,行动计划的"外向型"立场可以基本被确定,但同时也存在实施对象范围不明确的模糊性特点。这些模糊点最终造成行动计划立场观点与内容上的相互矛盾。例如,尽管行动计划在具体措施中以援助保障海外冲

---

1. 详见日本第一版《关于妇女、和平与安全保障的行动计划》,序文第4部分"有关行动计划的基本思路","参与"支柱具体措施内容。
2. 详见日本第一版《关于妇女、和平与安全保障的行动计划》,序文第4部分"有关行动计划的基本思路","预防"支柱具体措施内容。

突地区妇女和女童安全权益为主，但在序文中设定的目标是保障全球妇女人权。此外，行动计划正文中还包括了日本灾后重建时确保国内妇女参与决策，协助国内妇女在联合国的干部任用，为促进国内和平教育加强国内妇女团体活动等措施，与其"外向型"立场未保持一致。关于行动计划文本中为何会出现范围不明确的模糊点，需追溯到联合国安理会第1325（2000）号决议本身去分析。

二 对第1325（2000）号决议的国别化诠释

日本制订行动计划，是由联合国安理会第1325（2000）号决议以及后续决议对各国发出的倡议推动的。"联合国1325号决议是联合国、各国政府、公民团体和各利益攸关方在冲突中和冲突后环境下保障妇女权益的关键性国际文书。"[1]因此，其主要面向冲突中或冲突后地区妇女和女童权益保障。但第1325（2000）号决议以及后续决议作为覆盖联合国所有会员国的国际性指导文件，语言和概念方面具有抽象性特点。这样一来，一方面为各会员国在制订国别或区域行动计划时留下了本地化诠释的空间，使决议内容变得更加多元化，范围也更加广泛。另一方面，不同国家对决议内容的国别化诠释也导致会员国对内容理解的局限，[2]使部分国家行动计划成为一种缺乏兼容性而更多具有排他性的国别政策，或者在表述上同样具有抽象性和模糊性特点。芭芭拉·K.陶珍瓦斯卡（Barbara K. Trojanowska）、卡翠娜·李-库（Katrina Lee-Koo）、卢克·约翰逊（Luke Johnson）三位学者对英国、瑞典、荷兰、加拿大、

---

1. 李英桃、金岳嵘：《妇女、和平与安全议程——联合国安理会第1325号决议的发展与执行》，《世界经济与政治》2016年第2期，第37页。
2. Yeonju Jung, Ayako Tsujisaka, "Emerging Actors in the Women, Peace and Security Agenda: South Korea and Japan," SIPRI Background Paper, December 2019, p.5.

第 四 章
日本落实"妇女、和平与安全"议程的两大立场

爱尔兰、尼泊尔、美国、日本等八个国家妇女、和平与安全行动计划的内容做过横向研究与比较,发现在行动计划的目标、执行、效果与影响、报告和审查等诸多方面,不同国家在不同板块都存在不明朗或不具体的缺陷。[1]

联合国安理会第1325(2000)号决议作为行动计划制订参考的母本,由于其语言的抽象性,各国在制订本国行动计划时具有了再诠释的可操作空间。而基于存在可操作空间,妇女、和平与安全行动计划被西方社会越来越多地当成一种对外政策工具来利用。[2]针对这一现象,日本学者土野瑞穗还提到"依照第1325(2000)号决议对不发达国家或冲突地区进行援助与重建带有严重的'新殖民主义'色彩,容易产生使发达国家以'保护妇女'为名义介入他国和地区的行为正当化的危险"。[3]尽管安理会、部分联合国机构与联合国成员、公民社会团体组织(Civil Society Organizations,CSOs)一直力争将国别行动计划从排他性决策制订转向兼具包容性决策制订,但发现起关键作用的仍然是西方社会成员。[4]这一现象导致的后果便是,行动计划制订国家逐渐在全球范围形成两大不同阵营。北半球发达国家形成了"援助输出"阵营,而南半

---

1. Barbara K. Trojanowska, Katrina Lee-Koo, Luke Johnson, *National Action Plans on Women, Peace and Security: Eight Countries in Focus*, Monash University Press, 2018, pp. 73–109.

2. Yeonju Jung, Ayako Tsujisaka, "Emerging Actors in the Women, Peace and Security Agenda: South Korea and Japan," SIPRI Background Paper, December 2019, p.2;更多有关行动计划作为对外政策工具的讨论可参见S. Aroussi, "National Action Plans on WPS as Tools of Foreign Policy: Reconsidering Gender Security in the West," in S. Aroussi, ed., *Rethinking National Action Plans on Women Peace and Security*, Amsterdam: IOS Press, 2017, pp. 29–40。

3. 土野瑞穗「国連安全保障理事会決議1325号と紛争下における女性への性暴力の脱政治化——日本版国別行動計画における「慰安婦」問題をめぐる議論に着目して」『国際ジェンダー学会誌』15号、2017、68頁。

4. Yeonju Jung, Ayako Tsujisaka, "Emerging Actors in the Women, Peace and Security Agenda: South Korea and Japan," SIPRI Background Paper, December 2019, p.1.

球发展中国家（不管是否制订了行动计划）仅能作为接受援助的对象国形成"援助输入"阵营。日本明显属于前者，多年来一直向发展中国家和冲突型国家输出海外援助。在其行动计划年度评价报告中所列举的受援国家和地区主要有柬埔寨、卢旺达、苏丹、南苏丹、尼泊尔、戈兰高地、阿富汗、肯尼亚、黎巴嫩、埃及、伊拉克、约旦、土耳其、刚果民主共和国、菲律宾、孟加拉国、乌干达等，这些地方均为冲突多发地或发展中国家。

日本宣布制订行动计划时，联合国会员国中已有近四分之一的国家完成了计划制订。[1] 日本在制订前，对"援助输出"阵营中一些国家的制订情况也做过调查与分析。鉴于日美同盟关系，制订过程中美国专家的意见以及美国行动计划的文本对日本的影响更多一些。

例如，第三章提到过日本亚洲女性资料中心的学者们在2013年8月13日的"公民团体针对联合国安全理事会第1325（2000）号决议国别行动计划的献策研讨会"中对部分国家如荷兰、美国、塞拉利昂、利比里亚等制订的行动计划做了介绍。日本立命馆大学的秋林澪在会上重点介绍美国行动计划，其认为美国的行动计划的确在政治战略、维和行动中政府发挥作用的方式、人力资源管理和预算等方面均有重要参考价值。但她同时也指出，美国行动计划存在重大缺陷，实施重心重点偏向援助冲突国家与地区以及军队相关事务。另外，美国的行动计划在制订过程中相关NGO参与其中并发表了意见，如妇女国际和平自由联盟（WILPF）美国支部以及美国和平研究所（United States Institute of Peace，USIP）社会性别与和平构建部门。但不论

---

1. 联合国"妇女、和平与安全"官方网站，https://www.peacewomen.org/member-states，最后访问日期：2020年4月7日。

第四章
日本落实"妇女、和平与安全"议程的两大立场

哪一方发言，都未涉及美国国内女性人权和性别差异的相关政策。美国甚至并未批准《消除对妇女一切形式歧视公约》，国会女性议员数量也很少。[1]鉴于美国的行动计划存在的缺陷与问题，日本妇女团体与相关学者在行动计划制订过程中一直努力阻止日本重蹈覆辙。不过在与政府的争论过程中，虽然妇女团体、非政府组织以及相关学者争取到了官民协商制订的权力，但在表面看似民主化的制订模式下政府依然是主导者。同美国一样，一些围绕日本国内女性人权和围绕性别差异的相关政策最终在日本的行动计划中也没有涉及。不过，作为对第1325（2000）号决议的国别化诠释，日本似乎也意识到将行动计划百分百作为对外政策具有一定的缺陷，所以，在序文和正文中加入了面向全球女性的行动目标以及部分国内事务作为补充。然而，补充后的行动计划反而与"外向型"立场处于一种矛盾状态，造成一种整体表述模糊的现象。

日本政府的模糊处理与其说是一种政治手法，从社会文化角度看倒不如说是日本人性格二重性的体现。很多国家和民族都有二重性，中国也有。但中国人的二重是"左与右"的关系，基于此才有了中国人十分推崇的所谓中庸之道，即"执其两端而用其中"。[2]日本人的二重是"里与外"的关系，最显著的二重性特征体现为日语的"暧昧"（あいまい）性。日语中"暧昧"二字与汉语中"暧昧"意思稍有差异，并不单指情感中的不明朗关系，还指说

---

1. 2013年8月13日在东京举办的"公民团体针对联合国安全理事会第1325（2000）号决议国别行动计划的献策研讨会"中秋林澪女士的发言，https://www.mofa.go/jp/...2013/oda_seikyo_13_1_06.pdf；「1325好決議国内行動の計画の可能性は」『女たちの21世紀』71号、2019。更多研讨会资料可以从亚洲女性资料中心HP浏览：http://ajwrc.org/1325/20130813ws-summary.pdf，最后访问日期：2020年2月4日。
2. 李长声：《哈，日本——二十年零距离观察》，中国书店，2010，第21页。

话人表达含糊不清、不愿告知对方真实想法之意。这种"里与外"之分即是"建前"（客套话）与"本音"（真心话）之分。[1]日本人表里相重的矛盾源自日本民族固有的原始性和外来先进性的融合，在日本行动计划立场确立过程中，响应第1325（2000）号决议号召宣传全球女性权益保护的先进理念与不涉及本国女性权益保护的保守观念正是二重性的体现。

本节从联合国安理会第1325（2000）号决议的角度对日本的行动计划"外向型"立场，以及模糊性产生的原因做了阐释。但决定一项国家政策基本立场的关键仍是国家利益，如果基本立场与根本利益相违背，即使外部环境影响力再大，政府也不会为迎合国际社会主流而制定一项政策。那么，经过13年的发展，日本在2013年除了想顺利通过安理会非常任理事国竞选这一短期目的外，对行动计划又有怎样长远的打算？在"外向型"立场中保留模糊性对日本又有何意义？本章将从日本国内情况出发对以上问题展开讨论。

三 "外向型"立场的长远打算

1. 对外宣传"安倍政权"的需要

进入21世纪，日本首相更迭频繁。[2]2006年安倍晋三首次执政，任职不到一

---

1. 李长声：《哈，日本——二十年零距离观察》，中国书店，2010，第21页。
2. 平成时期（1989—2019）的30年内先后有16名首相执政。任期由短到长排名为，宇野宗佑任期最短仅69天，之后依次为细川护熙（263天）、鸠山由纪夫（266天）、麻生太郎（358天）、福田康夫（365天）、森喜朗（387天）、菅直人（452天）、野田佳彦（482天）、村山富市（561天）、竹下登（576天）、小渊惠三（616天）、宫泽喜一（644天）、海部俊树（818天）、桥本龙太郎（932天）、小泉纯一郎（1980天），最长任期为安倍晋三，目前仍然在任（截至2020年2月）。参见「『日本の政治』歴代内閣総理大臣（1982年、中曽根内閣以降）」、https://www.nippon.com/ja/features/h00005/，最后访问日期：2020年1月26日。

第 四 章
日本落实"妇女、和平与安全"议程的两大立场

年便黯然下台,自此日本政坛更是开启了首相"走马灯"模式。至2012年安倍晋三第二次执政的6年间换过7任首相,任期不满一年的就有4人。"2012年12月,安倍晋三再度出任日本首相一职,对于饱受经济衰退及领导人乏力之苦[1]的日本来说,这无异于打了一剂强心针,也打破了以往'短命首相'的怪圈。重新披挂上阵的安倍晋三也似乎摇身一变成了主动出击型的强势领导人。"[2]安倍晋三上台后快速在各领域展现出了自己政治强人的领导能力。2012年一上台便迅速推出"安倍经济学"理念,抛出"三支利箭",旨在重振日渐衰落的日本经济。随后,安倍晋三2013年1月访问越南、泰国和印度尼西亚三国时又为加强与东盟国家的关系,发表了日本关于亚洲外交基本方针的"安倍主义"。同时,他还通过"积极和平主义"重新解读日本宪法第九条解禁集体自卫权,想在安全方面把日本变为更"正常"的国家,进一步寻求日本的政治大国地位。他甚至还早于特朗普2016年竞选时提出"美国再次伟大论",于2013年6月在日本提出了"日本再兴战略"(Japan Is Back),女性政策是"日本再兴战略"的核心内容之一。因此,在一系列国内政治环境变动下不难解释日本于2013年才提出制订行动计划。安倍晋三再度出任首相,推动日本政府一改长期的低迷状态,大幅调整国家战略。在国际层面,政府首要目标为宣传安倍新政权,重塑日本在国际社会中的形象,提高日本国际政治地位,为"日本再兴战略"铺路。此时行动计划的制订以及"外向型"立场的确定,正是安倍政府利用行动计划作为突破口,发展"联合国中心外交",更好融入国际社会的重要渠道。

---

1. 截至2019年11月20日,安倍晋三在任天数累计已达2887天,超过日本明治、大正时期前首相桂太郎的2886天。截至2020年9月16日菅义伟出任日本第99任首相,安倍晋三成为目前日本宪政史上累计在任时间最长(3188天)、连续在任时间最长(2822天)的首相。
2. 陈洪桥:《安倍主义与日本全球治理战略的调整》,《社会科学》2018年第2期,第3页。

安倍晋三第二次执政后在联合国大会上的历次发言也明确表明了日本政府的态度。2013年在第68届联合国大会发言中，他首次向与会各国公开发表了日本制订行动计划的声明。不仅如此，随后两年安倍晋三连续以"保护和尊重妇女权利"作为联合国大会发言的主题。翌年，第69届大会上他重申了2013年演讲时日本承诺将在三年内（2013—2015年）实施30亿美元以上的ODA项目。安倍晋三强调日本仅在2014年一年内便投入了18亿美元，并且为加强同联合国妇女署的合作，作为强有力资助国之一，2014年日本的资助金额已增至5倍。2015年在东京开设联合国妇女署日本事务所。[1] 2015年9月25日第70届联合国大会召开之际，日本已于当年完成行动计划制订工作，在大会上安倍晋三提到："以往我一有机会就呼吁二十一世纪应该成为不再蹂躏女性人权的时代。今天我很高兴能够向各位报告，日本也制订了基于联合国安理会第1325（2000）号决议的有关女性参与与保护的'行动计划'。在我国的'行动计划'中，保护妇女、少女免受暴力摧残以及普及基础性保健服务构成至关重要的项目。"[2]

总之，通过分析2013年前后日本国内政治环境发现，安倍晋三凭借行动计划"外向型"立场意图通过联合国平台宣传新政府，使之成为重塑日本国际形象的重要工具。

2. 日本扩大军事力量的需要

宣传新政权以及重振日本国际社会大国形象，是日本制订行动计划并将

---

[1] 日本首相安倍晋三在第69届联合国大会中发言，https://www.mofa.go.jp/fp/unp/page18e_000102.html，最后访问日期：2020年2月3日。

[2] 日本首相安倍晋三在第70届联合国大会中发言，https://www.mofa.go.jp/fp/unp/page18e_000102.html，最后访问日期：2020年2月3日。

第四章
日本落实"妇女、和平与安全"议程的两大立场

其确立为"外向型"立场的目标之一。但从日本的民族特点和军事安全发展需求看，扩大军事力量才是二战后日本始终追求的目标。确立"外向型"基本立场是实现日本扩大军事力量这一国家核心利益的需要。

二战后，日本宪法中极其重要的一条——宪法第九条明确规定日本放弃战争以及否认战争力量和交战权。1954年6月2日，日本内阁通过的议案中又明确规定"禁止日本自卫队进行海外活动"。因此，日本自1956年加入联合国成为其第80位成员国后，初期一直恪守这一规则，其间只是零星派遣一些文职人员，并未派自卫队参加过联合国维和行动。然而，1991年海湾战争成为日本首次向外派遣自卫队的契机。作为美国盟友以及对中东石油的严重依赖，日本向美国提供了135亿美元资金支持（相当于1兆8000亿日元）[1]攻打伊拉克。但除了提供资金，日本没有实施利用空运和海运帮助输送人员物资以及人力方面的援助。此举遭到以美国为首的多国联军的谴责，最后日本才以后勤援助（非部队）的形式在波斯湾进行了扫雷作业，这是日本向海外派遣自卫队的开端。日本抓住这一契机随即第二年便通过了《PKO法案》，为消除他国对日本的怀疑，还制定了"五原则"[2]对日本在参与联合国维和活动时起约束作用。自此之后，日本开始正式向东南亚、非洲的发展中国家及冲突地区派遣自卫队。同时这也成为日本摆脱二战后作为战败国的束缚，逐渐跻身联合国以及国际社会活动中的重大转折点。自1992年到2015年日本行

---

1. 徹底解説自衛隊「海外派遣に至った経緯と成果——自衛隊の歴史を読み直す（4）～初の海外PKO参加からルワンダまで」，https://jbpress.ismedia.jp/articles/-/49643，最后访问日期：2020年2月5日。
2. 五原则：(1)与纠纷有关的当事者同意停火；(2)与纠纷有关的国家（包括接受联合国和平维持活动的国家）同意日本参加有关活动；(3)采取不偏不倚的中立态度；(4)当上述三条件中的任何一个条件不符合时，日本可以根据本身的判断撤退；(5)自卫队队员只允许携带最低限度的武器。

动计划制订期间，日本已参与了多次联合国维和行动，海外援助已具备一定基础，其中也开始有女自卫队队员参加。具体内容详见表4-1、表4-2、表4-3。

表4-1 1992—2015年日本自卫队海外援助及相关活动

项目	时间（年）	援助国家和地区	派遣人数（人）	援助期限	援助内容
PKO活动	1992—1993	柬埔寨	1216	1年	援助因内战导致的废墟上国家重建、停战监视、道路桥梁建设
	1993—1995	莫桑比克	154	1年8个月	内战持续中国家重建所需业务计划立案与选举必要资源输送
	1996—2013	戈兰高地	1501	约17年	在以色列与叙利亚间进行停战监视，分散两军兵力
	2002—2004	东帝汶	2304	2年4个月	作为联合国在东帝汶的援助团，支援联合国在东帝汶暂设的统治机构的工作。此次为日本规模最大的一次海外PKO活动，首次有女性自卫队军官参加
PKO活动	2007—2011	尼泊尔	24	3年10个月	作为联合国尼泊尔援助团首次进行武器和士兵的监视业务
	2008—2011	苏丹	12	2年11个月	负责苏丹国家社会安定工作
	2011—2015	南苏丹	2100	4年	配合非洲第54个国家南苏丹的诞生，进行统治支援，截至2015年仍在驻留

资料来源：《日本经济新闻》2015年10月18日，https://vdata.nikkei.com/prj2/anpo/，最后访问日期：2020年1月30日（表格为笔者整理，相同地区各项目派遣人数统计有重叠）。

表4-2 1992—2015年日本自卫队海外援助及相关活动

项目	时间（年）	法律名称	派遣人数（人）	援助期限	援助内容
特别立法活动	2001—2007	《反恐怖特别措施法案》	3220	6年	针对美国"9·11"事件，协助美国；援助阿富汗难民

第 四 章
日本落实"妇女、和平与安全"议程的两大立场

续表

项目	时间（年）	法律名称	派遣人数（人）	援助期限	援助内容
特别立法活动	2003—2009	《支援伊拉克重建特别措施法案》	1240	伊拉克陆自：2年半 科威特陆自：3个月 波斯湾海自：1.5个月 科威特航自：5年2个月	陆自：伊拉克东南部医疗、给水、学校修复等人道援助和英美军队的安全保障援助 空自：以科威特为据点向伊拉克输送人道物资 海自：输送陆上自卫队员
	2008—2010	《印度洋补给支援特别措施法案》	330	1年11个月	以"9·11"事件为契机开展的海上自卫队主要负责给油活动
	2009—2015	《海盗对处法》	593	海自：2009年3月至2015年（当时正处于派遣中） 陆自：2009年5月至2015年（当时正处于派遣中）	针对非洲索马里海盗，进行含外国船舶在内的民间航船护航活动

资料来源：《日本经济新闻》2015年10月18日，https://vdata.nikkei.com/prj2/anpo/，最后访问日期：2020年1月30日（表格为笔者整理，相同地区各项目派遣人数统计有重叠）。

表4-3　1992—2015年日本自卫队海外援助及相关活动

项目	时间（年）	援助国家	派遣人数（人）	援助期限	援助内容
灾民难民救援活动	1994	卢旺达	378	3个月	最初的人道国际救援活动
	1999—2000	东帝汶	113	3个月	航空自卫队输送援助物资
	2001	阿富汗	138	—	应联合国难民署要求输送救援物资
	2003	伊拉克	50	1个月	政府专用机进行物资输送
	2003	伊拉克	98	1个月	根据联合国世界粮食计划署安排协助基本活动
	2010-2013	海地	2196	2年11个月	大地震后修复、重建援助

资料来源：《日本经济新闻》2015年10月18日，https://vdata.nikkei.com/prj2/anpo/，最后访问日期：2020年1月30日（表格为笔者整理，相同地区各项目派遣人数统计有重叠）。

自安倍晋三第二次执政（2012年）至联合国成立70周年（2015年），日本在联合国第68、69、70届大会上的发言连续以大篇幅文字报告自卫队维和活动案例及ODA项目。此举除了向国际社会宣传新政权政绩，更主要的目的是想以此成绩作为竞选安理会非常任理事国的筹码。在联合国众多成员国参与的维和案例汇报中，安倍晋三能够做到让日本更加突出的方法便是强调"女性"这一角色的重要性，其一直在响应联合国安理会第1325（2000）号决议以及后续多项决议保障"妇女、和平与安全"这一议题上大做文章。每次大会发言都重点突出了海外援助案例中自卫队对冲突国家和地区妇女、女童的援助和保护以及日本自卫队女警官们的典型事例。因此，安倍晋三上台后这一时期的外交政策又被称为"联合国中心外交政策"和"女性经济学外交政策"。[1]

譬如，2014年9月25日召开的第69届联合国大会上，安倍晋三的发言首先大篇幅介绍日本海外援助活动对发展中国家或冲突国家和地区做出的贡献。"日本在过去20年中，总共派遣9700人次参与了13项联合国维和行动。联合国建设和平委员会诞生至今的10年间，日本向建设和平基金会提供了4000万美元以上的援助。"[2] 进而提出希望凭借海外援助的成绩，尤其在援助当地妇女和女童、提高妇女安全地位方面的表现，为日本赢得在联合国成立70周年选举时作为非常任理事国再次加入安理会的机会。不仅如此，日本甚至希望在联合国70周年庆贺之际，"同一些国家齐心协力完成联合国21世纪符合现

---

1. Liv Coleman, "Japan's Womenomics Diplomacy: Fighting Stigma and Constructing ODA Leadership on Gender Equality," *Japanese Journal of Political Science* 18 (4), 2017, pp. 491–513.

2 日本首相安倍晋三在第69届联合国大会中发言，https://www.mofa.go.jp/fp/unp/page18e_000102.html，最后访问日期：2020年2月5日。

第四章
日本落实"妇女、和平与安全"议程的两大立场

状的改革,并且希望以常任理事国的身份担起符合自身应有的责任"。[1]而在第70届联合国大会上,安倍晋三发言的主题一如既往又围绕冲突地区和冲突国家难民援助展开。发言用很长的篇幅列举了两个与援助活动有关的女性事例,一位是阿富汗年轻难民妈妈的故事,一个是被称为"小巨人"的日本优秀女警官的故事。有关日本参与维和行动以及政府开发援助的成绩与案例在第五章做重点介绍,这里不再赘述。

长期以来,无论通过维和行动还是通过国家政府开发援助,日本为国际社会做出了重大贡献,这一点不可否认。据统计,自20世纪80年代后期至2017年日本成为国际社会第四大贡献国。[2]近几年来,维和行动同ODA项目确实有向性别平等、妇女赋权方面倾斜,但日本为海外援助做出巨大贡献的同时,仍不能改变政府将其作为对外政治工具最终实现军事力量扩充的事实。

日本宪法第九条规定"不得拥有军队"一直是日本在国家军事安全问题上的心结和障碍。尽管后来政府通过对宪法第九条的解释条款申明日本遭到直接武力攻击时允许行使最低限度的武力反击,给自卫队存在的"合法性"提供了依据,但根据这一解释,日本不得行使集体自卫权。近年来日本也逐渐感受到美国综合实力的相对衰落,特别是特朗普政府上台后对众多盟友百般刁难,修改宪法走强军路线更加成为安倍晋三二次执政后的主要目标。然而,这一战略始终遭到日本国民的强烈反对。修宪不成,安倍政府便采取迂

---

1. 日本首相安倍晋三在第69届联合国大会中发言,https://www.mofa.go.jp/fp/unp/page18e_000102.html,最后访问日期:2020年2月5日。
2. 转引自 Yeonju Jung, Ayako Tsujisaka, "Emerging Actors in the Women, Peace and Security Agenda: South Korea and Japan," SIPRI Background Paper, December 2019, p.21。

回战术，转而修改与之相关的安保法律，[1]成功解禁了集体自卫权，在联合国海外维和行动中扩大了日本军事力量的影响力。

日本一桥大学研究学者佐藤文香曾指出："自卫队本身的目标，以及政府总体的目标，都集中在通过利用妇女作为海报女郎来伪装军事扩张，以及将自卫队打造为一个先进的国内和国际组织的形象。"[2]

女性自卫队员的加入除了作为劳动力增加军事力量之外，基于性别特点，在自卫队还一直发挥着特殊辅助作用。从自卫队成立时期起，女性自卫队员就有多元化辅助作用。20世纪50年代到60年代早期，女性队员的加入使得自卫队得以与旧日本军队区分开来，妇女被用来掩盖当时自卫队的军国主义特征。到了20世纪60年代末至70年代，自卫队又让日本女性队员加入美国女子军团（Women's Army Corps，WAC）中心的培训，使之成为日本加强与美国方面联系的纽带。而且，在这一时期日本经济高速增长，更多年轻人愿意进入企业，自卫队员的招募工作出现短缺现象。女性加入自卫队后，不仅缓解了人员缺失的难题。此外，由于她们更能理解国家安全的需要，作为母亲还会积极培养下一代自卫队新兵。同时在20世纪60年代反对新《日美安全保障条约》的大规模运动的政治背景下，一些军事官员相信自卫队征召妇女可以打

---

1. 新安保法案由两部分组成，一是由《自卫队法》《武力攻击事态法》《周边事态法》《PKO法案》等10部法律的修正案综合构成的《和平安全法制完善法案》，二是随时允许为应对国际争端的他国军队提供后方支援的新法《国际和平支援法案》。解禁集体自卫权意味着虽然使日本海外派兵合法化，但同时也增加了日本卷入战争的风险。
2. 转引自Jody M. Prescott, Eiko Iwata, Becca H. Pincus, "Gender, Law and Policy: Japan's National Action Plan on Women, Peace and Security," *Asian-Pacific Law & Policy Journal* 17(1), 2015, p.38。

第四章
日本落实"妇女、和平与安全"议程的两大立场

造亲民形象,在改变公众对自卫队的看法方面发挥作用。[1]之后的各时期,女性也大多被用来弱化自卫队的军事任务形象,让她们成为日本展示其作为维和力量努力参与联合国维和行动的重要组成部分。[2]

在联合国维和行动中,2002年女性自卫队队员首次参加了东帝汶的维和行动。在2003年7月7日举行的日本第156次国会参议院全体会议上,时任参议院议员的舛添要一在国会的发言中,建议日本应向伊拉克派遣能够使用重装备和武器的自卫队,同时希望向伊拉克派遣的自卫队中一定要包括女队员。因为在男女分工明确的伊斯兰国家,有很多只有女性才能胜任的工作。另外,英美军队中也有很多女性队员的身影,日本自卫队队员中也应该有女性队员活跃的身影。[3]的确,在当年伊拉克的人道主义重建援助活动中,在伊斯兰教地区,女性自卫队队员在对女性进行身体检查时成为不可或缺的存在。

行动计划外向型立场的确定,一方面,为日本陆、海、空自卫队海外援助提供了继续发展的机会;另一方面,由于面向冲突地区和国家的妇女与女童,自卫队中女性队员的加入使援助任务成功率和维和行动和平协议持续率更高。因此,日本的行动计划对于日本海外军事力量的发展、促进本国根本利益起到了一箭双雕的作用。

---

1. Fumika Sato, "A Camouflaged Military: Japan's Self-defense Forces and Globalized Gender Mainstreaming," *The Asia-Pacific Journal : Japan Focus* 10(36), August 28, 2012.
2. Jody M. Prescott, Eiko Iwata, Becca H. Pincus, "Gender, Law and Policy: Japan's National Action Plan on Women, Peace and Security," *Asian-Pacific Law & Policy Journal* 17(1), 2015, p.38.
3. 国公労連の雑誌『KOKKO』編集者・井上伸のブログ,https://editor.fem.jp/blog/?p=780,最后访问日期:2020年3月12日。

四　日本国内外女性政策结构上的统合

日本确立"外向型"立场中不可忽视的问题是，行动计划文本中与"外向型"立场不符且相对模糊的一些表述，表述模糊的根源在于对实施对象——女性受众群体范围的模糊界定。尽管日本自诩为和平国家，但作为传统父权制社会，国内女性长期遭受的各种权益暴力侵害并不比冲突型国家少。日本将国内女性经济政策同日本行动计划放入同一口号下进行统合，以达到模糊掩饰立场的目的。这样一来，表面上可以给外界一种日本国内外女性享有相同政策的错觉。事实上二者在日本国内女性安全保障方面都有空缺，即使在其他方面可以互相影响和融合，但一个是经济政策一个是安全政策，在日本国内女性安全保障方面始终不能相互补充。

具体来讲，安倍晋三第二次执政后在国内首先推出了以"创建让女性绽放光彩的社会"为口号的女性经济政策。紧接着在第68届联合国大会上发言时，又表示这一任务不仅限于国内，同时将指导日本外交。行动计划作为大会提出的外交政策第二点，被包含在其中。"创建让女性绽放光彩的社会"这一口号同时覆盖了国内外两种不同性质的政策。

实际上，这一举动的真实目的是想借同一口号，从表面上令国内外两项政策得以相互补充。因为日本国内女性经济政策同行动计划均有缺陷。例如，国内女性政策实则为安倍政府"女性经济学"的变身，只注重提高国内妇女劳动率，仅为妇女创造更加便利的劳动环境，并未对国内妇女的和平安全问题做出保障；行动计划因"外向型"立场，重心放在海外冲突国家和地区的妇女安全保障上，缺少对日本国内女性的和平安全保障，对联合国安理会第1325（2000）号决议诠释存在局限性的缺陷。因此，当二者被"创建让女性

第四章
日本落实"妇女、和平与安全"议程的两大立场

绽放光彩的社会"这一无方向性且情绪化[1]的口号融合后,恰巧彼此可借用对方名目弱化自身,从表象上给外界带来一种二者相互融合的模糊印象。作为这一融合的延续,日本自2014年还开始主办"创建让女性绽放光彩的国际女性会议"(World Assembly for Women,WAW),邀请世界各国及日本各地女性领军人物不仅就"妇女、和平与安全"问题,还包括促进女性发展问题尤其是女性在经济科技领域的发展展开讨论,将二者融合的距离拉近。然而单就两个政策而言,一个面向海外,一个注重国内,一个为安全政策,一个为经济政策,尤其在日本特殊国情下达到真正的相互补充与融合并不容易。

最初在日本国内,也有人对"女性经济学"怀有期待。他们认为这一政策的提出代表日本女性整体开始走出家庭走向社会参与公共劳动,从而顺理成章地实现妇女解放和男女平等,为女性今后的和平与安全提供保障。因为从理论上说,马克思女性主义观点认为,仅通过寻求正义并不能实现妇女解放、男女平等的变革,因为这一变革是经济发展的特殊阶段产物。[2] 恩格斯同样指出"只要妇女仍然被排除于社会的生产劳动之外,而只限于从事家庭私人劳动,那么妇女的解放、妇女同男子的平等,现在和将来都是不可能的"。[3]谈到女性与社会生产劳动与经济之间的联系,传统上被称为"良妻贤母"的日本女性,结婚后大部分选择退出职场成为职业家庭主妇。如今,越来越多的日本年轻女性选择晚婚、不婚或者婚后不生育继续工作,但职场中男女比例差距依然很大。从社会现实情况看,安倍政府"女性经

---

1. 堀江孝司「労働供給と家族主義の間——安倍政権の女性政策における経済の論理と家族の論」『人文学報』512-3号(社会福祉学32)、2016、30頁。
2. 李银河:《妇女最漫长的革命》,生活·读书·新知 三联书店,1997,第3页。
3. 李银河:《妇女最漫长的革命》,生活·读书·新知 三联书店,1997,第3、13页。

济学"的提出是否为日本女性走向解放，最终实现性别平等进而为自身权益做出保障打开了一扇大门，了解了国内女性政策实施的来龙去脉后便可见分晓。

少子老龄化现象是众多发达国家社会发展到一定阶段都需要面临的问题。日本作为一个人口基数小的国家，少子化对经济产生的负面影响尤其明显。为了减轻低生育、高龄社会的社会保障费负担，在人口制约下实现经济再生，考虑增加劳动力人口是任何一个政权都会想到的首要办法。日本政府为应对少子化制定了一系列鼓励结婚、鼓励生育的政策，同时还制定了一系列鼓励外国劳动力进入日本的政策。但日本经济的低迷给年轻一代带来的生存压力以及年轻人价值观念的转变，使得历届政府实施的少子化对策没有取得显著的效果。而且，即使出生的孩子增加，他们进入劳动市场的时间也需等到20年之后。除此之外，移民政策的实施也存在很大障碍。因此，作为确定性较高的方案，考虑利用目前国内未被利用的潜在劳动力成为最终落脚点。最终政府将"潜在劳动力"锁定在四类人群，即女性、年轻人、[1] 老年人、残障人，由他们来构建全员参加型社会。女性是其中潜力最大的人群。安倍晋三第二次执政后，于2013年提出的"日本再兴战略"（又称"成长战略"）中，女性政策成为核心内容之一。事实上，女性政策并非安倍政府的创新之举。安倍之前的政府也提出过"通过女性的活跃实现经济的活力"政策，同时在野党民主党也提出过同安倍政府类似的目标。安倍政府女性政策的提出虽然属于"新瓶装旧酒"，但在一定程度

---

1. 这里指提高年轻人尤其是毕业生的就业率，在日本不少年轻一代属于啃老族，存在年轻人就业率低的现象。

第四章
日本落实"妇女、和平与安全"议程的两大立场

上确实增加了日本整体劳动人口数量。2017年日本厚生劳动省白皮书数据显示，2016年日本女性劳动人口为2883万人，比上一年增长了41万人；劳动率为50.3%，比上一年增长了0.7个百分点。为了最高限度地利用女性劳动力，日本政府相继又制定了一系列政策以及法规保障创建能充分发挥女性能力的雇佣环境。

针对安倍政府提出的"日本再兴战略"，2014年7月20日的《日本经济新闻》曾发表评论说："保守派政权，曾一直视外出工作的女性为敌，此次把'利用女性'放在成长战略的重要位置，看来安倍政权也并非完全保守，至少政策上是十分自由的。"[1]的确，安倍晋三第一次执政期间，不用说制定女性相关政策，甚至文件中连"女"字都很少听到，在发言中也一直回避使用"gender"和"男女共同参与"字眼。

另外，《日本经济新闻》在报道中使用了"利用女性"这一表达，这种表达或许更真实反映了日本政府的初衷。"让女性活跃起来"这一说法在日语中的表达是"女性の活躍"，安倍晋三第二次执政后最初在各种场合的发言使用的正是"女性の活用"（利用女性），由于这一说法名声不好，后来改成了"活躍"（活跃）一词，与"创建让女性绽放光彩的社会"意思基本一致。[2]然而仅一字之差，实则态度完全不同。安倍政府作为保守派一直不愿打破日本传统的"男尊女卑"以及"男主外、女主内"的传统家庭模式，这一点从保守派一直反对日本实行"夫妇别姓"也可以看出。首相夫人安倍昭惠

---

1. 堀江孝司「労働供給と家族主義の間——安倍政権の女性政策における経済の論理と家族の論」『人文学報』512-3号（社会福祉学32）、2016、26頁。
2. 堀江孝司「労働供給と家族主義の間——安倍政権の女性政策における経済の論理と家族の論」『人文学報』512-3号（社会福祉学32）、2016、26頁。

也提到过"因为我的丈夫属于保守派,所以至今他可能仍然不认为让所有女性都参加工作是一项好的举措。我们希望女性在社会上活跃,但另一方面,很多女性进入社会,我们担心日本优良的传统家庭模式会被打破"。[1]

无论是"活跃"还是"活用",日本女性始终被作为一种资源输出型群体来看待。"让女性活跃起来"的推进不是为了女性而提出,也并非由于国际社会指出或单纯因流行而推进,不过是在人口减少的社会,所有人的能力都应该最高限度地发挥出来而已。[2]

另外,日本学者堀江孝司还提到安倍政府宣传女性政策的原因在于女性是安倍政府的弱项。从内阁男女支持率来看,安倍晋三第二次上台后,除极个别时期外,女性支持率几乎自始至终都很低。女性支持率低的原因并不难解释,或许与安倍政府的"女性经济学"只是作为一项经济措施有关。其目标只是最高限度利用女性振兴日本国内经济,并非真正为了提高妇女地位,保障妇女安全权益。长期以来,日本女性遭遇的不仅仅是职场歧视、男女不平等待遇等问题,来自职场和家庭的性侵犯、性暴力等危害女性安全的问题更为严重。驻日美军对冲绳当地女性的性暴力事件曾多次引起当地居民抗议游行,提议政府将普天间军事基地移出冲绳。而日本推行的以"创建让女性绽放光彩的社会"为口号的女性活跃政策关注点都在女性经济劳动力输出的作用上,对日本女性面临的种种安全困境并未提出

---

1. 堀江孝司「労働供給と家族主義の間——安倍政権の女性政策における経済の論理と家族の論」『人文学報』512-3号(社会福祉学32)、2016、27頁。
2. 转引自堀江孝司「労働供給と家族主義の間——安倍政権の女性政策における経済の論理と家族の論」『人文学報』512-3号(社会福祉学32)、2016、31頁,原文载于日本经济团体联合会"2014年女性活跃计划",第22页。

第 四 章
日本落实"妇女、和平与安全"议程的两大立场

解决方案。在"女性经济政策"下，日本女性仍然只是政府发展经济的工具，这一经济政策对女性现状的改变并未达到马克思女性主义观点提到的女性解放需达到的水平，因此与实现日本女性解放，同男性真正平等仍然有相当长的距离。

在冲绳意见交换会以及其他意见交换会等场合中，驻日美军性暴力问题以及"慰安妇"问题多次被提及，但政府始终对这一问题持模糊态度，直到最终制订结束也一直没有把相关议题和措施写入行动计划中。

总之，日本的行动计划与国内女性政策虽然被政府用"创建让女性绽放光彩的社会"这一口号统合在一起，实际上两者在日本国内女性安全保障领域都有缺失。一个虽为安全政策但被确立为"外向型"立场，不面向国内女性；一个虽然面向国内女性却聚焦于经济增长。因此，即使二者从结构上进行了统合，实质上仍无法互相弥补。

第二节 回避历史的"未来型"立场

"未来型"立场，可以理解为一种日本政府"回避历史"的倾向。这一立场的判定从行动计划文本的研究中很难发现。因为行动计划只在序文"日本的举措"部分有一句"日本将根据过去的教训、经验以及成果，在和平解决冲突以及世界和平、与各国建立友好关系、妇女人权方面不断开展工作"，这是全文仅有的一处与"历史"相关的表述。除此之外，再没有其他与历史相关的叙述内容出现。不过，仅仅因文本未涉及或很少涉及，就简单判定其有"回避历史"的倾向也是站不住脚的，还必须从实证角度予以验证。笔者认

为，能够清晰证明行动计划"回避历史"这一倾向的依据，体现在制订过程中官民意见交流与反馈的环节。尽管日本的行动计划由日本政府、公民团体和学者组成的三方商讨小组共同制订，但由于政府主导全局，很多时候显现出政府的优先意志与工作的不透明性。只有充分了解制订过程中日本政府与公民团体的交流互动，才能清晰明白本章对"回避历史"倾向、"未来型"立场的认定。论及日本对历史的回避，首先涉及的是"慰安妇"问题。日本政府向来对"慰安妇"问题采取消极态度，在此次行动计划中也毫不意外地采取了回避历史的"未来型"立场。

一 对"慰安妇"问题的彻底回避

日本公民团体和NGO在行动计划制订之前对日本政府抱有很大的期望，甚至认为这项妇女、和平与安全行动计划必然会涉及"慰安妇"问题，并且将它作为主要议题进行讨论。随着行动计划制订过程的展开，事实却令他们感到失望。

本山央子在行动计划制订完成之前的《1325NAP与市民之间的关联》相关资料中提到，妇女团体对于日本政府在联合国妇女地位委员会上突然决定着手制订行动计划表示十分惊讶。对此，妇女团体当时做出的第一猜测便是"是不是日本政府已经决定接受有关'慰安妇'问题的批判了？并决定以此来向国际社会宣传'安倍政权'"。[1]由此可见，在妇女团体看来，制订行动计划几乎等同于政府要解决'慰安妇'问题，可见这一问题在日本国内妇女相关

---

1. 本山央子「1325NAP策定に公民団体はどう関わるか」，文件出自北九州意见交换会，由公民团体分发给现场与会人员，http://www.mofa.go.jp/mofaj/fp/hr_ha/page22_001109.html，访问日期：2020年1月19日。

第四章
日本落实"妇女、和平与安全"议程的两大立场

议题中的重要性,然而最终事实与猜想截然相反。

在第一次意见交换会上,妇女团体和NGO便针对行动计划草案中的"有关行动计划的基本思路"内容,提出多项应涉及"慰安妇"问题的意见。包括"日本应该对包含慰安妇问题在内的历史问题妥善解决以便今后更好在国际社会展开活动;应将'慰安妇'问题定位于日本战时所犯性暴力问题,这一问题并未完全解决,日本政府应按照受害女性所期望以及国际社会之劝告,借此机会向世界展示这一问题的解决方法;如果在本计划中言及'慰安妇'问题较为困难,可以考虑以更为妥当的方法写入";[1]等等。

然而同驻日美军性暴力问题一样,在第一次意见交换会上所提的"慰安妇"问题的内容被外务省完全驳回。尽管如此,妇女团体和NGO并未放弃,第二次意见交换会中该问题依然被再次提出。第二次大会提到"本行动计划涉猎范围没有必要仅限于'现在发生或将来有可能发生的冲突',驻日美军和慰安妇问题应该被涉及,即使不列在各项正文内容中,至少可以在序文中说明"。[2]之后在各地方巡回召开的意见交换会中,"慰安妇"问题也是受关注度最高的话题。

北九州意见交换会就此问题在意见中也提到:"在第三支柱保护中应尽早解决'慰安妇'问题。"[3]北海道意见交换会第五条是关于慰安妇问题的条

---

1. 外务省「第一回意見交換会」,https://www.mofa.go.jp/mofaj/gaiko/page23_000522.html,最后访问日期:2020年1月30日。
2. 外务省「第二回意見交換会」,https://www.mofa.go.jp/mofaj/gaiko/page18_000086.html,最后访问日期:2020年1月30日。
3. 外务省「北九州意見交換会」,https://www.mofa.go.jp/mofaj/fp/hr_ha/page22_001109.html,最后访问日期:2020年1月30日。

款："很多女性在战争、冲突中遭受了包含性暴力等众多灾难，这些应作为现时问题被正面记述，应制定出经得起国际社会评价的官方文件，'慰安妇'问题作为政治问题、外交问题之前首先属于暴力问题。在行动计划中，应跨越'慰安妇'问题等同于政治问题和外交问题这一界限，将其作为暴力问题来对待……"[1] 以上意见被政府驳回之后，妇女团体甚至提出是否可以在教育问题上间接体现与该问题相关的内容。例如，关西意见交换会中第八条提到计划中应该体现"包括'慰安妇'问题在内的性别教育在平时也很重要，在学校、公司也需要进行教育的条款"。[2]

除了意见交换会，在之后由三方组成的"少数人小组代表商讨会"中，"慰安妇"问题也多次被提及。但外务省一直坚持在第一次意见交换会后给出的回应："本行动计划只就目前或将来可能发生的争端，为实现联合国安理会第1325（2000）号决议及其他相关决议等的要求来采取明确具体措施。'慰安妇'问题不包括在本计划的范围之内。有关该问题，迄今为止我国所做的努力也众所周知，为了能够得到理解，我们今后也将继续尽最大努力。"[3] 上文已提到，日本外相岸田文雄在2013年G8外长峰会的发言中强调了日本政府只从维护女性人权的角度出发考虑对行动计划的支持，对历史案件应当加以回避。[4]

---

1. 外务省「北海道意見交換会」，https://www.mofa.go.jp/mofaj/fp/hr_ha/page22_001278.html，最后访问日期：2020年1月30日。
2. 外务省「関西意見交換会」，https://www.mofa.go.jp/mofaj/fp/hr_ha/page22_001143.html，最后访问日期：2020年1月30日。
3. 外务省「第二回意見交換会」，https://www.mofa.go.jp/mofaj/gaiko/page18_000086.html，最后访问日期：2020年1月30日。
4. 陈洪桥：《安倍主义与日本全球治理战略的调整》，《社会科学》2018年第2期，第10页。

二 彻底回避"慰安妇"问题的原因

日本国内妇女团体一直对政府的回避态度予以谴责。鉴于当时日本国内政治状况，政府回避"慰安妇"问题与日本右翼保守势力的极力阻挠以及军国主义思想的支配有很大关系。

1.右翼对"慰安妇"问题的扭曲认识

尽管在"意见交换会"和"少数人小组代表商讨会"上公民团体多次提出将"慰安妇"问题写入行动计划，但外务省一直以行动计划要面向"当今时代"为理由予以反对。对于真正回避这一问题的原因，政府并未做出正面回答。日本国内右翼分子歪曲历史的言行，对这一问题的解决十分不利。

从理论上来说，有关战争与性暴力的研究面临的最大阻碍是记忆与证言的问题。"记忆论转向"将历史看作是记忆的集合，这招致很多历史学者的反抗。作为实证科学信徒，他们更忠于史料和事实，而无法接受"历史是叙事"的说法。[1] 并且，他们认为加害者与被害者之间还存在十分显著的认知差异。在日本，右翼势力正是根据这一理论一直强调有关"慰安妇"的证言与记忆不具有科学性。目前，有关"慰安妇"问题最权威的官方文件是1993年8月4日时任日本内阁官房长官河野洋平就1991年"慰安妇"调查结果发表的"河野谈话"。谈话表明了日本政府当时承认了与"慰安妇"相关的5项事实：①存在大量"慰安所"及"慰安妇"的事实；②"慰安所"为应军队要求所设，"慰安所"的管理以及"慰安妇"的移送均与旧时日本军队有直接或间接联

---

1. 上野千鹤子、兰信三、平井和子：《迈向战争与性暴力的比较史》，陆薇薇译，《妇女研究论丛》2019年第6期，第121页。

系，"慰安妇"的募集，乃受军队所托从事相关行业（原文中采用了日语汉字"業者"一词，该词的倾向主要指个人或私人团体，也有说法称日本政府一直将主要责任归为军队内部，与其划清界限，表明政府并未参与此事）的人士所为；③在募集过程中或强征或欺骗，总之并非在当事人自愿情况下进行，即存在强制性；④"慰安妇"在"慰安所"被强制"使役"；⑤除日本本国之外，多数"慰安妇"来自日本的殖民地朝鲜半岛，募集、移送、管理等均是在"违背本人意愿下进行的"，即也存在强制性。[1]尽管谈话中淡化甚至抹去了政府在其中的作用，但相对于右翼政治势力提出的反对论调，该文件已属于日本最高限度公开承认"慰安妇"问题的文件。

然而1993年8月"河野谈话"一经发表，立刻遭到日本右翼政治势力的反对，认为"河野谈话"严重损毁了日本的名誉。时至今日，反对派言论依然大量存在。反对派与"河野谈话"争论的焦点，最后落在"慰安妇"是自愿行为还是日军强征这一问题上。安倍晋三2012年第二次执政之后，不仅积极支持历史修正主义并且开始挑战战后国际社会对日本战争责任的主流认知。2014年8月5日，日本《朝日新闻》刊登了一篇证实"吉田证言"[2]与事实不符

---

1. 外務省「慰安婦問題に対する日本政府のこれまでの施策」, https://www.mofa.go.jp/mofaj/area/taisen/ianfu.html, 最后访问日期：2020年1月31日。

2. 1990年以后，"慰安妇"问题成为日韩间重大外交问题。为此日本开始展开对这一问题的严肃调查，所谓吉田证言是1982年日本《朝日新闻》刊登的一篇有关"山口县劳务报国会"动员部部长吉田清治于1943年5月接到西部军的命令从韩国济州岛强征年轻妇女充当"慰安妇"的报道。1983年吉田清治在出版的《我的战争犯罪》一书中也有记述。从此"强征"一词成为"慰安妇"问题爆发的关键，1992年历史学家秦郁彦于当地进行调查之后否定了这一证言。1993年，研究"慰安妇"问题的中央大学教授吉见义明又与吉田清治面谈，希望对方可以提供相关资料公开证实，对报道予以反驳。但吉田并未接受，只是回应"可能回忆的时候把时间和场所搞错了"。因此，吉见义明在1997年6月出版的《有关从军慰安妇的30个谎言与真实》一书中明确提到吉田的证言不能作为证据使用。

第四章
日本落实"妇女、和平与安全"议程的两大立场

的报道。自民党右翼势力"靖国"派以此大做文章,最终矛头又指向1993年的"河野谈话"。同年8月15日,该党派集团召开紧急会议,认为既然"吉田证言"已证实不符,"河野谈话"也已失去真实性基础,应该出台新谈话取代原有内容。8月26日,时任自民党政调会长的高市早苗向时任官房长官菅义伟申请考虑出台否定"河野谈话"的新官房长官谈话。在2014年10月21日参议院内阁委员会会议上,菅义伟对"河野谈话"表示了强烈不满,认为"河野谈话"是"慰安妇"问题产生的根源,必须予以否定。这也是日本第一次公开明确否定"慰安妇"问题。同样在内阁委员会会议上菅义伟回答日本共产党书记局局长山下芳生的质询时也说道:"我们否定这一发言。作为中央政府为了恢复日本的名誉,今后我们将会尽力向国际社会阐明立场。"[1] 而此时,正是日本的行动计划制订工作紧张进行的时候,完全可以预想到日本政府当时对公民团体所提意见的态度。

2.右翼势力在政权内部的抬头

日本官房长官可以在参议院会议中就此问题公开发表反对言论,其背后是来自更高领导阶层的支持。参议院会议召开之前,日本首相安倍晋三在2014年9月14日通过NHK节目对《朝日新闻》报道的内容发表过看法。安倍晋三说,"面向世界,我希望有一些事情能通过你们将其消除掉","既然发现与事实不符,我们就要考虑在国际上进行澄清"。针对此言论,日本共产党在机关报纸《赤旗报》上曾发表文章对首相模糊性发言中提到的"要消除的事情"进行了发问。日本共产党认为,首相想消除的事情除了与事实不符的"吉田证

---

[1] 「歴史を偽造するものは誰か——『河野談話』否定論と日本軍『慰安婦』問題の核心」『赤旗しんぶん』、https://www.jcp.or.jp/web_policy/2014/09/post-692.html。

言"，应该还包括日本军队的"慰安妇"制度属于"性奴隶"制，以及军队强征"慰安妇"的事实。[1]2013年5月大阪市长桥下彻宣称日本"慰安妇"制度十分有必要存在，女性只不过是"战争的道具"。此话一出在日本国内引起了一场舆论巨波，对此，安倍政府却并未做出任何有力回击。一方面强调继承"河野谈话"，另一方面又对国内右翼势力日益高涨的反对言论视而不见，日本领导人的双面性展现无遗。

同时，日本政府对媒体也施加了不少压力。1997年以后，日本电台有关"慰安妇"的纪录片及相关报道便开始销声匿迹，直到2011年相关节目始终再未出现，1997—2011年因此被称为"空白的15年"。15年间唯一播放的一档与"慰安妇"相关的节目是2001年1月30日以"女性国际战犯法庭"[2]为题材，名为《如何审判战争（2）——战时性暴力》的纪录片。这期节目还曾成为当时的热点新闻，被称为"NHK节目变更事件"。事件的起因是，节目播放前夕突然遭到了时任国会议员安倍晋三等人的干涉。该节目原定为通过"女性国际战犯法庭"讨伐日军战争犯罪行为，然而在播放时相关判决、起诉状、

---

1. 2016年2月16日，日内瓦《消除对妇女一切形式歧视公约》第7、8次日本政府报告审议会上回答询问部分——杉山外务审议官回答豪夫梅斯特委员的提问时对"性奴隶"制、"强征"等问题做了回答。
2. "女性国际战犯法庭"是2000年12月8—12日在东京九段会馆举办的针对日军在二战中侵犯女性人权尤其是"慰安妇"问题，民间团体模仿法庭形式追究犯罪行为的抗议活动。与一般法庭审判有所区别，主办方认为"二战中日军有组织地进行了强奸、性奴隶制度、贩卖人口、拷问、其他性暴力等的战争犯罪"，以昭和天皇裕仁为首的9名被告者被民众法庭裁决。2000年审判认定"天皇裕仁有罪，日本政府负有国家责任"，2001年作为"最终判决"在荷兰公布了判决内容。当时日语的副标题是「审判日本军性奴隶制的2000年女性国际战犯法庭」，英文表述为："The Women's International War Crimes Tribunal on Japan's Military Sexual Slavery"。主办团体为VAWVE- NET Japan。这次法庭的最先发起人为日本女权运动者松井耶依、西野琉美子[现任女性战争与和平资料馆（Women's Active Museum on War and Peace, WAM）馆长]等人。

第 四 章
日本落实"妇女、和平与安全"议程的两大立场

被告及主办团体等基本信息均被删除，原日本兵的证言也被剪掉。就此，"女性国际战犯法庭"的主办团体VAWVE-NET还向NHK提起诉讼，要求其做出解释并道歉。东京高等法院对NHK方面进行证人询问后，也认定了2007年NHK受日本政界影响对节目进行了改编，并裁定NHK支付200万日元的赔偿。2012年，安倍晋三第二次执政后，甚至开始介入NHK人事变更。2013年安倍晋三否定南京大屠杀，任命百田尚树、长谷川三千子等人为NHK经营委员会的成员。该经营委员会之后又选出了第21代NHK会长籾井胜人，此人在就职记者招待会上曾公开发表"'慰安妇'问题是每个战争国家都会有的问题"之类的言论。[1]

不仅媒体节目，同"慰安妇"有关的"历史教科书"问题同样被右翼势力掌控。在"慰安妇"问题成为政治、外交以及社会问题之前，1997年版的教科书中几乎均留有关于"慰安妇"的记录。但国内外大环境使得日本历史修正主义者及右翼分子倍感危机，于是成立了"新历史教科书编纂会"及"致力于日本前途和历史教育的年轻议员会"（当时任议员的安倍晋三为事务局局长），从中学课本开始逐步删除有关"慰安妇"的记述。编纂会借每次改版机会对相关内容进行删除，2012年教科书中相关历史性内容已被彻底删除。

在日本，不同政治势力对"慰安妇"问题的相互争论至今从未停止。战后部分日本右翼老兵在回忆录中直接将"慰安妇"视为战场上的"妓女"，作为加害者的意识十分淡薄。他们将"慰安妇"描写成恋爱、殉情、私奔等的

---

1. 池田恵理子「『慰安婦』問題の真の解決と戦時性暴力の根絶のために」『立命館大学国際平和ミュージアム紀要』20号、2019年3月、104頁。

对象，将其刻画成"战场之花"的形象。[1]日本右翼学者藤井严喜作为推荐人对2019年12月15日出版的《日本军人所证实的战场之花——朝鲜人慰安妇》[2]一书大加赞赏。[3]该书收集了20名来自日本不同地区、不同部队、不同级别的原二战军人的证言，这些人声称为避免日本继续遭受"慰安妇"问题困扰，需揭露各大媒体的"不实"报道。他们愿根据自己战时经历讲述所谓的真实故事，6名士兵甚至同意在书中提供照片以表达自己所述内容属实的决心。书中提到，日本军队中完全没有发生针对"慰安妇"的不当行为。强征"慰安妇"并非事实，纯属一种商业行为，由从事这一行业之人专门经营。日本士兵们待这些年轻女孩很好，举办宴会时会邀请这些女孩过来陪酒，外界所言的暴行一概未发生。一位原特务机关人员在书中这样描述道："她们经常会到我们宿舍来玩儿，有时候还带自己做的泡菜，多亏了她们我平生得以品尝到泡菜的味道。"书中还附有朝鲜年轻妇女和日本士兵共同赏花的照片。同时不仅在日本国内，负责本书编纂的副理事长细谷清称，该书英文版也在准备之中，将发行到欧美国家。

目前，日本国内各派别就"慰安妇"问题的认知始终未达成一致。在以妇女团体和左翼形成的政治势力同右翼势力进行的斗争中，政府更倾向于支持后者。这也是行动计划中该问题未被提及的原因之一。

---

1. 池田恵理子「『慰安婦』問題の真の解決と戦時性暴力の根絶のために」『立命館大学国際平和ミュージアム紀要』20号、2019年3月、100頁。
2. 『日本軍人が証言する戦場の花 朝鮮人慰安婦』ハート出版社、2019，http://www.810.co.jp/hon/ISBN978-4-8024-0087-9.html，最后访问日期：2020年2月6日。
3. 「祖国日本を貶める慰安婦騒動に憤った元軍人たちが声をあげた」『日本軍人が証言する戦場の花 朝鮮人慰安婦』、2020年1月10日，https://prtimes.jp/main/html/rd/p/000000012.000049367.html，最后访问日期：2020年2月1日。

第 四 章
日本落实"妇女、和平与安全"议程的两大立场

3."慰安妇"问题的多元化解决

尽管右翼分子多次公开否认"慰安妇"存在的事实,但日本政府不得不直面解决由"慰安妇"问题引起的诸多外交事务。面对亚洲邻国发起的声讨,日本政府在二战结束后,已经与英、法、美等48个国家签订了《旧金山和约》。同战争赔偿一样,针对"慰安妇"问题日本政府认为已经在同各国商讨"财产和请求权问题"时,通过法律手段得以解决。之后针对"慰安妇"群体的个人追诉,政府也考虑到应该对"慰安妇"群体提供一些生活救济。于是,1995年由日本政府和国民募资共同设立了"亚洲女性和平国民基金",当时官民共同出资了48亿日元(其中6亿由普通国民募捐)对亚洲各地区"慰安妇"群体285人(菲律宾211人、韩国61人、中国台湾13人)进行了医疗、生活保障援助以及补偿金发放工作。其中,国民募集的6亿日元资金作为补偿金赔偿每一位受害女性200万日元;政府提供的资金中一部分用于医疗、生活保障援助,分别向韩国和中国台湾每位"慰安妇"赔偿300万日元,菲律宾每位"慰安妇"赔偿120万日元(总计菲律宾每位"慰安妇"320万日元,韩国/中国台湾每位"慰安妇"500万日元)。[1]剩余政府资金在印度尼西亚援助建设了老年人福利设施,在荷兰建立了有利于改善"慰安妇"生活状况的基础设施。

除资金赔偿外,当时由四位日本内阁总理大臣(首相)桥本龙太郎、小渊惠三、森喜朗、小泉纯一郎亲笔签名的致歉反省信也交到了各"慰安妇"手中。[2]

---

1. 外務省「慰安婦問題に対する日本政府のこれまでの施策」,https://www.mofa.go.jp/mofaj/area/taisen/ianfu.html,最后访问日期:2020年2月1日。
2. 外務省「慰安婦問題に対する日本政府のこれまでの施策」,https://www.mofa.go.jp/mofaj/area/taisen/ianfu.html,最后访问日期:2020年2月1日。

在舆论上，日本政府认为在2016年"消除对妇女歧视委员会第7、8次政府报告审议会"的答疑环节中，日本代表回答豪夫梅斯特委员提出的有关"慰安妇"问题时一并就相关敏感词语"强征""性奴隶""总人数20万"等言辞也给出了官方解释。[1]其主要内容如下。

第一，有关"强征"一词，日本政府称在目前发现的所有资料中，没有找到任何通过军队或官方进行对"慰安妇"强征的记录，这一点在1997年12月16日日本内阁会议上发表的回应资料中已经清楚表明。"强征"这一说法之所以广泛流传，是由于1983年去世的吉田清治在其出版的《我的战争犯罪》一书中捏造了虚假事实，该书后来被数位学者证明完全是想象出来的。《朝日新闻》也在2014年8月5日、6日及以后的9月多次刊登报道，承认在报道事实关系上出现失误，并正式为此向读者道歉。[2]

第二，有关"性奴隶"一词，因为与事实不符，日本政府认为今后不应再使用此类词语。2005年日韩签署协议时，日本已得到韩国方面确认，双方在协议中一律未使用此种说法。

第三，有关"'慰安妇'人数达到20万人"一事并无依据，根据1993年8月14日政府调查报告书所述，目前所有发现的资料中并未找到有记录"慰安妇"总数的内容，也没有足以证明总数的资料存在，因此很难确定"慰安妇"

---

1. 外務省「慰安婦問題についての我が国の取組」，https://www.mofa.go.jp/mofaj/a_o/rp/page25_001910.html，最后访问日期：2020年2月2日。
2. 2016年2月16日，日内瓦《消除对妇女一切形式歧视公约》第7、8次日本政府报告审议（回答询问部分——杉山外务审议官发言概要）中文版，https://www.cn.emb-japan.go.jp/fpolicy/fpolicy170816-2.pdf，最后访问日期：2020年5月1日。

第 四 章
日本落实"妇女、和平与安全"议程的两大立场

总人数。[1]

日本政府一直强调在2015年的《日韩协议》中,有关"慰安妇"的问题就已得到最终解决。但这场"政治谈和"无论是被害当事人,还是韩国民众或韩新政府都予以否定,国际舆论以及联合国人权机构对日本的批判与督促也始终不断。

另外,日本学者还认为在中国谈论到的历史问题被提及最多的是与靖国神社相关的话题。"村山谈话"、"河野谈话"、教科书的近邻条款等虽也备受关注,但中方认为中日之间历史认识的焦点是领导人和政府官员参拜靖国神社问题。这可能与中国对日外交的基本理念——军民二元论有关,即部分军国主义者负有战争责任,但日本民众同样也属于受害者。近年来在钓鱼岛相关的领土问题上两国矛盾也逐渐升温,但日本学者认为中国对"慰安妇"问题的关注,只是随着韩国以及国际社会对这个问题的关注才变得越来越高。[2]他们认为,这一问题原本在亚洲邻国中并不属于外交的主流性问题,无须引起过分的关注。

关于"慰安妇"问题,除了亚洲邻国,日本还遭到美国的谴责。但美国

---

[1] 2016年2月16日,日本政府在消除对妇女歧视委员会第7、8次政府报告审议会的答疑环节中,外务审议官杉山在发言中提到:《朝日新闻》曾承认在其2014年8月5日的报道中提到战时的"女子挺身队",即战时包括在日本国内以及旧殖民地朝鲜和中国台湾,以女性作为劳动力动员起来的组织"女子勤劳挺身队",其目的主要是贡献劳动力,与作为士兵性对象的"慰安妇"不同。"20万人"是指"女子挺身队"中女性劳动力的数字,与"慰安妇"人数统计有所混淆。参见「女子差別撤廃条約第7回及び第8回政府報告審查」(2016年2月16日、ジュネーブ)(質疑応答部分の杉山外務審議官発言概要),https://www.mofa.go.jp/mofaj/a_o/rp/page24_000733.html,最后访问日期:2020年5月2日。

[2] 川島真「歴史認識問題と価値観外交」,https://spc.jst.go.jp/experiences/kawashima/kawashima_1302.html,最后访问日期:2020年4月14日。

对日本的批判同中韩两国对日本的批判角度截然不同。相较于中韩两国从民族主义角度出发，美国更多从普世价值观角度来批判日本。日美同盟是日本国家安全保障的基础，普世价值观后来成为日本对外政策的根本。在"价值观外交"引导下对于"慰安妇"问题，日本开始不再单纯地与中韩等国的民族主义进行对峙，而是将问题放置于普遍价值问题的地位展开讨论。同时受西方价值观影响，日本学者还认为对于历史本身，很多问题仍未被解释清楚，对于何为"定论"的概念也存在争议。日本今后在历史认识问题上应该有自己的立场，也有必要纠正他国媒体的错误，有效对抗中韩等国盛行的民族主义宣传政策。[1]

小　结

作为论述基本立场的章节，第四章对日本的行动计划中体现出的两大立场做了文本分析，同时还通过细节抓取对立场中隐藏的模糊点做了简要探究。有关日本政府确立"外向型"立场和"未来型"立场以及文本中有意设立模糊点的原因，笔者也进行了重点论述。"外向型"立场的确立归根结底是受到国际环境的影响和日本国家利益的驱使，目的是保证"日本再兴战略"能够顺利实施。日本制订行动计划时对联合国安理会第1325（2000）号决议进行了国别化诠释，有意未提及本国女性安全保障问题。日本政府深知这一立场将使行动计划在目标与具体措施中存在缺失，因此，在序文和部分措施中加入模糊性术语

---

[1] 川島真「歴史認識問題と価値観外交」，https://spc.jst.go.jp/experiences/kawashima/kawashima_1302.html，最后访问日期：2020年4月14日。

第四章 日本落实"妇女、和平与安全"议程的两大立场

以及在日本国内执行部分措施，如防灾与和平教育。这一处理是日本政府利用二重性策略维护国家根本利益的典型事例。这样一来，行动计划既在表面上未对联合国安理会第1325（2000）号决议有明显的违背，又在背后维护了本国的根本利益。第二大立场"未来型"立场实际是安倍晋三上台后提出的"战后外交决算"的一种体现，对"慰安妇"问题的态度某种程度上反映了日本现阶段国内政治势力的外交战略方向。右翼势力的抬头和西方国际社会普世价值观对日本的影响，令日本历史修正主义外溢于国际社会。

本章所论述的两大立场一直为学界批判和不满，由两大立场引出的一系列行动计划目标的缺失和不足，本书在第六章讲述日本落实"妇女、和平与安全"议程的问题与挑战时进一步详细说明。总之，对于日本的行动计划中两大立场的研究不应只停留于表面，更重要的意义在于从立场背后发现日本通过行动计划谋划的整个战略布局，以及认识到行动计划在其中所起到的作用。

附：

内阁总理大臣小泉纯一郎写给慰安妇们的信[1]

这次通过政府和国民协力推进"亚洲女性和平国民基金"，举国对原从军慰安妇进行补偿之际，请允许我表明自己的心意。

所谓从军慰安妇问题，是指在当时军队的干预下，严重损害了多数女性的名誉和尊严的问题。我作为日本国的内阁总理大臣，郑重向所有经历了从军慰安妇的痛苦，身心受到难以治愈的创伤的人们，表示衷心的歉意和反省。

---

1. 日文原文见 https://mofa.go.jp/mofaj/area/taisen/letter.htm。

我们不能逃避过去的重担，也不能逃避对未来的责任。我国将一边痛感道义责任，一边怀着道歉和反省的心情，正视过去的历史。在将这一事实正确传达给后世的同时，也应积极推进对难以公开的有关女性的名誉和尊严的诸问题的处理。最后，我衷心祝愿各位今后的人生能够一帆风顺。

敬启

日本内阁总理大臣小泉纯一郎

2001年

（历代内阁总理大臣署名：桥本龙太郎、小渊惠三、森喜朗、小泉纯一郎）

第五章　日本落实"妇女、和平与安全"议程的具体实践

虽然行动计划被日本政府定性为回避历史的"未来型"外交政策，但学界对之持有争议。不可否认，随着行动计划的制订与出台，日本在对现代妇女的和平建构和对冲突国家、地区以及发展中国家展开的海外援助活动中变得更加广泛和深入。日本的海外援助在各大领域不断向妇女、女童权利保护和地位提高方面倾斜，将性别主流化和性别平等观点落实到了援助行动中。2019年第二版行动计划在序文中指出，日本在第一版行动计划执行方面仍然经验不足。依据评价委员会的专业标准，行动计划中目标和措施的执行的确仍有许多需要改进的部分。但如本书第二章第二节所述，日本早在2013年制订行动计划之前，政府就已积极参与到联合国各项活动中，致力于海外维和行动与针对发展中国家的援助活动，积累了大量经验。以至于行动计划制订后，一些原有的大型组织机构继续担当执行行动计划的重任，如日本国际协力机构（JICA），同时其他一些与女性相关的公民团体或非政府组织也在积极构建和平进程方面不断努力，扩大了日本的影响力。因此，同行动计划的制订过程一样，日本在当代妇女和平建构和海外援助中也是由官民协力共同完

成的。根据不同案例，本章对日本在当代妇女和平建构与海外援助中的贡献展开论述时，时间划分上并未局限于行动计划制订之后，还包含了众多行动计划从制订前一直延续至今的案例。

第一节　日本对妇女参与和平建构的多维推动

自2014年起，日本在各大国际峰会和相关国际研讨会中为了推动女性和平进程，创建让女性绽放光彩的社会，由政府带头发起了众多关于"妇女、和平与安全"的倡议，并设立了相关机构去执行（见表5-1）。从这些国际活动来看，政府在进行妇女参与和平建构方面依然起主导作用。自2014年后，日本政府不仅创设了国际女性会议（World Assembly for Women，WAW）和各大女性议题的研讨会，并且在首脑和外长峰会的演说中也一直向外界宣传日本在"妇女、和平与安全"领域的倡议。行动计划中鲜有的针对本国妇女的相关措施，是由于日本政府十分重视本国妇女在国际组织尤其是联合国的领导力培养，才将其写入行动计划中。在妇女迈向和平的漫长历史进程中，日本女性一旦从父权制度下解放，得到适合其发展的环境，凭借她们坚韧的性格定能大放异彩。

表5-1　2014—2019年日本政府关于"创建让女性绽放光彩的社会"的活动

时间	相关活动
2014年4月	外务省综合外交政策局设置女性参与推进室
2014年6月	召开冲突下以防治性暴力为目标的全球峰会（PSVI峰会）（伦敦）
2014年9月	召开国际女性会议（WAW! 东京2014），Shine Weeks（9月8—19日）
2014年9月	在第69届联合国大会上安倍首相发表一般性辩论演说（纽约）
2014年10月	设置"创建让女性绽放光彩的社会"总部

第五章
日本落实"妇女、和平与安全"议程的具体实践

续表

时间	相关活动
2014年11月	外务省和ICRC共同举办"武力冲突下性暴力问题：现状与课题"研讨会
2015年3月	召开第3届联合国防灾世界会议（仙台）
2015年4月	联合国妇女署（UN Women）开设日本事务所
2015年8月	《女性活跃推进法》设立（东京2015）Shine Weeks（7月1日至10月31日）
2015年9月	在第70届联合国大会上安倍首相发表一般性辩论演说（纽约），通过了可持续发展目标（Sustainable Development Goals，SDGs），日本"妇女、和平与安全"行动计划制订完成
2016年5月	召开G7伊势志摩峰会，制定关于发挥女性能力的G7行动指南，制定促进女性在理工科职业发展的倡议（WINDS）
2016年12月	G7 WINDS特别活动"STEM领域绽放光辉女性的未来"，召开国际女性会议（WAW!2016），Shine Weeks（2016年10月1日至2017年1月31日）
2017年7月	召开G20汉堡峰会，发起女企业家金融倡议（We-Fi）
2017年11月	召开国际女性会议（WAW！2017），Shine Weeks（2017年9月7日至2018年1月31日）
2018年4月	召开G7伦敦外长峰会，提出"妇女、和平与安全"伙伴关系倡议
2018年5月	出台《政治领域男女共同参与推进法》
2018年6月	为推进工作方式改革而制定相关法律
2019年3月	同时举办国际女性会议（WAW！2019）与W20
2019年6月	召开G20大阪峰会

※ WAW！国际女性会议把举办前后的期间定为"Shine Weeks"，与相关部门和地方自治团体、公民团体、学校、学生团体等，通过举办与女性相关的活动，推动促进女性活跃的运动。
PSVI: Preventing Sexual Violence Initiative
WAW!: World Assembly for Women
ICRC: International Committee of the Red Cross
WINDS: Women's Initiative in Developing STEM Career
We-Fi: Women Entrepreneurs Finance Initiative

资料来源：パンフレット『女性が輝く世界をつくる（第3版）』（手册《建设让女性绽放光彩的社会（第3版）》），日本外务省官网，https://www.mofa.go.jp/mofaj/gaiko/women/index.html，最后访问日期：2020年3月16日。

近年来在妇女和平建构进程中，日本的另一重大改变是不再单枪匹马地行动，而是拉近与国际组织、国际研究机构之间的关系，搭国际社会顺风车。同时，日本也已不再满足于仅仅是多边机制的参与者，而是自创沟通机制，作为东道主举办了东京国际女性会议（WAW）。此外，还着力培养联合国日本籍女性职员并扩大女性自卫队队员人数。本节在"妇女参与和平建构"方面的论述也主要从以上几个方面展开。

一 日本与国际组织、研究机构的深度合作

行动计划制订后，日本与国际组织、研究机构的合作程度明显加深。2015年是第四届世界妇女大会通过《北京宣言》和北京《行动纲领》颁布20周年，也是日本完成本国第一版行动计划制订的一年。这一年日本向联合国提交了关于《北京宣言》在日本实施情况的报告书。同年3月，在以"《北京宣言》发表20周年"为主题召开的第59届联合国妇女地位委员会上，日本外务大臣政务官作为政府团首席代表进行了演讲，介绍了日本的对策并积极参加了讨论。安倍晋三第二次执政提出"创建让女性绽放光彩的社会"政策之后，一直积极配合联合国和相关国际机构在"妇女、和平与安全"领域的援助工作。2013年日本在联合国大会中提到将尊重联合国妇女署的活动，争取成为有力的贡献国之一。在同联合国妇女署的合作方面，日本作为执行理事国，从2011年6月到2015年1月，积极参加执行理事会会议11次。2013年，日本向联合国妇女署捐赠了约200万美元，至2017年时捐款数目已经上升为2200万美元，使得日本在捐款国家中跃居第四位。这些捐款主要被用于联合国妇女机构在保护非洲和中东的难民妇女、为提高妇女参与率进行职业培训以及解决妇女冲突的过程之中。日本行动计划在执行过程中，"参与""人道

第五章
日本落实"妇女、和平与安全"议程的具体实践

及重建援助"等支柱中的不少项目由外务省与联合国妇女署合作完成。另外，联合国妇女署为了提高各项目实施能力，引入了支持项目的旗舰编程倡议。日本于2018年3月成为在应对危机下女性领导能力、权利保障、接入及保护（LEAP）领域发挥领导作用的冠军国家。[1]

另外，在应对冲突下的性暴力问题中，日本积极寻求同联合国秘书长特别代表事务所等国际机构的合作，并且在相关国际性问题的讨论上也表现得十分积极。2014年，针对刚果民主共和国同索马里纷争下的性暴力问题，日本向联合国秘书长特别代表专家组提供了215万美元的财政援助，成为第一捐赠国。此外，2014年为了向被派遣到联合国维和行动的女性保护顾问提供培训教材，以及实施针对派遣人员的E-running计划，日本向联合国维和署提供了约54万美元的财政援助。[2]

在教育方面，日本还在联合国教科文组织（United Nations Educational, Scientific and Cultural Organization, UNESCO）设立了信托基金。主要以亚洲、非洲发展中国家或地区为中心，在世界各地协助开发性别相关的教育项目。另外，日本通过联合国开发计划署设置的日本信托基金（日本联合国开发计划署伙伴基金），对促进女性参与政治等项目实施援助。不仅如此，由日本主导的人类安全保障基金援助以女性及性别平等为焦点，推进发展中国家女性

---

[1] "パンフレット『女性が輝く世界をつくる（第3版）』，日本外务省官网，https://www.mofa.go.jp/fp/pc/page23e_000181.html，最后访问日期：2020年3月5日。
[2] 内閣府「第2節男女共同参画の視点に立った国際貢献」『男女共同参画白書（平成26年版）』，https://www.gender.go.jp/about_danjo/.../h27/.../b2_s16_02.html，最后访问日期；2020年4月5日。

教育。[1]

从日本与各大国际机构的合作模式中可以看出，日本在多领域与国际机构实现了合作，全球覆盖率也不断增长，近年来参与了不少援助项目的投资。但问题在于投资模式过于单一，主要体现在财政投资以及与国际机构在资金上的合作，或者以设立项目基金的形式来实施援助活动。因此，对于日本而言，合作始终没有深入参与到国际援助项目内部。这种建立在财政与资金方面的援助模式对日本扩大影响力十分有限，日本在受援国的影响力受到削弱。因此，近年来日本开始转变机制，由资金参与转向实质性项目合作；从参与方转向主导方，积极投身于国际社会援助行动中。

二　国际女性会议（WAW）

除了积极参与国际社会活动在多边合作中发挥作用，以本国为平台自创交流合作机制，更能彰显一个国家在某一领域的领导力和组织力。同时自创交流平台机制在操作上具有更强的灵活性和自主性，不同于在多边参与机制中必须要协调与其他行为体之间的利益。

国际女性会议（WAW）是安倍政权在国内外实施"创建让女性绽放光彩的社会"政策的重要一环，也是日本向国际社会展示自己的窗口。2014年东京举办了第一届国际女性会议，邀请来自世界各地和国际机构中在女性领域活跃的领军人物参加了这场高规格大型世界峰会，参会人数达到了2000—3000人。此后几乎一年一届，峰会主要讨论在日本及世界上促进女性权利、

---

1. 内閣府「第2節男女共同参画の視点に立った国際貢献」『男女共同参画白書（平成26年版）』，https://www.gender.go.jp/about_danjo/.../h27/.../b2_s16_02.html，最后访问日期：2020年4月5日。

第五章
日本落实"妇女、和平与安全"议程的具体实践

女性活跃的各项举措，同时促进日本在国内外对"创建让女性绽放光彩的社会"政策的推行。国际女性会议同日本行动计划立场相同，着眼现在、放眼未来，认识到在当今全球化和科技发展的时代背景下，人们的工作方式和生活方式也发生了巨大变化。讨论的议题紧随时代发展步伐，不仅讨论发展中国家女性面临的困境，更具有前瞻目光，考虑当代女性在科技发展背景下的人才培养，这是东京国际女性会议的一大特点。

截至2019年，大会已举办5届。[1] 5年来会议议题越来越丰富，相关体制也越发成熟，逐渐形成一套固定机制。针对不同主题，每届峰会日本首相及外长均会到场发表开幕式演讲，还会邀请特邀嘉宾做主题演讲，通过圆桌会议分会场论坛对不同议题分别进行讨论。作为大会最终的研讨成果，各议题商讨出的解决方案最后会被整理成"WAW To Do"或者"WAW宣言"。会议间隙，与会人员还可以通过小型展示会和晚宴充分了解日本文化，以及日本在妇女参与建构和平方面的努力。

为了追求可持续发展目标（SDGs），营造一个更加具有多样性和包容性的社会，近年来峰会一直重点讨论在这样的时代背景下女性能够发挥怎样的力量，利益相关者应该采取怎样的行动。"板块议题讨论"作为峰会主体部分，一直备受关注。从近几年讨论议题的统计来看，主要涉及日本国内外在"技术创新与女性人才培养""为实现可持续发展目标（SDGs）在性别领域的努力""女性与创业""如何分担无偿劳动""媒体中的女性""妇女、和平与安

---

[1] "パンフレット『女性が輝く世界をつくる（第3版）』，https://www.mofa.go.jp/fp/pc/page23e_000181.html，最后访问日期：2020年3月9日；5届分别为2014年、2015年、2016年、2017年、2019年。由于2019年有W20（Women 20）大会在日本召开，因此2018年并未召开WAW，而是决定2019年与W20一同召开。

全行动计划从政策到实施的差距""提高自然灾害下的性别平等认识与灾后重建""年轻人对于女性活跃的认识""女性如何平衡工作与生活"等几大方面的努力情况。

国际女性会议每年都向外界发布会议报告书，以传达会议内容和与会者们的商讨成果。大会举办了5届，与会者在各项议题上也都有了较为成熟的意见。5届会议报告书主要内容可归纳为以下七个观点。一、技术是女性赋权运动中不可缺少的因素。日本根据第5期科学技术基本计划，目前将推进发布"society 5.0"，促进女性进军STEM（科学、技术、工学、数学）领域。近些年日本也正在加强促进小学、初中、高中生的信息活用能力。国际上STEM领域专业女性少已成为一个国际化课题，日本远低于国际平均水平。二、创业和创造就业岗位是地方创生的关键。灵活利用远程办公和地方创业，女性农业从事者的持续增加是十分必要的。在日本，为加快地区经济的新陈代谢，政府积极支持创造就业岗位的项目，如农业和水产行业。为了敦促女性自身的意识转变，正在实施培养女性在以上行业领导能力的项目。三、日本的性别分工意识以及女性在领导地位中所占的比例与世界水平相比仍然大幅落后。同时，现有企业促进女性的活跃并不是为了获得女性的权利和福利，而是为了提高生产效率和创造强有力的组织文化。政府应根据工作方式改革相关法案，缩短劳动时间，采取多样灵活的工作方式。四、在媒体行业，追求多样性、推进包括决策在内的所有层面上的女性参与、改变媒体内容制作方的工作方式是十分必要的，日本正在进行消除关于性别的固定观念、通过政府提高媒体素养。为了进一步推动这些措施，应防止媒体形成固定观念，要培养内容多样化的媒体。五、为了防止和应对冲突下的性暴力和基于性别的暴力，在和平谈判过程中，女性有意义的参与可以有效促进和平。近年来

第五章
日本落实"妇女、和平与安全"议程的具体实践

无论在PKO还是受援地的军队、警察、司法中一直重视扩大女性的参与,但由于女性比例仅在一成以下,难以抑制冲突,因此继续确保妇女参与和平谈判与和平协议是不可缺少的。六、女性在自然灾害重建过程中也一直发挥着重要作用。日本在之前的熊本地震和关东大地震中,从男女共同参与的观点出发实施了灾害应对。七、为了改变女性应该进行家庭内劳动的社会规范,应将父亲的育儿休假义务化,调整工资差距,增强男女平等意识。为了削减单亲家庭(特别是母子家庭)的贫困,强化公共扶助,改善单亲家庭的劳动条件。[1]

从以上七项观点来看,国际女性会议依旧秉持了日本"男女共同参与"方针,将"女性活跃"政策从国内延伸到国际。大会议题主要侧重"女性参与",在支持女性就业、培养创业领导力、男女就业平等、缓解单亲妈妈就业压力、灾后重建以及防止和应对冲突性暴力方面一直强调女性参与的重要性。因此,从"妇女、和平与安全"议程的落实标准判断来看,大会今后在"预防""保护""人道及重建援助"方面依然有很大的发挥空间。

作为世界级国际峰会,除了有针对各主题和领域的集中讨论,每年都会特邀女性领域的领军人物或女性政要以及各界精英参加。自2014年召开以来,每年不同领域的代表在大会上的主题演讲也成为亮点之一。

2014年大会首次召开时,首相安倍晋三在开幕式上做了演讲。演讲时,安倍晋三依然重点介绍了日本为实现"创建让女性绽放光彩的社会"所采取

---

1. 国際女性会議(WAW! Home Page),https://www.mofa.go.jp/mofaj/fp/pc/page23_002346.html,最后访问日期:2020年4月11日。

的对企业任用女性的援助措施以及兼顾女性工作和育儿的援助措施等，同时还表明了政府将继续推行"促进女性活跃政策"的意向。从战略上来看，在首届国际女性会议上，日本希望首先做好本国安倍政府"女性经济学"的宣传工作。在此基础上，安倍晋三进一步呼吁与会者，无论是女性还是男性，都要为建立一个所有人都能绽放光彩的社会而行动。之后作为对安倍政府女性经济政策的响应，时任国际货币基金组织（IMF）总裁克里斯汀·拉加德（Christine Lagarde）在首次召开的大会上发表了题为《女性赋权带来的经济效果》的主题演讲，阐述了经济复苏的关键在于对女性力量的有效利用，并就女性经济隔离的成本以及提高女性经济地位的相关措施进行了说明。此外，日本首相夫人安倍昭惠和英国前首相夫人切丽·布莱尔（Cherie Blair）（也是切丽·布莱尔基金的创始人）以"面向女性绽放光彩的社会"为主题举行了特别会谈。大会进行过程中美国首位女性驻日大使卡罗琳·肯尼迪（Caroline Kennedy）在现场还播放了美国前国务卿希拉里·克林顿（Hillary Clinton）为大会录制的视频信息，表达了希拉里对安倍首相推行促进女性活跃倡议的赞赏。国际女性会议首秀在女性国际组织和国家政要代表的支持下取得了圆满成功。

2015年大会设定的主题为"WAW for ALL"，提前宣告2016年日本作为G7峰会主席国，也将继续重视女性在各领域的发展。2015年主题演讲者的案例较为丰富。利比里亚总统埃伦·约翰逊-瑟利夫（Ellen Johnson-Sirleaf）女士作为非洲民选的第一位女总统，在演讲中分享了很多自己遭遇到的偏见和克服众多困难的经历，并告知广大女性，自尊、自信是成为一名自我管理和国家管理者的重要条件。另外，打破经济界"玻璃天花板"成为首席执行官的玛丽莲·休森（Marillyn Hewson），以她在洛克希德·马丁公司的经验为基

第五章
日本落实"妇女、和平与安全"议程的具体实践

础,向与会者介绍了女性能充分发挥自身能力的方法,同时表达了女性应避免被贴上弱势群体标签的观点。与日本一直有合作伙伴关系的联合国妇女署执行主任普姆齐莱·姆兰博-恩格库卡(Phumzile Mlambo-Ngcuka)女士也在这次大会上做了发言,她在大会上宣布8月30日将举行联合国妇女署日本事务所挂牌仪式的消息,同时她还带来了妇女署亲善大使妮可·基德曼(Nicole Kidman)为会议录制的视频。会议现场还相继播放了IMF专务理事克里斯汀·拉加德以及美国前总统夫人米歇尔·奥巴马(Michelle Obama)女士的视频留言。

本届国际女性会议上,中华全国妇女联合会副主席、书记处书记孟晓驷作为中国代表也受邀参加,并在大会第二天的分论坛会议开幕时做了致辞。

2016年大会设定的主题为"WAW for Action",秉承2015年大会指导方针,旨在通过"行动"改变人们的"意识"。2016年主要从"工作方式改革""女性的领导能力""女性负责营造和平的社会"等领域对日本及国际社会今后共同前进的方向进行了讨论。在主题演讲中,北大西洋公约组织(North Atlantic Treaty Organization,NATO)"妇女、和平与安全"事务特别代表重点强调了女性职员在海外维和行动中的重要作用。她提到如果有女性和公民团体参与的话,维和行动失败的概率会降低64%,签订的和平条约35%会持续15年以上。然而在参与和平进程中,各领域参与谈判的女性占比是9%,参与条约签署的女性占比为4%,联合国维和行动中的女军人占比为3%,维和行动中的女警官占比为10%(注:目标值为20%)。[1]日本经团联会长榊原定

---

1. 「WAW! 2016 報告書」,https://www.mofa.go.jp/mofaj/fp/hr_ha/page22_002678.html,最后访问日期:2020年4月13日。

征也在致辞中表示，在经济界，女性活跃被视为重要的"经营战略"。作为首位女性东京都知事，小池百合子女士介绍了自己为改革工作方式而提出的实现生活工作两平衡、改革女性自身意识的措施。

2017年大会未设立主题。这一年日本邀请到美国白宫高级顾问伊万卡·特朗普（Ivanka Trump）出席大会并做了特别演讲。伊万卡就支持女性经济权利的必要性、面向未来要做出的根本性变化等问题发表了讲话。安倍晋三在会上表示将大力支持由伊万卡主导的，在G20汉堡峰会上发起的女企业家金融倡议（We-Fi），并当即决定向其提供5000万美元的援助。2017年联合国秘书长特别代表普拉米尼·帕滕（Pramila Patten）也在大会上做了重要演讲。时任世界银行CEO（2019年任IMF总裁）的克里斯塔利娜·格奥尔基耶娃（Kristalina Georgieva）指出，女性潜在能力的利用是令世界更加繁荣的基础，实现性别平等，也意味着女性接受教育的经济能力的提高。[1]

2019年适逢日本成为G20大阪峰会的主席国，同时这一年W20（Women 20）大会也在日本召开，因此2019国际女性会议与G20和W20两峰会进行了相互联动。这一年大会主题为"WAW for Diversity"，演讲者邀请了诺贝尔和平奖获得者马拉拉·优素福·扎伊（Malala Yousaf Zai）。马拉拉提到希望可以借WAW平台，呼吁G20领导人为发展中国家或地区实现12年全民素质教育提供支持与帮助。此外，联合国人权高等法务官米歇尔·巴切莱特（Michelle Bachelet）女士也做了相关主题演讲。[2] 2019年日本在落实"妇女、

1.「WAW! 2017 报告书」, https://www.mofa.go.jp/mofaj/fp/hr_ha/page23_002203.html, 最后访问日期：2020年4月13日。
2.「WAW! 2019 报告书」, https://www.mofa.go.jp/mofaj/fp/hr_ha/page22_003059.html, 最后访问日期：2020年4月13日。

第五章
日本落实"妇女、和平与安全"议程的具体实践

和平与安全"议程方面还制订了第二版行动计划,又向前迈进了一步。与会者最后一致认为只有确保妇女参与和平谈判和和平协议,和平才会持续下去。北大西洋公约组织"妇女、和平与安全"事务特别代表在2016年主题演讲中提供的一组数据显示,当前各领域妇女参与比例大部分处于10%以下。女性在参与可持续和平的道路上仍然有着漫长的里程。

2020年大会原定于2020年4月3—4日举办,由于全球新型冠状病毒肺炎疫情的突袭而至被迫延期。

从5届大会的主题演讲、讨论议题以及总结的各项观点来看,国际女性会议主旨紧扣日本政府提倡的"女性活跃"政策。会议涉及教育、经济与安全等多项领域,重点向"女性参与"倾斜,这一理念实际也是响应日本全球治理的号召。安倍晋三第二次执政后日本在各大领域积极投身于全球治理,在"妇女、和平与安全"领域的落实行动对日本开展全球治理有重大意义。

三 日本女性领导力的"铁娘子"形象

日本在妇女参与和平建构事业中,一直致力于女性人才尤其是女性领导力的培养。行动计划在"参与"支柱目标4具体措施1中规定"积极协助日本妇女在联合国等国际机构以及联合国代表团中任职。特别是促进干部的任用"。同时具体措施6规定"根据量才选拔和志愿情况,积极地向联合国PKO或双边合作等方面的代表团派遣妇女"。定位于"外向型"立场的行动计划很少涉及针对日本女性的措施政策。在国际人才培养上,日本一直重视本国国民在国际组织机构中领导力的培养,希望有更多日本女性职员加入并处于领导地位。实际上,日本倡导的女性活跃政策与联合国秘书长古特雷斯的提高联合国女性职员比例的构想一致。两大政策的同时倾斜为提高日籍人员尤其

优秀女性职员在联合国的任职比例提供了机会。近年来在联合国各机构领导层日籍人员开始崭露头角。同时，日本还不断加强同区域级别国际组织的合作，积极推进"女性活跃"政策在海外扩展。在双边合作方面，2014年5月安倍首相访问北约总部时曾和时任北约秘书长拉斯穆森举行了会谈。日本同北约在"妇女、和平与安全"保障领域的合作，虽然目前派遣人数相对较少，但北约总部接受了关于日本向其派遣日本女性职员的协议。派遣人员主要的任务是通过女性视角就北约实施的活动，提出促进女性参与的建议等。在日本国内，为响应"女性活跃"政策，日本陆、海、空自卫队在建设过程中也一直在增加、提高女性自卫队队员的人数和比例。无论在国际组织还是日本海、陆、空各自卫队编队，都活跃着大量优秀女性领导者和杰出日本女性代表。由于篇幅原因，本节只选取了近年来日本在联合国具有代表性的部分日籍干部——联合国裁军部最高职位的裁军事务高级代表中满泉女士和日本首位联合国难民署高级专员绪方贞子女士的生平事迹，以及在陆、海、空女性自卫队队员中各选取了典型优秀领导者作为案例进行简单介绍。

1. 联合国裁军部最高职位的裁军事务高级代表——中满泉

2017年5月，联合国秘书长古特雷斯任命了日籍职员中满泉为联合国裁军部最高职位的裁军事务高级代表（联合国副秘书长级别）。中满泉是第9位担任联合国副秘书长级别的日籍工作人员，是首位担任这一级别职务的日籍女性职员。上任后不久，中满泉便在2017年7月联合国通过《禁止核武器条约》中发挥了重要作用，并在当年8月6日出席了广岛和平典礼仪式。联合国秘书长古特雷斯上任后提出要提高联合国女性职员比例的方针，不少人认为中满泉这次任命正是古特雷斯实施政策的表现之一。被赋予如此高职位，中

第五章
日本落实"妇女、和平与安全"议程的具体实践

满泉是幸运之神眷顾还是实至名归?[1]回顾其经历或许可以解开这一疑问。

1987年毕业于日本早稻田大学的中满泉,获得法学学士学位之后留美深造,并于1989年毕业于美国乔治敦大学外交学院,获得国际关系硕士学位。她毕业后第一份工作是联合国难民事务高级专员公署(UNHCR)职员,之后又担任过前南斯拉夫的萨拉热窝、莫斯塔尔事务所所长,前南斯拉夫联合国秘书长特别代表上级辅佐官,UNHCR副高等特派员特别辅佐官,联合国总部秘书长室团队第一秘书等国际组织职务。2008年9月联合国秘书长潘基文任命中满泉为国际联合国事务局维和活动政策、评价、训练部部长,任职至2012年。2012—2014年她又开始担任联合国维和行动亚洲和中东部高级主任,主管包括阿富汗在内的亚洲地区、叙利亚和黎巴嫩在内的中东地区和西撒哈拉。2014年11月起任预防危机与恢复局局长,2016年11月至2017年1月兼任秘书长特别顾问,负责跟进难民及移民对策的联合国峰会工作。在日本国内,她还曾于2005—2007年担任一桥大学法学研究科教授及新设国际公共政策研究生院教授,同时兼任JICA和平构建客座专员和日本外务省海外交流审议委员会委员等。[2]可见长年丰富的工作经验是中满泉走向成功的重要保障。

中满泉毕业后最初在UNHCR土耳其办事处工作,作为驻地维和人员在日常巡逻难民营时,甚至还与部队军人交涉过。离开驻地后,中满泉被调回联

1.「危機の現場に立ち続けてわかったこと:国連女性トップ中満泉が語る『日本人が世界で取り残されないために必要なスキル』」COURRIER Japan、2017年8月6日、https://courrier.jp/news/archives/93261/,最后访问日期:2020年4月10日。
2. 内閣府「国際平和協力リレーメッセージ　第5回　中満泉さん」,https://www.pko.go.jp/pko_j/info/messages/relay_5.html,最后访问日期:2020年4月10日。

合国总部。中途有段时间她曾离开了联合国，不过，离开的经历反而为她的重新回归提供了很大帮助。当时由于要跟随担任瑞典外交官的丈夫回国，中满泉最终决定辞去联合国的工作。不少同事为她的决定感到惋惜，但她却坚持借此机会去另外一个领域学习更多的东西。[1]

在瑞典，中满泉加入了当地一个支援民主建设的新兴国际组织。该组织规模不大，但其也是从干部职位做起的，业务还涉及涉外资金协调等多项工作。新的工作环境使她重新思考了国际组织的现状。诺贝尔和平奖获得者、芬兰前总统阿赫蒂萨里曾担任该组织理事，并教导她如何担当好领导人的角色。后来中满泉的丈夫担任瑞典驻日本公使，时隔18年中满泉再次回到祖国日本。在日本大学任教期间，她看到联合国有空缺职位，通过重新应聘又一次回归到了联合国。

在一次访谈中，中满泉谈到作为日本人尤其作为一名日本女性，联合国对她而言是一个轻松的职场。女性职员不会因为休产假被解雇，但中满泉也提到联合国并非一直以来都是这样的。从他们这一代开始联合国的工作环境才逐渐有了改变，大家现在仍然在为创造一个轻松而高效的工作环境而努力。同时联合国正在推进男性休产假制度，男职员不会像日本公司职员一样因为上司还在便不能提早回家。当被问到"在联合国的日籍职员中，女性占了六到七成，这是否是一件值得高兴的事情"时，她认为"在联合国工作的日本女性的确有很多，但这也证明了同样的事业她们可能在日本找不到相应的工

1.「『国連離れ、外から見た経験生きる』中満泉さん」，https://style.nikkei.com/article/DGXMZO249967910S7A221C1TY5000/，最后访问日期：2020年4月10日。

第 五 章

日本落实"妇女、和平与安全"议程的具体实践

作场所,所以这并不完全是件值得高兴的事"。[1] 2017年,中满泉将自己访问115个国家的经历写成了一部专著《站在危险现场》,在这里她不仅讲述了工作中活生生的交涉现场,还将亲眼目睹的对非正义行为的反抗,以及自己常年在联合国工作的感悟写入其中。[2] 书中甚至还包括如何指导全球女性协调育儿与工作的方法,对今后向往从事国际组织工作的人员来说是一部充满现实指导意义的著作。

2. 日本第一位联合国难民署高级专员——绪方贞子

绪方贞子是首位担任联合国难民署高级专员的日本人。绪方贞子1927年出生于东京,幼年时期曾在美国、中国内地以及中国香港等地生活过。

从圣心女子大学毕业后,绪方贞子在美国乔治敦大学获得了国际关系硕士学位,在加利福尼亚大学伯克利分校获得了政治学博士学位,回国后一直在大学担任教授。直到1976年成为首位担任联合国公使的日本女性,并且开始了她的政治生涯。1991年63岁的绪方贞子又成为首位担任联合国难民署高级专员的日本女性,这一上任便是十年之久。[3] 2000年卸任后她仍然作为总理特别代表支援阿富汗重建,并于2003年就任JICA理事长,开始参与开发援助和重建援助工作,即使2012年退任后也一直作为JICA特别顾问、名誉顾问活

1.「危機の現場に立ち続けてわかったこと:国連女性トップ中満泉が語る『日本人が世界で取り残されないために必要なスキル』」COURRIER Japan、2017年8月6日,https://courrier.jp/news/archives/93261/,最后访问日期:2020年4月10日。
2.「危機の現場に立つ」講談社BOOK倶楽部,https://bookclub.kodansha.co.jp/product?item=0000190358,最后访问日期:2020年4月12日。
3. UNHCR Japan「日本人初の国連難民高等弁務官 緒方貞子さん」,https://www.unhcr.org/jp/sadako_ogata,最后访问日期:2020年4月10日。

跃在国内外。

由于幼年时期的经历，绪方贞子与中国有着很深的感情。她在联合国难民署就任时分别于1992年和1997年访问过中国，为解决在华近30万印支难民、越南难民问题给予了大力支持，并在中国香港回归前夕为解决滞港的越南船民、难民问题做出了重要努力。在任期间，她对联合国难民署进行了许多创新性改革，在难民营救和援助行动中多次果断应对紧急事态，展现了强有力的领导力。最有名的是在她刚刚上任时于海湾战争期间对库尔德人实施救助的壮举。因为战争，40万库尔德人逃往土耳其边境避难，但由于土耳其政府不允许库尔德人入境，导致库尔德人作为"国内难民"这一类别被滞留在边境地区。当时，由于保护某一国家的"国内难民"并不是联合国难民署的工作，所以难民署对是否应该提供援助一时间引起了争议。然而，绪方贞子从人道主义的角度出发，果断决定保护和援助这一批难民。在短时间内，她尽可能多地召集了联合国难民署职员并将其派往伊拉克。在冬天到来之时，联合国难民署在库尔德人的故乡北伊拉克设立了难民营。为了维持营地的治安，绪方贞子还亲自出面要求美军延长在伊拉克北部的驻扎时间。[1]

在日常执行任务时为了避免人道主义援助被政治利用，绪方贞子总会冷静地将人道主义援助努力从政治想法中抽离出来。1994年，卢旺达发生了胡图族激进分子屠杀图西族的事件，仅4个月时间就有80万平民被无辜屠杀。在维持卢旺达难民营治安时，由于逃到难民营的难民里混有武装组织的人，如何维持难民营的治安成为最大难题。为此，绪方贞子多次向国际社会呼吁

---

1. 国連UNHCR協会Japan「第8代国連難民高等弁務官　緒方貞子」，https://www.japanforunhcr.org/archives/1578/，最后访问日期：2020年4月10日。

第五章
日本落实"妇女、和平与安全"议程的具体实践

协助维持当地治安，但没有一个国家响应。一方面各国都了解这是一项十分危险的任务，另一方面由于会保护过去曾属于武装组织的成员，因此对援助行动存在争议。面对困境，绪方贞子后来决定对扎伊尔[1]的总统亲卫队和非洲各国的士官给予训练，最后成功地让他们维持了难民营的治安。[2]

2019年10月22日绪方贞子在日本故去。她始终以"拯救人的性命"为最佳选择基准，根据现场情况灵活地进行判断。在她强有力的领导能力下，联合国难民署的紧急事态应对体制得到了强化，同时她争取各国政府的支持，为国际社会援助难民工作做出了巨大贡献。

3. 两度参加陆军自卫队的二等陆佐[3]——川崎真知子

陆军自卫队二等陆佐——川崎真知子在职业生涯中曾两次参加联合国维和活动。第一次是2002年2月至9月被派遣至东帝汶，第二次是2013年被派往南苏丹。2002年共有670名日本医疗人员组成部队被派遣到东帝汶。最初川崎对于自己能以一名自卫队队员身份参加联合国维和行动十分惊讶。参加实地援助活动后，她才发现这是一项十分具有挑战性的工作。由于是在自卫队派遣部队的医务室工作，所以基本上和其他国家的援助人员交流很少。在

---

1. 即现在的"刚果民主共和国"，"扎伊尔"为旧称。
2. 部分案例选取来源于 UNHCR Japan「日本人初の国連難民高等弁務官 緒方貞子さん」，https://www.unhcr.org/jp/sadako_ogata，最后访问日期：2020年4月10日。
3. 按《自卫队法》第32条规定，日本现行军衔共分6等16个级别，等级秩序为（中文称呼）：将、少将；上校、中校、少校；上尉、中尉、少尉；准尉；军士长、上士、中士、下士；上等兵、一等兵、二等兵。其中上校又分为三档，所以一共有6等18个级别。陆军自卫队日语称呼为：陆将，陆将补；一等陆佐、二等陆佐、三等陆佐；一等陆尉、二等陆尉、三等陆尉；准陆尉；陆曹长、一等陆曹、二等陆曹、三等陆曹；陆士长、一等陆士、二等陆士、三等陆士。因此，二等陆佐相当于中校军衔。

东帝汶实现国家独立举办庆祝活动时，日本维和部队为了完成任务与澳大利亚和葡萄牙的部队进行过一次合作，这次合作给川崎留下很深的印象。这次经历让她体会到，每个援助国的维和队员都想要尽自己最大努力去帮助受援国的人民，所以大家都朝一个目标去完成任务。即使国籍不同，但作为维和人员大家的想法是一致的。

在对东帝汶居民进行治疗时川崎还注意到了一点，即医疗救援必须要因地制宜，采取符合当地医疗机构技术水平的低限度措施。日本援助小组在东帝汶能做的只是应急措施，因为当地的医疗水平不是很高，如果采用高水平的治疗方案，很多患者根本承担不起。有时各援助方确实拥有先进的技术，但这些技术并不一定适合在当地实施。在东帝汶工作了7个月后回到日本的川崎曾表示，如果有机会她还想参加援助行动。[1]之后日本防卫省开始积极开展女性自卫队员的PKO派遣，时隔11年后，在2013年7月至2014年1月川崎真知子作为联合国南苏丹共和国特派团（UNMISS）司令部要员（后勤幕僚）再次获得了PKO派遣机会。

2013年，当被告知可以作为首位女性司令部人员参加UNMISS活动时，川崎真知子心情无比激动。在南苏丹担任UNMISS司令部成员时，川崎深刻体会到在一般日本人的印象中，大家都会顾及女性的特殊情况，危险艰苦的工作都优先交给男性来做，但在PKO任务中情况完全不同。为了工作的便利，所有女性都必须要有不能享受特殊待遇的心理准备。例如，住宿地方没有淋浴和厕所时，绝不能产生因为自己是女性便难以适应的想法，而是应该觉得

1.「女性自衛官として二度のPKO派遣で活躍 〜陸上自衛隊・川﨑」, https∶//:blog.unic.or.jp/entry/2014/05/29/090000, 最后访问日期：2020年2月19日。

第五章
日本落实"妇女、和平与安全"议程的具体实践

任何工作男女都应被同等对待。参加自卫队海外援助工作是一个宝贵的机会，川崎认为自己能够被期待是充实而有意义的一件事情。

在当地，川崎了解到越往乡下，女孩的体格越比男孩弱小。老年人群体中，男性比例也高于女性。这表明在冲突地区恶劣的生存环境下妇女和女童的生存状态更为艰难。在南苏丹，女性承担了所有艰苦的家务劳动，那些在国内难民营的供水处排队打水的大多数是女性。在南苏丹，她被分配到一个负责调节水源的部门工作。为了减轻当地妇女的负担，她积极和相关部门进行协调，调查女性最方便排队的时间和地点，为妇女打水提供了很多便利。

日本自卫队派遣部队在南苏丹需要做的工作是加强巡逻和运输支持物资，通过完善道路等基础设施来稳定治安，这是一项十分重要的任务。因为基础设施不完善与治安不稳定，当地居民的正常生活便没有保障，甚至还影响到孩子的教育问题。在南苏丹，不仅在农村，城市里也有很多孩子不能上学。在这种情况下，只有自卫队早日恢复稳定的治安，南苏丹国内的局势才能够稳定下来。[1]

川崎在第二次派遣任务结束后，曾表示如果有机会还想继续参加其他维和任务。另外，防卫省不仅积极开展维和行动，还积极开展国际紧急救援和生存培养能力等国际活动，她希望今后作为事业策划者的一员，能够凭借以往积累的经验发挥自己的能力。

---

1. 更多川崎真知子案例收录于上衫勇司、藤重博美编著『国際平和協力入門：国際社会への貢献と日本の課題』ミネルヴァ書房、2018。

4.日本海上自卫队首位女性舰队司令——东良子

由于少子老龄化日本自卫队入职人员减少，加之安倍政权"女性活跃"政策的推动，自卫队在安倍晋三第二次执政期间一直在扩大对女性职员的录用。2018年3月6日，日本海上自卫队任命了首位女性舰队司令一等海佐东良子。接任第一护卫队司令后，海佐东良子指挥4艘海上自卫队护卫舰，管理近1000名队员，其中女性队员约有30人。东良子1992年以国防大学第一届学生的身份入学，2013年成为首位女性训练舰舰长。早在2018年东良子就任护卫队司令时便提到，一直以来自己都在集中精力履行着各项职责，从没有在意过性别身份。无论被赋予什么样的任务，都只想努力去完成。根据日本国立社会保障人口问题研究所的预测，到2065年日本18—26岁的青年人口将从现在的1100万减少到700万。对此，自卫队的计划是到2030年将女性职员比例提高到9%以上。目前，日本女性职员的人数只占自卫队全体队员的6%，约1.4万人。与此同时陆、海、空各自卫队的工种限制也将逐渐向女性队员放开。譬如，航空自卫队于2015年取消了包括战斗机驾驶员在内的所有工种人员的配置限制。2016年海上自卫队几乎所有职业也逐渐向女性敞开，唯一有限制的潜水艇搭乘也进行了向女性开放的试验。陆上自卫队除特殊武器防护队外，2017年也取消了大部分工种的人员限制。[1]这种变化对女性队员们来说既是一种机遇，也是一种挑战。

无论在工作中还是生活中东良子都是一位喜欢迎接挑战、主动协调工作与生活的女性。2019年《防卫省女性援助活跃事例集》中收录了东良子的优秀事例。她在书中说道："人们常说'环境造就人'。我入伍22年来虽然并

---

[1] 久保信博「海自に初の女性艦隊司令、護衛艦『いずも』など4隻を指揮 ロイター」、2018、https://jp.reuters.com/article/maritime-self-defence-woman-idJPKBN1GI08X，最后访问日期：2020年2月18日。

第五章
日本落实"妇女、和平与安全"议程的具体实践

未有成长的实感,但像现在这样能够胜任各种各样的工作也算是成长了一点吧。"[1]最后她还给其他女队员写了寄语,鼓励她们应该采用积极的心态面对变化了的环境。因为不管积累多少经验,对新环境的不安总会存在。她鞭策队员们不要只从变化中感到不安,更要享受新的发现,尝试各种改变工作的方法。从不同的角度去看同一件事情会发现它的不同。在工作中东良子一直认为,如果队员们总是"被动"的等待指示,就会产生一种"被强迫"的感觉。并且由于不能发挥主观能动性来掌控这项业务,从而会导致工作和个人生活的张弛度下降,积极性也会下降。为了避免这种情况的发生,在工作时她经常思考业务的各种应对方法,张弛有度,为其他女队员们做了很好的榜样。[2]

5. 日本航空自卫队少将——柏原敬子[3]

柏原敬子是第一个被授予"将补"这一相当于中国空军少将军衔的自卫队女性职员。2010年时她曾担任日本自卫队首位女性基地司令官,2011年又就任远贺郡芦屋町航空自卫队芦屋基地的司令官,在这个基地由她负责的队员和学生共计2000人左右。

学生时代的柏原敬子,因为喜欢网球而加入了学校网球俱乐部,但一年后就退出了。在一次记者采访中她曾开玩笑说自己从来不擅长坚持做一件事情,但没想到在自卫队却一直工作了那么长时间。谈到自己参加自卫队的渊

---

1. 『防衛省女性職員の活躍事例集2019』日本防衛省人事教育局、10頁、https://www.mod.go.jp/j/profile/worklife/common/.../jirei.pdf,最后访问日期:2020年3月20日。
2. 『防衛省女性職員の活躍事例集2019』日本防衛省認識教育局、10頁、https://www.mod.go.jp/j/profile/worklife/common/.../jirei.pdf,最后访问日期:2020年4月30日。
3. 福岡男女共同参加センター「よりよき社会を創造するために自分を磨く」、https://www.asubaru.or.jp/92404.html,最后访问日期:2020年2月19日。

源时，柏原敬子说母校关西学院大学的一则学校格言"Mastery for Service"给了她很大影响。通过为社会服务来锻炼自己是她很早就有的一种生活向往。后来一次偶然的机会，柏原了解到合气道学生社团里一位学姐加入了自卫队。于是以她为榜样，柏原敬子后来选择了进入航空自卫队。她认为在这个上下关系严格、纪律性强的自卫队世界里，自己一定会受到锻炼为社会做出贡献。柏原入伍时，自卫队对于女性自卫队队员的录用才开始了5年。当时在干部候补生学校的同期生里，男生有150名左右，女生仅有5名，男女比例达30∶1。据柏原回忆，当时学校的寄宿生活节奏十分紧张，从早上被军号叫醒到晚上熄灯，每一项活动都是按分钟来计算的。就这样，紧张严谨的生活很快令不少人相继辞职，10个月后仅有的5名女生只剩下了3名。

刚入职时柏原担任的是对新入职女队员的培训工作，不久又被转到了新入职的男队员区当队长。新队员中类似暴走族之类的调皮队员很多。作为队长，柏原敬子要常常去寻找从基地逃跑的队员，面对刮掉眉毛的叛逆队员也要像变魔术似的给他们再画上，每天棘手的事情一大堆。尽管如此，柏原依然认为应该去帮助他们。为了培养自卫队队员的基本精神，作为队长要一直竭尽全力。有时她也会被问道"明明是女性，为什么要进自卫队？""女人能做什么呢？"对于这样的问题，她的回答是"尽管会一直被质疑，但唯一能做的就是努力拼命工作，做出成绩给他们看"。1993年，除了一部分特殊职位外，日本自卫队所有的职位都向女性开放了，女性自卫队队员人数也明显增加了。柏原通过自身努力也推动了当地女性干部交流团体"弥生会"的成立。[1]

---

1. 「柏原敬子さん／社会のために、先駆者として道を切り拓く」，https://www.e-avanti.com/2334，最后访问日期：2020年2月20日。

第五章
日本落实"妇女、和平与安全"议程的具体实践

自卫队也在逐渐完善平衡女性工作和生活的问题。东日本大地震时，女性自卫队队员们也被紧急召集去执行任务。那时候女性队员工作时的孩子寄养是一个很大问题，目前有些基地已经着手解决这一问题了，方法是在自卫队基地里设计专门空间并由专门人员临时照看孩子。而且为了让男性自卫队队员也能享受产假，一些自卫队也在考虑增加奶爸自卫队队员的数量。

除以上介绍的几位代表人物之外，活跃在日本自卫队的女性职员还有很多。2019年由日本防卫省人事教育局出版的《防卫省女性援助活跃事例集》，根据不同工种不同军衔共介绍了25位优秀女性自卫队职员，同时还介绍了3名获得产假的奶爸自卫队队员代表。他们分别活跃在陆上、海上、航空自卫队，各地方防卫局以及防卫大学、研究所等机构。[1]从上文所列举的代表人物案例中不难发现，长期以来日本女性在职场中常常要忘记自己女性这一性别身份。为了获得与男性职员同水平的认可，日本女性在职场上也必须要以男性的工作标准来要求自己。与日本传统家庭妇女温良贤淑的形象不同，日本政府对于现代职场中的女性更期待她们表现出"铁娘子"般的强者形象。

第二节 日本对海外相关国家地区妇女的各类援助

常年以来，对冲突国家、地区以及发展中国家的女性进行援助是日本落实"妇女、和平与安全"议程的主要实施方式。在行动计划未制订之前，日本在这一领域已有相当长的发展历史，不乏各种优秀典型案例。本书在前面

---

1. 『防衛省女性職員の活躍事例集2019』日本防衛省人事教育局，https://www.mod.go.jp/j/profile/worklife/common/.../jirei.pdf，最后访问日期：2020年4月30日。

章节多次提到，日本首相安倍晋三在联合国大会发言中常列举日本关于"创建让女性绽放光彩的社会"的优秀案例，尤其在第70届联合国大会发言中用长篇幅介绍了日本海外援助对一位年轻难民妈妈的影响的故事。

日本在支援巴勒斯坦、叙利亚、约旦等国难民时，向当地的年轻母亲们分发了"母子健康手册"。安倍邂逅过一张照片，照片拍摄的是一位女性难民提包中的物品。

从大马士革南部的巴勒斯坦难民营乘坐橡皮艇渡过地中海的20岁女性安蓓萨（Aboessa），带着仅仅10个月大的女儿，在逃离过程中并没有带很多行李。属于孩子的只有一双换洗的袜子、一顶帽子与一瓶婴儿食品。

但看照片时，安倍的视线被一个类似笔记本的东西吸引住了。定睛细看，用塑料布小心包裹着的笔记本，正是日本在叙利亚难民营分发的"母子健康手册"。

在日本，怀孕的女性都会获得这样一本手册。这一制度在日本已经持续了70多年。日本向难民营的母亲们发放这一手册，也是希望可以通过母爱改变那片产生绝望与恐怖的土壤。[1]

日本的行动计划是援助冲突地区和国家，保护当地妇女、女童权益不受侵害的重要政策与机制。实际上在这项计划出现之前，日本对海外冲突国家、地区以及发展中国家展开的援助活动早已起步，政府在相关领域出台的政策与战略，很多也早于行动计划。本书在第二章第二节"日本对国际和平及安

---

1. 参见日本首相安倍晋三在第70届联合国大会中发言，https://www.mofa.go.jp/fp/unp/page18e_000102.html，最后访问日期：2020年4月3日。

第五章
日本落实"妇女、和平与安全"议程的具体实践

全的贡献"中也提到过很多日本在行动计划制订前做出的贡献。例如，安倍晋三在2015年联合国大会中列举的"母子健康手册"事例实际与日本"国际保健外交战略"有关。这项战略在2013年5月日本经协基础设施战略会议上被提出来。但早在2010年9月的千年发展目标（Millennium Development Goals，MDGs）联合国首脑会议上，为了实现有关MDGs的保健目标，日本当时就发表了《2011—2015国际保健政策》。[1] 之后日本政府又决定将"环球健康覆盖"（Universal Health Coverage，UHC）作为日本品牌向国际推广开来，并且在开发过程中将性别主流化融入其中，将战略政策向男女性别平等方向倾斜。

提到将性别主流化与开发融合发展，日本在2005年3月就制定了《性别与开发（GAD: Gender and Development）倡议》，着眼于个人的安全保障。由于在开发合作中要反映性别平等的观点，正确把握援助对象国男女共同参与的现状，日本当时还委托了受援国近100处领事馆的ODA性别负责人，从2005年开始收集性别平等的优秀事例，并在相关职员之间共享信息。

2015年2月，日本内阁会议通过了制定关于日本开发合作方针的《开发合作大纲》。大纲把日本在60年ODA援助历史中建立起来的"人类安全保障基本理念"作为其开发合作的基本方针之一，把"促进妇女参政"作为实施原则之一。《开发合作大纲》从推进女性活跃的观点出发，一方面考虑到了女性的弱势地位和女性特有的需求，一方面又尽量让所有阶段的女性参与，力

---

1. 内閣府「第2節男女共同参画の視点に立った国際貢献」『男女共同参画白書（平成26年版）』，https://www.gender.go.jp/about_danjo/.../h27/.../b2_s16_02.html，最后访问日期：2020年4月5日。

争使女性能够公平地享受开发带来的好处。JICA 作为开发合作的实施机构，承担起了以性别平等和提高女性地位为目的的合作事业的重任。[1] 2015年行动计划制订完成进入实施阶段后，JICA 同样作为实施主体参与了大部分措施的执行。

当然，除了日本对外实施的多项ODA计划以及JICA执行的项目之外，很多国际组织在日本的分支以及民间团体、非政府组织也投身于海外援助行动中来，并随着国际形势的发展不断壮大。此外，参与国家间或区域间的定期国际会议交流也是日本早期投身国际援助行动的表现之一，本章由于篇幅所限不能一一列举。JICA后来成为日本行动计划的最大实施主体。为了更好了解这一实施主体，本章将连同行动计划制订之前JICA开展的援助活动一并做简单的介绍，同时也简要介绍一些非政府组织、日本民间机构间展开的小规模援助活动。希望透过这些机构的援助项目，使读者了解多年来日本在援助发展中国家道路上走过的轨迹。

一 JICA的全面援助活动

如上文所述，日本对冲突国家、地区以及发展中国家的援助由来已久，并非始于行动计划的执行。多年来JICA基于社会性别视角在"性别与开发、企划·行政、公共·公益事业、农林水产、商业·观光、教育、保健·医疗、社会保障"等方面对冲突国家、地区以及发展中国家提供了长期援助（详细项目案例见表5-2），这也是JICA后来能够作为行动计划重要实施主体的原因之一。

---

1. 内閣府「第2節男女共同参画の視点に立った国際貢献」『男女共同参画白書（平成26年版）』，https://www.gender.go.jp/about_danjo/.../h27/.../b2_s16_02.html，最后访问日期：2020年4月5日。

第五章
日本落实"妇女、和平与安全"议程的具体实践

表5-2 JICA基于社会性别视角的援助活动

实施主体	援助领域	援助国家与地区	援助项目
JICA	性别与开发	泰国/越南/缅甸	湄公河地区人身交易受害者保护·自立援助促进项目
		洪都拉斯	地方女性的小规模创业支援项目
	企划·行政	蒙古/柬埔寨	蒙古：调停制度强化项目（阶段1-2） 柬埔寨：法律制度整备工程（阶段1-4）
		尼加拉瓜	青少年及其家庭的公民安全网络强化项目 家庭和社区的社会风险预防和关怀综合行政服务能力强化项目
		科特迪瓦	促进大阿比让圈社会团结的社区紧急援助项目
		苏丹	通过改善达尔富尔三州的公共服务建立和平项目
		约旦	提高巴勒斯坦难民生活水平的能力开发项目（阶段2）
		刚果民主共和国	国家警察民主化研修
		菲律宾	万萨莫罗综合能力提高项目[日本·万萨莫罗复兴开发援助（J-BIRD）]
JICA	公共·公益事业	尼日利亚	地方给水改善计划
		印度	德里高速运输系统建设事业（阶段1-3）
		孟加拉国	达卡-吉大港间国道1号线桥梁改建·建设事业准备调查
		阿富汗	喀布尔首都圈开发推进项目
		大洋洲地区	大洋洲地区社区防灾能力强化项目
		菲律宾	台风灾害紧急恢复重建援助项目
		全球范围	国际紧急援助
JICA	公共·公益事业	斯里兰卡	减少来自性别和多样性的灾害风险
		巴基斯坦	巴基斯坦等周边地区大地震国际紧急救援队的派遣及紧急援助物资的提供
		印度尼西亚	苏门答腊近海大地震和印度洋海啸灾害的国际紧急救援队派遣和紧急援助物资的提供
	农林水产	乌干达	乌干达北部生活改善援助项目

续表

实施主体	援助领域	援助国家与地区	援助项目
JICA	农林水产	肯尼亚	性别视角下的农业普及推进项目
		马达加斯加	小型园艺农民组织强化与振兴单元项目
		坦桑尼亚	乞力马扎罗山农业技术人员培训中心计划
		尼泊尔	村落振兴，森林保全计划 通过加强地方行政增加流域管理项目
		塞内加尔	改良熏锅的开发
	商业·观光	肯尼亚	"一村一品"服务改善项目
		多米尼加	通过官民合作打造丰富的旅游地区项目
		吉尔吉斯斯坦	通过"一村一品"方式的小规模商业振兴迸发社区活力项目
	教育	巴基斯坦	新都州南部农村女子前期中等教育强化计划 非正式教育推进项目
		尼日尔	居民参与型学校运营改善计划（大家的学校项目）（阶段1-2）
JICA	教育	也门	塔伊兹州地区女子教育水平提高计划
		埃塞俄比亚	居民参与型基础教育改善项目
	保健·医疗	巴基斯坦	定期预防接种强化计划
		孟加拉国	母子保健及保健系统改善事业
		苏丹	前线母子保健强化项目（母亲护士·项目）（阶段2）
		坦桑尼亚	HIV/AIDS对策
		巴勒斯坦	聚焦于母婴保健，提高健康产品质量项目
JICA	保健·医疗	加纳	地区保健综合改善项目
		突尼斯	强化再生产教育
		约旦	家族计划·WID项目
	社会保障	马来西亚	残疾人社会参与支援服务项目

资料来源：JICA官方网站，https://www.jica.go.jp/activities/issues/gender/practice/index.html，最后访问日期：2020年2月14日，表格为笔者自制。

第 五 章
日本落实"妇女、和平与安全"议程的具体实践

为了进一步详细了解JICA对当地居民实施的援助活动，本节从不同领域选取了若干在冲突国家和地区发生的代表性案例[1]，进行具体介绍。

1. 日本对也门女童的教育援助

日本JICA对也门的援助远早于日本的行动计划的制订和实施。早在2006年左右，日本就从社会性别视角出发对也门女孩教育提供过各种援助。当时也门是世界上男女基础教育差距最大的国家之一，初等教育（1—6年级）的净入学率为75%，女性为63%，成人识字率为49%，女性仅为28.5%。[2] 尽管也门宪法保障男女平等，在法律的保障下，《选举法》《劳动法》《教育法》等法律中也规定男女享有完全平等的权利，但实际上赋予女性的权利和机会十分有限，导致在众多社会权利方面男女差距极其显著，尤其在受教育方面。在这种情况下，也门提出了到2015年实现为6—14岁儿童提供高质量基础教育的目标。2002年也门制定了10年国家计划基础教育开发战略（Basic Education Development Strategy，BEDS），推进基础教育的发展，开始重视缩小男女差距。在此期间，JICA为推动也门教育计划的实施，曾在2006—2008年对也门教育展开过援助。

作为援助工作的第一步，JICA项目组首先在也门农村和红海沿岸一些入学率极低的地区进行了走访调查。在学校对教师、女学生、村代表等进行采访，找到了女生上学难的主要原因和改善对策。调查结果显示，女生不去上

---

[1]. 本节所有案例选取来自JICA官方网站，https://www.jica.go.jp/activities/issues/gender/practice/index.html，最后访问日期：2020年2月19日。

[2].「人間開発報告書2006」国連開発計画（UNDP），https://www.jp.undp.org/content/tokyo/ja/.../hdr_2006.html，最后访问日期：2020年2月21日。

学由多方面因素造成。主要有：地理位置遥远、男女混校以及对男教员有抵触感（也门的文化传统为超过青春期的女子应尽量避免与男子同席）、女教师比例低、贫困家庭一般优先让男孩上学以及早婚等原因。可见，很多女孩未上学或中途退学都是传统的性别观念所致。因此JICA援助项目从实践出发，根据当地人民的需求制定了相应解决措施。改善方案之一便是促进对当地女性教师的聘用，尽可能进行男女分班编制，作为长远目标通过社区参与和启发活动促进父母对女子教育的关心和理解。

当时援助项目的对象学校大多位于距离主要道路较远的偏远地区，学生即使去了学校，由于教育基础设施和人员不足，也不能充分接受教育。教育质量低下也是学生入学率低、退学率高的原因之一。另外，女教师的数量是促进女子就学的关键之一。此前调查时，以男性教师数为1的情况下，也门农村女教师的比例相当于0.1，沿岸地区甚至在0.1以下。该援助项目以一年为单位，采用合同制新招聘了145名当地教师。女教师比例为45%，实现了飞跃性增长，这为当地女孩就学环境的创建做出了巨大贡献。除了增加当地女教师数量，对女教师进行再培训也是JICA援助的重要内容之一。根据当地现实状况，也门大部分学校很难实现男女分校，于是项目组尽可能在教室座位安排上实行男女分区。也门教育部为了以社区为主体推进教育，通过法令形式建议在各个学校设立家长会。援助小组认为由于文化传统，父母同在现场讨论恐怕不利于援助政策的顺利实施，于是将家长会也分设为父亲会和母亲会。同时根据母亲会上提出的意见设置了由校长、教师、"村长"、地区居民、监护人等组成的"学校运营委员会"，成为学校实施改善活动的基础，母亲会成员作为"学校运营委员会"中的一部分成员也加入其中。这样一来，援助活动既营造出一种非官方、非正式的轻松氛围，又营造出了让女性更容易参与到讨论中去的环境。从项目实施第2年开始，被援助学校基本全校都开始积极参与以母亲会成员为中心的女性学校改革活动。从学校改善活动的立案和学校的运营流程中也可以看出不少举措都引入了女性视角。特别是学校专门为女性设置了识字教室，在提高女性和母亲对女子教育的关注方面做出了重要贡献，在各项学校活动中女性的参与率明显上升。

作为启发活动的另一环，JICA援助组在社区领导和宗教领袖的协助下，以家庭内部有影响力的父亲为对象，又举办了"考虑女孩就学的父亲会"。从当地宗教伊斯兰教的观点出发，向男性居民宣传强调女子教育的重要性，尝试改变当地传统的男子优先教育的观念。学校不能强制父亲转换观念，只能通过项目组在也门各地区的努力协调来改善。另外，在假期结束时为了呼吁学生继续上学，项目组面向学生与家长推出了名为"Return to School Campaign"的广播节目，在整个项目援助期间还为学生准备了铅笔、笔记本之类的文具。

不仅在也门，日本当时制定的2011—2015年教育合作政策是在全球范围内展开的。该政策的目标是在School for All模式下，打造在发展中国家与地区中处于弱势的女生也能拥有轻松上学的学习环境。

2.从社会性别视角看日本对蒙古和柬埔寨的法律援助[1]

除了教育，目前很多国家的法律制度在男女平等权利保障方面仍不能做到公平、公正。例如，在土地的继承权和所有权、结婚或离婚、孩子的监护

---

[1] 案例选取来自JICA官方网站，https://www.jica.go.jp/activities/issues/gender/practice/index.html，最后访问日期：2020年2月19日。

权等方面都存在不利于女性的条款。同样在很多国家，女性在性别暴力下连自身安全都得不到保障。另外在贫困地区，与男性相比女性更难利用司法程序维护自身权利。原因是，首先女性没有识字能力不会阅读文件，并且由于忙于家务和生产活动，她们没有时间提起诉讼。其次，因为家庭暴力和基于社会性别的暴力被社会默认，而且缺乏女性司法人员来帮助申诉，受害者害怕因诉讼受到指责。日本JICA基于社会性别视角曾对蒙古和柬埔寨两国进行法律援助，以保障当地妇女能在司法领域更好地维护自身权益。

在蒙古有20%的调节纠纷案属于离婚案例。离婚调停的原因多是妻子遭受到来自丈夫的暴力等。另外，在对待家暴问题上，与建议当事人离婚的日本不同，蒙古常以尽量避免离婚为目标进行调节。为此，援助小组在对相关人员的培训项目中特别设置了针对女性在调解时的心理讲座，以促进他们更好地了解女性在调解时承受的心理负担。这是在日本有过离婚诉讼辩护经验的日本专家根据国内工作经验，在项目的工作组会议上提出的一种方案。

在柬埔寨，由于经历了20年的内战，在1991年内战结束时国家的司法制度全然崩溃，全国的法律人才极度匮乏。在这期间，柬埔寨政府也一直把法制建设、法制司法改革作为国家重要课题之一。JICA从1999年开始，帮助该国起草和通过了包括《民法》和《民事诉讼法》在内的超过20项民事相关法律，并且对法律人才的培养也给予了大力支持。

由于内战，当时柬埔寨有关不动产的法律文件全部被废弃。民众常常被强制移居，过去的土地所有、占有关系也变得不清楚。例如，在1989年时，柬埔寨民众在1979年以前合法享有的土地权利便都被剥夺了。直到内战结束后，1992年柬埔寨才制定了《土地法》，2001年又对其进行了修正，开始了新

第五章
日本落实"妇女、和平与安全"议程的具体实践

的土地所有权认定和登记程序。同时，柬埔寨的《婚姻和家庭法》规定夫妻双方在婚姻中取得或购买的财产属于夫妻共同财产，结婚前的财产可以以丈夫或妻子单独的名义拥有。因此，在土地所有权的认定和登记过程中，凡是已结婚的人，财产原则上要登记为夫妻共同财产。2010年柬埔寨有182万块土地登记在案，其中63%的土地处于夫妻双方名下，19%只在妻子名下，8%是只在丈夫名下。就这样柬埔寨通过将土地变成夫妻共同财产，给予了在社会上处于弱势地位的女性权利上的保障。如果没有妻子的同意，丈夫不能独自处理夫妻共同财产。

柬埔寨后来在起草有关土地、婚姻、家庭等民法时，接受了来自日本JICA的大量援助，在土地登记方法的运用上也获得了JICA的技术支持。同时，JICA与日本律师联合会在柬埔寨还共同进行了律师会司法援助项目。2001—2005年在JICA的支持下，日本律师联合会在柬埔寨建立了律师培训学校，对在职律师提供持续的培训支持。作为活动之一，性别课题提高了律师的专业质量和专业技术水平，以及对社会性别这一课题的关心度。

二 日本非政府组织（NGO）对发展中国家的援助活动

日本在推进同国际机构合作解决冲突地区纠纷时，认识到最需要帮助的人群就是妇女和儿童。日本NGO从人类安全保障的视角着眼，重点关注个人的保护及能力的强化，对妇女和女童进行了大量援助。日本在联合国妇女署（UN Women）、联合国难民署（UNHCR）、联合国儿童基金会（UNICEF）、联合国开发计划署（UNDP）、联合国人口基金会（UNFPA）等国际机构均设有分支，在开展援助活动时也常常借助联合国相关机构的力量作为平台开展援助活动。

作为日本公共外交的一部分,"嵌入式"外交也是其运作模式的一种改良路径。这种路径实施的目的就是要转变日本原有的单一财政援助、资金援助方式。即通过日本本国非政府组织,直接参与到国际开发合作与紧急救灾和人道援助中来。这样一来,一方面援助活动可以更紧密地同日本的国家形象联系起来,形成一种"看得见的援助";另一方面,虽然这种运作模式有政府的政策指导,但实施主体并非政府,在执行过程中更能体现公益性,也更容易令受援国民众接受。[1] 由于涉及的日本非政府组织数量众多,鉴于篇幅本节只选取个别案例进行说明。

1.日本联合国儿童基金会(UNICEF)对南苏丹女性的援助[2]

日本海外援助在非洲地区比较集中。非洲众多发展中国家女性合法权利与地位亟待得到保护和援助。南苏丹作为一个刚刚从冲突中新建的国家,是联合国维和与援助行动的重点对象国,也是日本重点援助的对象国。处于冲突之中的南苏丹,当时共有190万国内难民,其中160万人逃到了邻国。日本UNICEF援助小组在当地展开的支援救助活动主要以防止"基于性别的暴力"(Gender-Based Violence,GBV)为中心,并且从多领域如学校教育、饮水和卫生、营养和保健方面进行援助,来间接防止GBV的发生。自2013年纷争开始后,南苏丹国内能为国内妇女和女童免于性别暴力而提供的安全保障几乎没有。在这种情况下,日本UNICEF在南苏丹的救援活动从两方面展开,一方面根据南苏丹现实状况与当地文化习俗改善当地妇女、女童的生存环境,防

---

1. 程蕴:《试论战后日本公共外交运作模式的演变》,《日本学刊》2020年第2期,第90页。
2.「日本政府による支援事業一覧:日本の支援は、世界の子どもたちに届いています」UNICEF & 日本,https://www.unicef.org/tokyo/programmes,最后访问日期:2020年3月20日。

第五章
日本落实"妇女、和平与安全"议程的具体实践

止性暴力的发生；另一方面通过对当地妇女的心理救助以及思想教育，增强妇女自我意识，面向男性宣传男女平等思想。

在南苏丹，因学校未设置厕所，很多女孩选择不去上学。同时，在难民营中厕所对女性来说又是最危险的场所。南苏丹冲突爆发后建设的厕所都是男女共用型，由于没有设置厕所门，所以女性经常被偷窥，在厕所中被突袭骚扰的情况也常常发生。晚上7点之后不再去厕所成为当地女性的一条不成文规定。针对这样的问题日本UNICEF援助小组首先通过在学校建设便于女生使用的厕所，使得女孩因生理期不去学校的人数减少；同时针对教师对学生的性侵犯问题，以教师为对象进行了相关研修培训。其次，在难民营里问询了当地女性建造怎样的厕所对她们来说更方便更安全。根据当地妇女提出的意见，援助小组在厕所改造时将厕所男女入口分开设置，并用不同颜色进行区别。在厕所入口处还配置了社区志愿者轮流监察，同时在厕所内还安装了电灯和门锁。

另外，在当地一些伊斯兰地区以及保守地区，根据当地文化规定，没有男性的允许女性不可以随意行动。因此，有些地区即使儿童由于营养不良濒临死亡，母亲也不能随意寻求救助。针对这一问题日本UNICEF援助小组专门采取了相关应对措施，并在保健培训、提供医药品、女性医务人员的增加等方面采取了措施。

相较于改善妇女、女童的生存学习环境和加强基础设施建设，对当地女性开展心理救助和思想教育，增强妇女自我意识，并且面向男性宣传男女平等思想这一工作似乎难度更大一些。

在男性优先的南苏丹，拥有上学机会的女孩人数极少。由于女性识字率

低，援助人员与当地妇女不能用文字只能口头去传达信息，援助工作在信息的传达上存在一些困难。援助小组集结了警察和南苏丹的社会工作者对当地居民展开训练，渐渐提高了居民对援助小组的信赖度，各地区前来申诉的人数才逐渐增多起来。

项目开展后历经四个月时间，为了变革当地民众社区的社会规范，援助人员与当地居民进行了各种对话，逐渐令当地民众的思想和行为发生了变化。有些妇女开始认识到"社区里应该多增加女性领导"。那些原本认为家务活与男人无关的南苏丹男子也出现在了水井旁打水。一名男子说道："我第一次意识到自己的老婆同样是正常人，在此之前，我一直以为她只是我的财产。"

2. 日本非营利组织与国内媒体对乌干达的援助[1]

2015年6月日本拍过一部纪录片，通过演员石原里美9天的非洲之旅向世人展现了在乌干达发生过激烈内战的北方人民的生活现状。摄制组自乌干达首都坎帕拉出发，途经古卢等地区对当地人们的生活现状进行了采访和拍摄。拍摄工作受到了日本大阪红十字医院驻乌干达援助小组的大力协助，这支医疗援助小组2010年被派往乌干达北方一个叫卡隆的小镇。当地有80万左右人口，但医院只有一家。乌干达内战时这家医院险些被武装集团袭击，当时几名医务人员与武装集团顽强抗争，医院才得以保留下来。在日本和当地医护人员的努力下医院开始了积极重建。5年来，日本医疗小组从当地实际条件出发因地制宜，对这家当地唯一的医院倾注了大量心血。演员石原里美之所

---

[1]. 案例节选自日本纪录片《石原里美 非洲之旅被"生命"感动的9天》，https://www.bilibili.com/video/av4150351?bsource=sogou&fr=seo.bilibili.com，2016年3月20日，最后访问日期：2020年3月26日。

第五章
日本落实"妇女、和平与安全"议程的具体实践

以被选为拍摄嘉宾缘于此前她在卡隆拍摄过一部电影,名为《迎风而立的狮子》。这一次石原希望以普通人的身份真正体验一次当地人的生活。据医护人员介绍,卡隆当地凡是有体力能自己好起来的患者大多是可以存活的,那些病逝的患者都是需要靠医护救治才能存活却没有受到良好救治的人。整个医院外科病房共有75个床位,却只有3名医生。由于医院没有专门的外科医生,日本大阪红十字医院的援助人员来到这里后不得不身兼数职。起初,来自日本的一些工作模式并不被当地人接受,但经过时间的验证,大多数人最后欣然接受,并了解了其带来的便利性。在节目拍摄时医院在工作制度和硬件设备上已经有了很大改善。

另外,在乌干达北部最大城镇古卢还有一个由日本非营利组织(NPO)管理的支援少年兵重返社会的机构。该机构自2005年开始向少年兵提供生活补助,并提供重返社会的相关职业训练。乌干达内战自1987年至2006年持续了近20年,导致了数10万人死亡。内战时由于成年男子兵力不足,反政府势力诱拐了约3万名儿童加入战争中。2006年签订停战协议后一些反政府势力依然在国外蓄谋反抗,诱拐儿童让其投入游击战中,这些人被称为少年兵[1]。在乌干达同样还有少女兵,少女们不仅被驱使参与战斗,还要被迫承担随军"慰安妇"的任务。2015年3月,一位从反政府势力逃出来的叫作芭芭拉的女兵也在日本NPO管理的救助所。芭芭拉被诱拐时只有13岁,在被拘禁的11年间共生下了3个孩子。但其中一个死于战争,一个在战斗中走散,最小的2岁的儿子在她逃走时也不得不留在了被拘禁地。怀着对孩子的思念与牵挂,在救助所的芭芭拉一直郁郁寡欢,不愿意同其他人接触。摄制组的到来给了她很

---

1. 指乌干达未满18周岁便作为士兵接受训练的儿童。

大的鼓励与关怀，在摄制组离开时芭芭拉甚至露出了久违的笑容。采访结束半年后，乌干达救助所的日本工作人员发给演员石原里美一段来自芭芭拉的视频。视频中芭芭拉的一个孩子出生了，为了纪念与摄制组的这段美好相遇，她给女儿起名为"satomi"（里美）。

日本非营利组织无论在乌干达医院驻地还是少年救助所，援助人员均设身处地为当地人考虑。节目中一位援助人员最后提到希望今后能够一直将这种援助制度或者态度传承下去，这是他们最大的目标。

实际上在对非洲女性遭遇性暴力问题的援助问题上，日本除了通过媒体采访向外界揭露问题，以及通过非营利组织给予多元化援助外，2014年以后政府方面还向联合国事务总长特别代表办公室提供了大量资金，以完善当地司法制度。不仅如此，日本政府向国际刑事法院（ICC）受害者信托基金也提供了大量援助。[1]

3. 非政府组织"国际计划"（日本）在全球的援助活动

这项由日本公益财团法人"国际计划"（日本）（Plan International·Japan）发起的援助活动，在行动计划之前也已在冲突国家或地区开展。由该组织发起的针对妇女和女童援助活动现在已涉及多个发展中国家，遍布全球范围。

"国际计划"（日本）（Plan International·Japan）属于国际非政府组织"国

---

1. 內閣府「第2節男女共同参画の視点に立った国際貢献」『男女共同参画白書（平成26年版）』，https://www.gender.go.jp/about_danjo/.../h27/.../b2_s16_02.html，最后访问日期：2020年4月5日。

第五章
日本落实"妇女、和平与安全"议程的具体实践

际计划"（Plan International）[1]的一员。20世纪80年代日本一些有识之士认为"日本正值经济高速发展期，应该承担起援助发展中国家的责任"，于是他们接受了该组织国际总部的支持意见，在日本开展了这一项目。1983年该组织在日本设立了事务所，日本也成为该组织的第6个援助输出国。随后这一项目被日本内阁府认定为公益财团法人，进一步在日本国内扩大了对发展中国家援助的范围（见表5-3）。为了达到对冲突国家、地区以及发展中国家的援助目标，"国际计划"（日本）常与各种机构、团体、企业、学校等进行合作，积极参与组织总部"Plan International"包含的众多支援救助项目。"Girls Project"是援助项目中一项专门针对女性和女童救助的工程，援助内容涵盖教育、儿童成长、有关性和生殖健康的权利、提高妇女生计水平、儿童参与与保护、紧急援助等领域。[2]多年来，通过该组织多方协调与努力，在支援救助冲突国家、地区以及发展中国家妇女、儿童成长与权利维护方面取得了很大成果。2019年"国际计划"（日本）各项目成果统计见表5-4。

表5-3 "国际计划"（日本）的发展历程

1983年	在日本设立事务所
1986年	被日本外务省认定为财团法人

1. "Plan International"组织的成立源于1937年西班牙内战中在路上保护了一个战争孤儿的英国记者约翰·朗格顿－戴维斯，他和他的朋友艾里克·麦格里奇一起创办了"西班牙儿童福利计划委员会"。第二次世界大战中随着该组织向法国、英国等据点的转移，援助对象扩展到所有国家和人种。战后，随着欧洲复兴，援助场所渐渐转移到非洲发展中国家。发展过程中，不少国家纷纷加入成为援助国。1983年该组织在日本设立事务所。2008年开始推广支持女孩生存的"Because I am a Girl"活动。该组织在发展过程中几经辗转多次更名，2016年更名为"Plan International"，目前有援助国21个，活动国52个。更多相关介绍参见官网（HP），https://www.plan-international.jp/about/history/，最后访问日期：2020年3月16日。
2.「内閣府に認定された公益財団法人：日本国内で途上国支援の輪を広げます」，https://www.plan-international.jp/about/planinternationaljapan/，PLAN International，最后访问日期：2020年3月16日。

续表

年份	内容
1988年	被日本外务省认定为特定公益增进法人
1992年	援助者人数达到了5万人
1998年	Global Project 开始启动
2003年	举办成立20周年纪念活动
2006年	组织名称由"Foster Plan"改为"Plan Japan"
2008年	为维护世界女孩权利的全球运动"Because I am a Girl"开始推广
2011年	被内阁府认可为公益财团法人。东日本大地震中，在宫城县、岩手县、福岛县实施紧急支援活动；制作完成援助者辅导手册[心理应急措施（Psychology First Aid，PFA）]日译本；发行PFA缩印版"为了支援受灾者的心灵"
2012年	Girls Project 开始启动
2016年	组织名从"Plan Japan"改为"Plan International"（Japan）。熊本地震中，实施了以心灵护理为中心的紧急支援活动。第一位女理事长就任

资料来源：「プラン・インターナショナル・ジャパンの組織と役割」，https://www.plan-international.jp/about/planinternationorganization/aljapan/，最后访问日期：2020年3月17日，笔者译。

表5-4　2019年"国际计划"（日本）各项目成果统计

项目名称	活动介绍	成果
Plan Sponsorship	以儿童和市民为主体，在教育、生计、提高对儿童的保护等所有领域进行综合援助。援助者还通过与儿童互通信件等交流活动进行援助	援助者34565人 救助儿童37501人
Girls Project	通过援助者每月的捐款来保护女孩免受歧视和偏见的影响，促进女子赋权项目的发展	援助者11705人
Global Project	根据援助者每月的捐款开展多个项目来保护那些在冲突、难民、气候变化和灾难中处于弱势的儿童	援助者12670人
兴趣捐助	在本计划的活动地区，援助者可从多个项目中选出一个感兴趣的项目来帮助	援助活动10594场
紧急援助	在发生自然灾害和冲突时，除了提供救援物资和保护儿童之外，还致力于保护那些经常被搁置的儿童教育和妇女权利	援助活动2001场

资料来源："国际计划"（日本）官网，https://www.plan-international.jp/about/plannumber/，最后访问日期：2020年3月17日，笔者译。

第五章
日本落实"妇女、和平与安全"议程的具体实践

"Because I am a Girl"是"国际计划"以日本为首,在世界范围内开展的全球性运动。该运动的发起源于一名记者在尼泊尔采访一位母亲时听到的一句话。

2004年,一位德国记者来到尼泊尔的一个村子调查"国际计划"的活动执行情况。在采访当地居民时,一位衣服单薄在冷风中瑟瑟发抖的女孩引起了记者的注意。为了进行更深入的采访,记者随女孩来到了她的家。在家门口和女孩的母亲交谈时,记者无意间看到了房间里一个穿着学校干净制服的男孩身影。看到两个孩子如此大的差距,记者惊讶地问母亲"为什么儿子能够穿着精神的校服,而女儿连一件保暖的衣服都没有呢?"母亲的回答是"因为她是个女孩"。这句话令"国际计划"的工作人员十分震惊,工作人员以此为契机做了很多调查,并于三年后开展了"Because I am a Girl"活动。[1]

事实上,"重男轻女"的思想不仅在尼泊尔,在很多发展中国家比比皆是。"Because I am a Girl"活动的主旨并非要表达"因为我是女孩,所以不能受教育;因为我是女孩,必须早早地结婚;因为我是女孩,甚至连出生的权利都要被剥夺"等这样的思想,而是要宣传"正因为我是个女孩,所以才希望能好好接受教育,成为改变世界的力量"这样的精神。

2014年获得诺贝尔和平奖的巴基斯坦女孩马拉拉,从11岁开始便登台为巴基斯坦女孩发声,批判"塔利班"剥夺巴基斯坦女孩接受基本教育的权利。2009年下半年,年仅12岁的马拉拉便成为当地儿童教育会主席。然而,马拉拉在国内外宣传活动的增多以及在各大媒体频繁地出现,引起了"塔利

---

1. "Because I am a Girl", https://www.plan-international.jp/girl/,最后访问日期:2020年3月20日。

班"的注意。2012年10月9日在回家途中马拉拉遭遇了"塔利班"的枪击，在英国经过长时间治疗后于2013年1月4日才康复出院。16岁生日时，她在联合国发表了康复后的首次公开演讲，讲述了自己被"塔利班"袭击的经过。她提到"书籍和笔是世上最强大的武器"。作为一名年轻的女性主义者，康复后不久的马拉拉还与女演员安吉丽娜·朱莉合作倡导发展中国家应加强保障女孩受教育的基本权利，并成立了马拉拉基金。

在这一次袭击之后，"塔利班"并未就此罢休。在遇袭一周年的前一天，即2013年10月8日"塔利班"曾再次威胁她："如果继续批判巴基斯坦实施严格的伊斯兰法，她的生命将再次受到威胁。"然而，意志坚强而勇敢的她并未就此害怕。3天后的10月11日，在美国白宫椭圆形办公室里马拉拉受到奥巴马夫妇的接见，并表达了自己希望美国同巴基斯坦加强合作的愿望。2013年秋，她根据自身的经历写成了自传《我是马拉拉》，希望能让全世界了解到在冲突地区和发展中国家的孩子想接受教育是一件十分艰难的事情。虽然书中讲述的是她自己的经历，但也代表了众多失学儿童的故事。她希望这部自传能成为政治运动的一部分，来帮助所有的孩子尤其是女孩子获得上学的权利。[1]

2013年12月7日，"国际计划"（日本）联合该书出版商同时也是"国际计划"（日本）长期以来的赞助商——"学研集团"在东京·纪伊国屋书店新宿总店举办了一次展览。会上展出了日语版马拉拉自传《我是马拉拉——为教育而站立 被塔利班枪击的少女》。展览会上两位译者金原瑞人女士和西田佳子

---

[1]「特集」マララ・ユスフザイさんと女子教育（[特集]《马拉拉·尤素福·扎伊与女子教育》），https://www.plan-international.jp/special/malala/，最后访问日期：2020年3月21日。

第五章
日本落实"妇女、和平与安全"议程的具体实践

女士,以及刚刚结束对巴基斯坦女子教育项目考察的角田光代女士都到了现场,分享了对马拉拉和巴基斯坦女子教育问题的看法。[1]而书中的主人公——马拉拉在2019年也受到日本首相邀请作为特别嘉宾参加了国际女性会议,并在大会上做了主题演讲。

4.可持续发展目标在非洲的落实

非洲一直是日本长期重点援助的对象地区。除了民间团体、非政府组织的多元化援助外,日本政府在非洲地区也建立了不少合作机制。这是日本响应联合国各项倡议,同时也是其转变援助方式的表现之一。相对于民间团体零散的援助模式,建立政府间的宏观合作机制更有助于对整个地区的资源合理配置,提高支援效率,同时也增强日本在该地区的影响力。

2015年9月,联合国峰会通过了2030年国际社会发展目标——可持续发展议程,可持续发展核心目标(Sustainable Development Goals,SDGs)共17个,具体目标169个。为了实现SDGs,日本在2016年5月还专门设置了以内阁总理为本部长的SDGs推进总部。在推进总部之下,政府、地方自治团体、企业、非政府组织等基于"人类安全保障"的理念,发挥着各自的优势,为实现SDGs而努力。其中日本最大的推进对象便是非洲地区。

东京非洲发展国际会议(Tokyo International Conference on African Development,TICAD)是日本为实现非洲地区SDGs的重要桥梁。自1993年以来,该会议一直由日本主导,联合国和联合国开发计划署(UNDP)、世界银

1.「特集」マララ・ユスフザイさんと女子教育([特集]《马拉拉·尤素福·扎伊与女子教育》),https://www.plan-international.jp/special/malala/,最后访问日期:2020年3月21日。

行和非洲联合委员会（AUC）共同举办。到2013年之前，TICAD每5年在日本举行一次合作国家之间的首脑会议。但由于非洲的成员越来越多，从2016年开始，TICAD每3年在日本和非洲各轮流举行一次。除此之外，还会定期召开部长级会议。2019年8月，TICAD第7次会议在横滨召开，会上国际社会和非洲国家一起对非洲的发展进行了广泛的讨论。

SDGs的17个目标中，第5项目标为实现性别平等。针对该目标日本政府在2016年5月发表了促进女性活跃的三大发展战略，内容包括：①尊重妇女与女童权利，改善女性脆弱状况；②为女性能力发挥做好基础性准备；③提高妇女在政治、经济、公共领域方面的参与度与领导力。具体而言，就是要扩大女性基础设施建设和提供母婴保健服务，支援女性在教育尤其是理科领域的活跃，同时在防灾领域推进女性的参与和领导力的发挥。日本政府在手册《创建让女性绽放光彩的社会》（第3版）中提到，日本针对发展中国家支援建设重点同样也放在这三个战略领域。[1] 依照这三大战略为实现非洲SDGs性别平等目标，日本根据非洲各国不同情况和存在的特殊问题进行了一系列精准援助措施。这里便不再详细介绍日本在非洲推进SDGs的项目。

小　结

日本的行动计划在立场上由于倾向于海外援助和回避历史，引起了不少争议。但日本在海外援助活动中做出的贡献和取得的成绩仍然值得很多国家

---

1. 外務省『女性が輝く世界をつくる（第3版）』，https://www.mofa.go.jp/mofaj/gaiko/women/index.html，最后访问日期：2020年3月16日。

第五章
日本落实"妇女、和平与安全"议程的具体实践

学习。日本人的援助模式和经验常常受到当地人民的称赞，这一点尤其值得他国思考和借鉴。在落实行动计划的过程中，日本仍然延续了一直以来政府主导，民间妇女团体积极参与的路线方针。无论对妇女参与和平构建，还是对海外相关国家的支援，日本均秉持了官民一体的模式。安倍晋三第二次执政后，日本召开了国际女性会议。尽管由政府主导，但大会作为重要交流平台，为日本国内妇女团体和非政府组织提供了一个与世界女性领军人物交流的机会。同时，也让世界看到了日本妇女为保障全球妇女权益，提升妇女经济社会地位做出的努力。此外，通过对全球妇女议题的讨论，一方面推动了日本国内外女性政策的实施，另一方面，政界和各个领域的女性人物云集日本，也是日本开展自我宣传、展现公共外交的绝好机会。本章通过对日本联合国职员和陆、海、空各自卫队女性代表的研究发现，日本政府一直以来始终希望把本国女性塑造成"强者"形象，积极推动各领域"女性参与"。日本女性进入职场后需要承担同男性一样的任务，不能要求被特殊对待，这在某种程度上也是日本对国内女性安全保障没有给予过多关注的原因之一。

除积极推动日本及全球妇女参与和平建构之外，在对发展中国家和冲突国家、地区的援助中，政府和国内妇女团体、NGO也各自发挥了不同作用。行动计划制订后，日本对此前进行的海外援助也进行了反思和变革，使之朝着更具实效和专业性的方向发展。日本在响应联合国安理会第1325（2000）号决议时，制订行动计划的过程尽管缓慢，但在部分援助项目方面一直走在前列，并且在安倍晋三第二次执政后越发积极。本章以日本在落实"妇女、和平与安全"议程中的贡献与案例为主题只简单介绍了部分具有针对性的组织与活动，其在日本的海外援助行动中实属冰山一角。

第六章　日本落实"妇女、和平与安全"议程的问题与展望

第五章主要介绍了日本妇女、和平与安全行动计划实施前后，日本官民协同在促进现代妇女参与和平建构与海外援助方面发挥的重要作用。多年来，日本在冲突国家和地区基于性别视角进行了大量基础设施建设，对保护当地妇女在政治、经济、法律、教育、医疗保健等领域免受性暴力与性侵害，维护其自身权益，提高其经济地位具有重大意义。然而，日本的行动计划在落实"妇女、和平与安全"议程中也存在一些问题。这些问题由来已久，现阶段解决起来面临很大挑战。本书第一章和第二章论述日本妇女参与"妇女、和平与安全"议程的历史背景和日本落实"妇女、和平与安全"议程的现实基础时，已涉及一些日本国内女性相关问题，尤其第二章第一节专门提到了日本国内妇女的安全问题。行动计划制订和执行后，日本在海外妇女援助领域取得巨大成绩，却没有对自身存在的一系列问题进行实质性改善，很多问题被政府忽视或回避。第三章至第五章探讨了行动计划的制订流程和框架、基本立场、主要贡献和典型案例，可以发现在迈向和平的道路上日本国内妇女团体没有放弃，始终大力支持日本妇女、

和平与安全行动计划的制订和实施，希望借行动计划督促政府解决国内妇女安全保障缺失问题。然而由于政府的主导，国内妇女团体的期望大打折扣。归纳起来，日本在行动计划制订和执行过程中的主要问题有四大方面：一、日本国内一般妇女的和平与安全保障缺失问题；二、冲绳驻日美军性暴力问题；三、海外派遣女性自卫队员及女性职员的和平、安全保障缺失问题；四、日本的行动计划在海外执行存在的问题。随着国际形势的不断变化，日本也在不断调整国内外政策。本章最后对未来日本国内外女性政策的发展走向，以及未来日美关系变化对驻日美军问题的解决做了积极的展望，以其作为本书收尾。

第一节　国内一般妇女、和平与安全的保障问题

一　国内一般妇女和平与安全保障的缺失

日本国内妇女的和平与安全保障缺失问题，自始至终是其迈向和平需要迎接的主要问题和挑战。日本制订行动计划对第1325（2000）号决议做出国别化诠释时，加入了由西方发达国家组成的"援助输出"阵营。日本在行动计划制订和实施时面向冲突国家、地区以及发展中国家主打外交牌，对国内女性安全问题极少触及。造成这一问题的根源在于，日本目前仍不能结合本国国情和自身社会现状全面落实第1325（2000）号决议。

日本政府为在国内外实现"创建让女性绽放光彩的社会"，在行动计划序文中提出了要实现三大目标：①推动女性发展和走入社会并加强女性能力；②加强作为推动国际保健外交战略的一个环节的女性保健医疗领域措

第六章
日本落实"妇女、和平与安全"议程的问题与展望

施；③加强女性在和平与安全保障领域的参与和保护。[1]从字面看，对"女性"这一词语在表述前并未加任何地域限定，表明了这是一项针对全球女性的相关政策。然而，结合日本行动计划的"外向型"立场，却又让人十分容易对目标中"女性"一词辐射范围的不明朗产生疑问。尤其在实现目标三"加强女性在和平与安全保障领域的参与和保护"时，学界存在较大争议。因为日本的行动计划在指导思想上受到了国内"女性活跃"政策的影响，加之日本在国际上属于"援助输出"阵营。政府一直把本国妇女的角色塑造成"强者女性"形象，希望更多女性活跃于和平进程中的"参与"领域而不是作为弱者成为被保护的对象，因此在"保护"方面，日本国内女性基本被排除在外。本书第三章在分析各项具体措施时已表明，行动计划的整体设计对保障日本国内"妇女、和平与安全"的目标与措施鲜有提及。尽管日本的联合国维和行动作为国际人道主义援助对冲突下的发展中国家妇女与女童的和平与安全起到了保障作用，为联合国的妇女、和平与安全行动计划做出了一定贡献，但是，在执行过程中对本国妇女和平与安全的保障没有涉及是一大重要缺失。

行动计划在制订过程中，由公民团体和学者组成的"少数人小组代表商讨会"以及各意见交换会，也曾反复多次向政府提出行动计划中应加入有关保障国内妇女权益问题的要求，以"慰安妇"和"驻日美军问题"为主，还涉及了国内一般女性遭受性暴力侵害的问题，但直到最后一刻仍然被政府一一否决。事实上，性暴力问题的产生与其严重性不应以一个国家是否处于冲突之中，是否为发展中国家还是发达国家为评判标准。即使在处于和平状态下的发达国家，女性同样有可能遭受严重的性暴力威胁。

---

1. 日本第一版《关于妇女、和平与安全保障行动计划》序文部分。

在日本国内，政府颁布的主要女性政策是安倍晋三第二次执政后提出的"女性活跃政策"。尽管与行动计划同属一个口号之下，但"女性活跃政策"的目的是振兴日本经济。日本官方发布的《厚生劳动省白皮书》中，对"女性活跃政策"有以下四点诠释：①进一步推进《男女雇用机会均等法》；②为促进女性在职场的活跃，企业会对女性进行配套支援；③全面实现女性的就业需求；④推进兼顾工作和育儿、护理等方面的支援政策。[1]之后作为政策新规，政府还加入了对女性再就业和职业能力开发的支援，以及对生活贫困者和单亲家庭女性工作的支援，但对于国内妇女和女童的安全权益保障并未给出制度性措施。可见，无论是"外向型"立场的行动计划还是国内"女性活跃政策"，二者均存在共同缺失，即对日本本国女性安全保障的忽视，尤其是关于避免国内女性遭受性暴力的课题。而这一共同缺失，是日本政府一直避免碰触这一问题的结果。

二 解决国内一般妇女和平与安全保障缺失问题面临的挑战

日本是一个对性犯罪制裁相对宽松的国家，整个日本社会也一直推崇隐忍文化。在父权制社会结构中女性需要承担和接受一切非议和指责，大多数性暴力的受害者都不会寻求援助或者要求惩罚加害者，因为整个社会要求她们忘记暴行和凌辱。[2]

有关日本国内一般女性的和平与安全保障缺失问题，有诸多案例可以进

1.『厚生労働省白書』(2017年版)「第3章 女性、若者、高齢者等の多様な働き手の参画」、250页、https://www.mhlw.go.jp/wp/hakusyo/kousei/17/dl/2-03.pdf，最后访问日期：2020年2月3日。
2. 丁小猫：《伊藤诗织"胜诉"：日本女性的生存境遇会因此变好吗？》，《三联生活周刊》2019年12月20日。

第六章

日本落实"妇女、和平与安全"议程的问题与展望

行分析说明。日本女记者伊藤诗织被性侵案是在日本乃至国际上引起轰动的案例之一。2019年12月18日,日本女记者伊藤诗织起诉原TBS电视台华盛顿分局局长山口敬一"性侵犯"一案终于迎来胜诉的结果。法庭宣判一出,立刻引起国内外媒体纷纷转载与报道。伊藤诗织在法院门前手举"胜诉"牌子的照片也出现在了各大媒体头版。东京地方法院明确宣称:被告人山口敬一在没有征得伊藤诗织同意的情况下发生了性行为,判决山口敬一赔偿伊藤诗织330万日元(人民币约20万元)。表面看似平常的一桩案例,从2015年发生到2019年法院做出最终判决,用了近四年的时间。其间当事人伊藤诗织忍受了常人难以想象的压力与磨难。英国BBC以此拍摄了纪录片《日本之耻》。随着纪录片的播出,这一事件才得以广泛进入了大众视野。若没有媒体的报道,伊藤诗织的诉讼之路会更加艰难。因为被告人山口敬一曾为安倍晋三撰写过自传,与日本政府高层关系特殊。加之日本国内司法制度的不透明,诉讼过程中日本警方曾多次宣布不起诉山口敬一。

在日本,让性暴力加害者最终得到应有处罚是一件比较艰难的事情。据日本法务省统计:日本强奸案中最终被起诉的案件仅占总案件的不足三分之一,能够被处以三年以上徒刑的又占诉讼案件的不到五分之一。[1] 一个国家对女性的蔑视越强,女性发表自己的主张越困难,作为被害者就越沉默。[2] 另外,相对于日本司法制度的不透明性,更多情况下受害人自身放弃起诉才是导致犯罪行为被纵容的主要原因。《日本之耻》中公布了一串数字:在向警方报案

---

1. 参见英国BBC纪录片《日本之耻》,https://www.bilibili.com/video/av82640572/,最后访问日期:2019年12月20日。
2. 丁小猫:《伊藤诗织"胜诉":日本女性的生存境遇会因此变好吗?》,《三联生活周刊》2019年12月20日。

的强奸指控数中，如果以每100万人为单位，英国有510件，而日本仅有10件。但这并不代表日本强奸事件稀少，因为在日本遭遇性侵犯事件的受害者中，仅有4%的人选择报警，有75%的人选择不向任何人提及此事。日本评论栏目《Close Up 现代》曾采访一名遭遇性侵的日本女中学生。受访人称在日本，女孩受到侵犯后很少告知他人，甚至连父母都要隐瞒。"因为害怕自己会被母亲严厉指责，而如果被父亲知道的话，他反而会因此感到高兴，认为女儿的容貌能够取悦男性。"与报案指控形成巨大反差的是日本成年女性，每15人中就有1人遭遇强奸或者强制性交。[1]在日本，很多受害者出于恐惧往往对诉诸法律有强烈的抗拒倾向。更有女性在思想深处已被父权制思想钳制，成为更深层次的受害者。在《日本之耻》中，有一名女性受访者的发言令人印象深刻，这位女性是一名叫作杉田水脉的自民党国会议员。在采访中她说道："被强奸这件事她（伊藤）自己也有责任"，"女性在社会上生存，这种事情像山一样多"，"我认为男性一方也遭受了严重的伤害"。[2]

伊藤诗织在四年维权过程中，比起同情，她得到的更多是来自日本国内扭曲的非议、批判和诽谤。日本政府一向重视女性领导力的培养。然而，如果女性领导力成为保守政权的政治工具，那么女性参与和平构建的目标与结果可谓背道而驰。日本国内对"伊藤诗织"事件的冷漠与批判，众多案例中受害者自身的隐忍与沉默，也从侧面表明对于国内女性和平与安全保障问题，仅从制度上予以保障仍远远不够，必须消除长久以来日本社会根深蒂固的规

---

1. BBC纪录片《日本之耻》，https://www.bilibili.com/video/av82640572/，最后访问日期：2019年12月20日。
2. 丁小猫：《伊藤诗织"胜诉"：日本女性的生存境遇会因此变好吗？》，《三联生活周刊》2019年12月20日。

第六章
日本落实"妇女、和平与安全"议程的问题与展望

范与观念。

日本国内女性和平与安全保障缺失同日本父权制下的性别规范有很大关系,这种性别规范会让受害者沉默不语。另外,父权制下存在的性别规范,具有明显的不对称性,这种不对称性体现在对女性的压迫和对男性的宽容。无论是性暴力还是基于性别的其他暴力事件,在扭曲的性别规范下女性受害者被迫背负起整个事件的所有罪责,而男性作为加害方其恶劣行为反而被合理化从而免于受到惩处。因此,将父权制下的性别规范内化了的女性受害者,会产生强烈的耻辱感,从而大多最终选择沉默。当性暴力受害者揭发加害者的罪行时,舆论又往往指向女方的疏忽大意。因为在父权制性别规范下,女性常常被建构成为男性的"引诱者"。[1] 譬如在伊藤诗织的案件中,很多人曾质疑她当天的着装是否暴露。伊藤诗织在2019年12月开庭当天针对这些质疑特意穿了当年案发时穿的那件黑色职业装,直接驳回了质疑者无端的猜测。此外,在不对称的建构中女性受害者还会被要求证明自己彻底地反抗过,若不能提供反抗痕迹,就会因此被认为"同意"了性暴力。[2] 但激进女性主义领军人物凯瑟琳·麦金农(Catharine MacKinnon)认为"'同意'这一概念本质上就建构了'行动主体'和'被行动客体',根本未顾及到双方互动的平等。'同意'本身就体现了不平等的概念。然而,同时又假定互动的双方是平等的,不管这是否是事实"。[3] 因此,女性一直是父权制性别规范中的牺牲品。

---

1. 上野千鹤子、兰信三、平井和子:《迈向战争与性暴力的比较史》,陆薇薇译,《妇女研究论丛》2019年第6期,第120~122页。
2. 上野千鹤子、兰信三、平井和子:《迈向战争与性暴力的比较史》,陆薇薇译,《妇女研究论丛》2019年第6期,第120~122页。
3. 郭晓飞:《"积极同意"的是与非——关于美国性侵认定标准争议的一个综述》,《妇女研究论丛》2020年第2期,第83页。

消除对妇女歧视委员会于2016年2月16日，在第1375届和第1376届会议中审议了第7次和第8次日本联合定期报告（CEDAW/C/JPN/7-8）。针对日本的报告，委员会依旧担心，日本仍然存在以父权制为基础的观念，在家庭、社会中对男女角色和责任有着根深蒂固的传统思想。委员会尤其担心以下问题：①这种固定观念的存续会不断反映在媒体和教科书上，影响男女对教育的选择和家务的责任分担；②传统观念的继续是对女性实施性暴力的根本原因，日本游戏、漫画等媒介有时也助长了对女性的性暴力；③一些有关性歧视的语言，在日本少数民族阿伊努族女性以及韩国移民女性中也在全面蔓延。[1]

另外，消除对妇女歧视委员会还表示"负责修改《日本刑法》的日本法务省在研讨会上认为没有必要将配偶强奸明确规定为犯罪"，这一点同样令人担忧。同时，委员会还指出《日本刑法》中仍有诸多漏洞：①《日本刑法》中没有将近亲通奸进行犯罪定性的相关规定；②法院发布紧急保护命令的时间可能过晚，这将使遭受暴力的受害者面临更大的暴力危险，比如来自配偶的其他暴力；③遭遇配偶暴力的受害者中，一些少数民族女性、残疾女性和移民女性对向当局通报事件有抵触情绪。特别是移民女性需要根据《出入境管理和难民认定法》得到保护，所以她们为了不被取消在留资格可能有即使受害也不能上报的隐情等。

在日本，除了性暴力侵害之外，来自配偶的家庭暴力是女性遭受暴力的另一大主要来源。2020年新型冠状病毒肺炎疫情暴发后安倍政府宣布全国处

1.「女子差別撤廃委員会：日本の第7回及び第8回合同定期報告に関する最終見解」，https://www.gender.go.jp/kaigi/danjo_kaigi/siryo/pdf/ka49-2-2.pdf，最后访问日期：2020年5月3日。

第六章
日本落实"妇女、和平与安全"议程的问题与展望

于紧急状态,居家隔离情况下家庭成员长时间处于同一空间,家庭暴力和儿童虐待事件也出现急速攀升。

日本内阁府每年制定的"男女共同参与第7领域项目预算"数据(见表6-1)表明,政府在"根除所有针对女性的暴力"项目中,年度预算额最多的项目是"防止来自配偶等的暴力及保护受害者的利益",其次为"推进针对性犯罪的相关对策"。可见在日本,来自配偶的家暴问题与性暴力同样成为被高度关注的课题。

表6-1 男女共同参与第7领域项目预算情况

单位:百万日元

项目	2016年	2017年	2018年	2019年
1.建立预防和根除针对女性暴力的基础	80	75	35	37
2.防止来自配偶等的暴力及保护受害者利益	114083	122738	126680	131685
3.推进针对跟踪狂事件的对策	24	108	—	—
4.推进针对性犯罪的相关对策	323	410	489	514
5.推进针对孩童的性暴力问题的相关对策	177	223	23	57
6.推进针对买春卖春行为的相关对策	46	47	49	48
7.推进针对人身交易的相关对策	17	5	2	2
8.推进防止性骚扰问题的相关对策	62	67	185	412
9.应对媒体对性暴力问题的报道	44	37	20	31
合计	114856	123710	127483	132786

资料来源:各年度《日本内阁府男女共同参与基本计划关系预算》(按领域划分),https://www.gender.go.jp/about-danjo/yosan/,最后访问日期:2020年4月22日。

"创建让女性绽放光彩的社会"是日本彰显本国男女平等向国际传达的重大议题之一,新政权希望重塑日本在国际社会的政治形象,并正在这条道路上一直努力。然而,伊藤诗织案件发生的当年——2015年日本首相安倍晋三

在第 70 届联合国大会上还在宣传日本为发展中国家妇女权益保护、性别平等做出的贡献。当时日本的行动计划刚刚制订完成，同年日本还推出《女性活跃推进法》，"国际女性会议 WAW！"自 2014 年起已在东京连续召开了两届，在 G7、G8 外长会议上日本官员也多次发表了反对性暴力的声明。"创建让女性绽放光彩的社会"不应只是做表面文章，也不应只面向冲突中的妇女与女童。在没有硝烟的战场，女性同样忍受着来自暗处的侵犯与伤害。"创建让女性绽放光彩的社会"，光彩也不应只绽放在女性劳动的一面。政府如果对男女社会差异、女性权益保护完全无视，伤痕累累之下的女性如何绽放光彩？同时，不改变社会文化观念及父权制对部分女性思想的禁锢支配，即便她们上升至社会的领导阶层，也会站在女性权益保护的对立面，最终成为日本保守政权的代言人。这对改变女性地位和维护女性权益不但起不到推动作用，反而导致社会的倒退。2020 年《全球性别差距报告》显示，在统计的 153 个国家中，日本排名第 121 位，在发达国家中居倒数第一名。[1] 日本女性迈向平等、和平与安全的道路仍然漫长。

第二节　冲绳驻日美军的性暴力问题

如果说父权制社会观念及整个社会环境令日本国内一般女性对于性侵犯和一系列性暴力事件闭口不谈，使得日本表面看上去似一潭平静的湖水，冲绳驻日美军基地日常发生的性暴力事件则应该是看得见的波澜。日本政府又

---

[1] https://www.weforum.org/reports/gender-gap-2020-report-100-years-pay-equality，最后访问日期：2020 年 5 月 16 日。

第六章

日本落实"妇女、和平与安全"议程的问题与展望

如何应对这一波又一波连绵不绝的波澜呢？

一　行动计划回避"冲绳驻日美军问题"的表现

前面第二章也提到了冲绳驻日美军对当地女性实施性暴力的问题。行动计划制订过程中冲绳驻日美军性暴力问题是同"慰安妇"问题并举的两大课题。第一次意见交换会上各公民团体和非政府组织就提出："政府应借此机会郑重考虑如何应对驻日美军对冲绳妇女的性暴力犯罪事件，以及《日美地位协定》的修正问题。"[1]

针对上述意见，政府在第二次意见交换会上只给出含糊性的回应。大致内容为："有关本计划该采取措施的范围，接下来政府会权衡整体内容慎重商讨。"但2014年2月28日在冲绳召开的第三次意见交换会再次将这一话题的讨论推向高潮。现场参会的非政府组织及相关代表争相提出："①关于行动计划的基本思路，仅以'日本作为发达国家对冲突国进行援助'这一点作为计划的中心是否妥当？计划制订时应充分考虑冲绳驻留美军对当地女性造成的性暴力问题。②冲绳并未处于和平状态，日本也不能称为没有冲突的国家。二战结束后美军驻留日本，冲突状态一直持续并未被解决。行动计划作为日本的'自画像'，应该从'同其他各国人民包括冲绳人眼中呈现的日本形象保持一致'这一视角出发来探讨制订。没有涉及《日美地位协定》和'慰安妇'问题的行动计划何以称之为行动计划。"[2]

---

1. 外务省「第一回意見交換会」，https://www.mofa.go.jp/mofaj/gaiko/page23_000522.html，最后访问日期：2020年1月17日，该目标提出时，日本妇女在领导层占的比例仅为6%。
2. 外务省「沖縄意見交換会」，https://www.mofa.go.jp/mofaj/fp/pc/page22_000979.html，最后访问日期：2020年1月17日。

除此之外，北九州和北海道地区人民也相继提到这一问题。北九州意见交换会第9条意见中重点提到："就美军事基地周边发生的针对女性的性暴力事件开展的和平建构，应该成为行动计划的中心课题。驻日美军基地发生的性暴力事件属于战时性暴力事件，应明确杜绝此类事件再次发生。"[1]

北海道意见交换会总结群众意见第4条提到："行动计划中有关国内政策实施同国外政策实施的关系并不妥当，首先应该认真实施好国内相关政策（即尽管发达国家的行动计划一般以海外援助为中心，但也应包含体制完备的国内政策。只有这样才能保障海外援助政策更加有效实施）。关于国内政策的实施希望政府能留意与男女共同参与计划之间的关系。"[2]

在制订过程中尽管各地方公民团体与NGO提出了诸多强烈的要求，基于日美同盟关系尤其对《日美地位协定》的考虑，政府仍决定在行动计划中不提及任何有关预防驻日美军暴行、保护国内妇女安全的议题。2014年2月在冲绳召开意见交换会时，外务省代表在听取各方意见之后最后表态："日本外务省负责人将于3月底赴美就本次交换会民众所提意见和总结的期望，同美国第1325（2000）号决议行动计划负责人交换意见……"[3] 日本政府对之后的日美双方沟通结果并未公开，但可以预测到日美两国政府不会将这一牵涉日美安保同盟的重大问题放在行动计划中来批判和探讨。

---

1. 外务省「北九州意見交換会」, https://www.mofa.go.jp/mofaj/fp/hr_ha/page22_001109.html, 最后访问日期：2020年1月17日。
2. 外务省「北海道意見交換会」, https://www.mofa.go.jp/mofaj/fp/hr_ha/page22_001278.html, 最后访问日期：2020年1月17日。
3. 外务省「沖縄意見交換会」, https://www.mofa.go.jp/mofaj/fp/pc/page22_000979.html, 最后访问日期：2020年1月17日。

第六章
日本落实"妇女、和平与安全"议程的问题与展望

发生在冲绳的驻日美军性暴力问题自二战以来至今一直是日本民众关注的国内重大议题之一。因驻日美军引发的悲惨案例以及受迫害女性不计其数,由此引发的民间抗议运动也从未间断。胡澎在2010年《中日关系史研究》第2期《驻日美军在冲绳的性暴力问题》一文中,针对美军对冲绳妇女所犯下所有的暴力罪行,以及冲绳妇女的悲剧性命运有过系统性总结和阐述。从20世纪50年代开始,由日本民间维护和平的各界人士组成了各种团体反对战争,防止战争在日本重演,其中反对驻日美军暴力成为反战运动中的主要内容。[1]尽管民间运动一直高涨,冲绳政府也多次向中央政府提议将驻日美军基地迁走,但作为拥有决策权的日本中央政府为了顾全日美同盟大局对此议题始终保持息事宁人的态度。

二 驻日美军性暴力问题解决面临的挑战

驻日美军性暴力问题对日本而言,是较为敏感的一个话题。从日本现有对美国军事安全的依赖程度看,在外交方面日本短时期内很难彻底解决这一问题,但又不能任其发展将事态扩大化。这对日本处理冲绳驻日美军问题造成了一定难度。日本中央政府在处理这一问题上面临多方困难,地方政府在没有得到中央政府支持的情况下也难以争得解决问题的话语权。日本在行动计划中谨慎处理美军性暴力问题的原因主要在于日美关系的牵制。

1.《日美地位协定》下两国关系的不对等

2004年日本《琉球新报》对《日美地位协定》进行过特别报道。当时报纸使用了22个版面全文刊载了外务省有关《日美地位协定》的真实想法及其

---

[1]. 胡澎:《驻日美军在冲绳的性暴力问题》,《中日关系史研究》2010年第2期,第53页。

增补版等永久机密性文件。该秘密文件是协定条文之外日本讨好美国的附加资料，其中优待美军政策的相关秘密解释令人震惊。《琉球新报》比喻这些资料就像潘多拉的盒子一样，隐藏着日本外交的阴暗面。目前，这份秘密文件只有少部分原始资料由日本外务省存档。[1]

《日美地位协定》令日本在驻日美军基地的管理上呈现明显地位上的不对等。与日本相比，主权意识较强的德国和意大利曾多次修改地位协定，两国美军基地的现状与日本大不相同。比如在意大利，驻意美军基地完全由意大利军队的司令官负责管理，每天美军飞机起飞次数都要受到限制。由于飞机噪声严重影响当地市民休息，夏季午睡时间内是不允许美军飞机飞行的。全年意大利军方会严格审查美军飞行计划，时刻考虑对当地居民生活的影响。[2] 此外，一旦基地内发现环境污染，意大利自治团体的职员可以进入基地内进行调查，促进污染迅速消除，基地运用过程中一直奉行"市民优先"原则。不仅德意两国，北大西洋公约组织成员国也都有基地使用的相关规定。驻扎外国军队的"地位协定"和"基地使用协定"成为限制美军无原则使用基地的两大支柱。甚至日本的邻国韩国，根据2002年《韩美地位协定》的附件，也规定了如果在返还的美军基地发现污染且确认为美军的责任，美军将承担净化费用。而在日本，《日美地位协定》不仅规定美军可以不履行将军事基地恢复原状的义务，而且为了再次顺利使用基地，日方在返还前进入基地进行必要调查的要求也被美军拒绝达10多次。在边野古新基地建设中，针对基地

---

1. 松元剛「地位協定と沖縄の人権軽視—米国にひれ伏す安倍政権」『琉球新報』、2016年8月20日，https://daysjapan.net/2016/08/20/，最后访问日期：2020年2月27日。
2. 松元剛「地位協定と沖縄の人権軽視—米国にひれ伏す安倍政権」『琉球新報』、2016年8月20日，https://daysjapan.net/2016/08/20/，最后访问日期：2020年2月27日。

第六章

日本落实"妇女、和平与安全"议程的问题与展望

建设破坏珊瑚生存环境的问题，美方也一直拒绝当地政府介入。[1]

除上述管理性规定之外，《日美地位协定》作为新《日美安全保障条约》的附属品，频繁引起冲绳民众抗议的最大焦点为"驻日美军审判权"。该协定对美军审判权的规定为：对于美军基地军人犯罪的第一审判权，若嫌疑人在执行公务时犯罪，第一审判权归美方；非执行公务时归日方；即使是在非执行公务时的犯罪行为，如果美方先逮捕嫌疑人，也可以不交出嫌疑人直到日方提出诉讼。根据这一规定，美军即使在非执行公务时被日方逮捕，只要美军在事后开一份执行公务证明，便可以让犯罪嫌疑人免于被起诉。冲绳民众认为在这一协定的保护下，美军几乎不受日本法律的约束。协定成为美军在冲绳日常犯罪的温床和免罪金牌，令其长期在冲绳基地作威作福，对当地民众尤其女性造成严重威胁，根本就属于不平等条约。[2]然而，日本政府对于修改协定一直持消极态度，导致协定自1960年生效以来始终未做修改。

2. 冲绳政府的无效交涉

面对中央政府的消极态度，由冲绳当地政府自发组织的抗议活动从未间断过。冲绳县首府那霸市议会就美军强奸妇女等众多犯罪事件通过的议会决议已达100多次。同时，议会还多次抗议两国政府不顾冲绳民众的反对，强行将"鱼鹰"运输机部署到冲绳。冲绳各任知事也一直将解决驻日美军基地问题作为自己在任期间的主要工作，甚至亲自赴美同美方沟通谈判。自1972年美军向日本移交冲绳岛管辖权以来，共有6任知事进行过不少于20次的访美

---

[1]. 松元剛「地位協定と沖縄の人権軽視—米国にひれ伏す安倍政権」『琉球新報』、2016年8月20日、https://daysjapan.net/2016/08/20/，最后访问日期：2020年2月27日。

[2].《日美地位协定》报道，央视CCTV-13，https://www.gogou.com，最后访问日期：2020年3月28日。

活动。1985年第三任冲绳知事西铭顺治首次访美。第四任知事大田昌秀在任期间访美次数最多，8年内访问美国多达7次。之后各任知事也不止一次赴美谈判，但效果并不明显。例如，第六任知事仲井真弘多[1]于2012年曾亲自赴美就驻日美军基地问题当面向美国相关官员提出抗议。他原本希望与美国国务院和国防部负责美国基地的部长级官员会谈却未能如愿，最终只是同局长级官员进行了简短会面。由于美方态度冷淡，这次会谈并没有取得成效。之后第七任知事翁长雄志[2]在任时也曾多次希望可以彻底修改协定。2015年5月27日到6月5日他曾访问美国夏威夷和华盛顿，希望寻求美国政治人士对冲绳反对驻日美军基地搬迁计划问题的关注与支持，也未能取得实质性成果。由于翁长雄志在任期间因病去世，2018年10月有着特殊身份（日美混血儿——驻日美军之子）的玉城康裕[3]接替他成为第八任知事。在外界看来，玉城康裕的特殊身份似乎为冲绳与美方之间的交流提供了拉近双方距离的机会。2018年11月，玉成康裕上任不久便在纽约大学进行了演讲，再次对新基地的建设表示反对，并呼吁在冲绳建立基地的美国作为当事者也应该为解决问题而努力。同时他还批判美国虽视日本为重要的同盟国，但却支持把冲绳排除在民主主义程序之外。[4]然而，无论冲绳各任知事做出怎样的举动，地方政府代表终究难以引起美方的关注。冲绳回归后历任知事任职情况见表6-2。

---

1. 2006年12月10日当选为冲绳县第六任知事，2014年12月9日卸任。
2. 2014年12月10日当选为冲绳县第七任知事，2018年8月8日在任职期间病逝。
3. 2018年10月4日任职为冲绳县第八任知事，母亲为冲绳人，父亲为原驻冲绳美国海军陆战队士兵。玉城康裕为本名，任职前曾用名"玉城丹尼"，目前在不具备对外法律效果的情况下，本人仍较多使用知名度较高的"玉城丹尼"这一名字，认为其混血身份对冲绳与美国之间的交往带来优势。
4.「デニー沖縄知事『アメリカも当事者』"父の国"で問う民主主義」，https://www.okinawatimes.co.jp/articles/-/343957，2018年11月13日，最后访问日期：2020年3月30日。

第六章
日本落实"妇女、和平与安全"议程的问题与展望

表6-2 冲绳回归后历任知事任职

顺序	姓名	任期开始日	任期结束日	连任次数
1	屋良朝苗	1972年5月15日	1976年6月24日	2
2	平良幸市	1976年6月25日	1978年11月23日	1
3	西铭顺治	1978年12月13日	1990年12月9日	3
4	大田昌秀	1990年12月10日	1998年12月9日	2
5	稻岭惠一	1998年12月10日	2006年12月9日	2
6	仲井真弘多	2006年12月10日	2014年12月9日	2
7	翁长雄志	2014年12月10日	2018年8月8日	1
8	玉城康裕	2018年10月4日	（至今）	

注：回归后冲绳知事任期第1—2任时两年为一届；自第3任开始改为4年一届。表格中任期空档分别为：1978年11月24日至12月12日，由野岛武盛代理；2018年8月9—12日由副知事谢花喜一郎代理，13日以后由副知事富川盛武代理。

资料来源：https://ja.wikipedia.org/wiki/，最后访问日期：2020年3月30日。

3.中央政府在冲绳问题上的"摇摆政策"

尽管冲绳当地政府一直为解决驻日美军基地问题用尽浑身解数，但真正掌握冲绳命运，能与美国政府进行有效沟通的依然是日本中央政府。夹在美国与冲绳中间的日本中央政府进退维谷、左右为难，对这一问题开始实施"摇摆政策"。日本中央政府一方面奉行"对美追随式外交"，对阻止美军在基地的肆意行为一直消极对待；另一方面在国内执行"坚定维护冲绳人民利益"的缓和措施。日本时任内阁官房长官菅义伟曾在公开场合明确表示，将尽最大努力与美国进行协商，以举国之力采取各种措施缓解基地面临的压力。例如，针对美军基地飞机噪声污染问题，既然不能像意大利等国与美方达成协议，日本便从自我防护做起。每年防卫省年度预算中有关"日美同盟关系强化及基地对策"一项中都设有高额经费预算，用于基地附近居民住宅

隔音改造和周边民生安定设施的整顿。2020年度防卫省在该方面的预算为：住宅隔音改造528亿日元；周边民生安定设施649亿日元。[1]但政府对于修改协定一事始终不做出明确的承诺，2020年在日美军驻留经费为2010亿日元，较前一年还稍有增长。日本第19任防卫大臣岩屋毅[2]就任防卫省的官员时对修改《日美地位协定》的态度十分积极，但当选防卫大臣之后立场很快就发生了转变。

　　日本政府在对待冲绳问题中体现出的两面派作风可以用两点原因解释。第一，日本政府十分清楚《日美地位协定》短期内无法改变，至少不能由日本单方面改变。美国方面很早已明确立场须双方达成共识协定才能调整。针对日本地方政府关于修改协定的要求，当时美国国务院副发言人哈弗曾在记者会上表示美国政府从未就修改协定进行谈判，今后也不会考虑。有关对冲绳基地相关问题解决的最好办法是改善《日美地位协定》的执行方式而非对协定本身加以修改。[3]第二，冲绳在日本的重要战略地位使得中央政府必须寻找安抚国内民众与对美外交之间的平衡点。冲绳占日本领土面积0.6%，却汇集了31个美军基地，占美国在日基地的70%以上。如此密集程度的部署令冲绳民众觉得政府明显不重视冲绳当地利益，自己是被中央政府遗忘的国民。[4]冲绳市民在多次抗议过程中称，政府的行为不得不令人怀疑日本是否真的为主权

---

1. 日本防衛省2020年度予算パンフレット『我が国の防衛と予算——Defense Programs and Budget of Japan』令和2年度（2020）予算の概要、35頁，https://www.mod.go.jp/j/yosan/yosan_gaiyo/2020/gaisan.pdf，最后访问日期：2020年3月10日。
2. 第19任防卫大臣，任期为2018年10月2日至2019年9月11日，隶属日本自民党。
3. 《日美地位协定》报道，央视CCTV-13，https://www.sogou.com，最后访问日期：2020年3月28日。
4. 2018年北京《BTV新闻》报道，https://www.sogou.com，最后访问日期：2020年3月28日。

第六章

日本落实"妇女、和平与安全"议程的问题与展望

国家。驻日美军频发的犯罪行为已令冲绳人民的愤怒达到临界点。夹在美国政府与冲绳地方政府之间的日本中央政府,为寻求跷跷板两点间的平衡,不得不采取一种"摇摆政策",时而压制,时而倾听,必要时为了安抚当地民众的情绪也要表现出一些尝试修改协定的举动。

2016年7月5日,日本时任外相岸田文雄与防卫相中谷元同美国驻日大使以及驻日美军司令举行了会谈,就如何预防冲绳驻日美军强奸杀害妇女事件再次发生达成协议。会谈的结果是缩小受《日美地位协定》保护的"美军工作人员"的范围,以此扩大日本审判的余地,安抚冲绳民众感受。从表面看,受保护的"美军工作人员"范围被缩小,或许可以在一定程度上减少犯罪事件的发生,事实上,被排除在外的美军工作人员仅占驻冲绳美军和工作人员及军属总数量的几十分之一,效果极其有限。

2019年,外务省就协定相关说明的解释条文也做了一处修改。日本外相河野太郎2019年2月6日在参议院预算委员会上发表声明,政府已更改了外务省网站自1960年生效以来从未修订过的《日美地位协定》相关解释条文。修改前原文为"一般《国际法》规定,只要没有特殊规定,驻日美军不适用于日本国内法"。但2020年1月11日以后,条文被修改成"只要没有个别规定,驻日美军可以从接受国的法令执行和裁判权等方面免除"。[1]在驻日美军不适用日本国内法律这一表述上,删除了"依据《国际法》",同时将"不适用于日本国内法"改为"可以从接受国的法令执行和裁判权等方面免除"。修改后的

---

1. 指外务省对其官方网站中《日美地位协定》Q&A部分的修改,载于「日米地位協定 外務省、ホームページから説明の一部削除 国内法不適用の根拠」『毎日新聞』,2019年2月6日,https://mainichi.jp/articles/20190206/k00/00m/010/218000c,最后访问日期:2020年3月2日。

内容，从表述上看更为含糊，但河野太郎在回答日本在野党的提问时，表示有关之前的说明并没有问题，修改是为了更好理解，主旨仍不会改变。[1]

日本政府修改协定和条款的声音更多出于政治目的。因此日本制订行动计划时，地方意见交换会首选冲绳，但对于冲绳民众提出的有关写入驻日美军性暴力问题却全部予以回绝。召开意见交换会可以充分体现政府对冲绳人民的关心，但深知《日美地位协定》无法修订的日本政府，自然不会在行动计划中重提此事引来美国盟友不悦。况且即便修改了协定，目前拥有4.7万驻日美军的日本，也很难改变日美不对等的地位。

行动计划主要目的是保护处在冲突之中的妇女的和平与安全，日本虽然不是冲突国家，但从现实情况来看，正如意见交换会中民众所言冲绳却仍然处于冲突环境中。二战后由于宪法限制，日本极度缺乏军事安全感，加之小国寡民以及岛国地理资源匮乏引起的强烈民族危机感，使政府为了获取大国的军事支持，一直奉行"美国优先"的日美关系政策。二战结束后，日本政府预感到美国占领军即将到来的时候，内务省甚至打算通过利用贫穷女性来维护社会安宁，让其为确保国体做出贡献。许多战争孤儿和战争寡妇被要求通过为美国占领军服务来报效国家。在日本皇宫前，政府甚至还为其举行了"特殊慰安"协会正式从业仪式，但不久后由于各种状况这一计划很快被美国叫停。[2]

1.「日米地位協定説明変更　外務省ＨＰ『国際法』表記を削除　河野氏『趣旨変わらず』」『毎日新聞』，2019年2月7日，https://mainichi.jp/articles/20190207/ddm/005/010/062000c，最后访问日期：2020年3月2日。

2. 约翰·W. 道尔：《无情之战——太平洋战争中的种族和特权》，韩华译，中信出版集团，2019，第305页。

第六章
日本落实"妇女、和平与安全"议程的问题与展望

尽管目前冲绳人民的忍耐已达到极限，但在国家整体利益面前，冲绳地区以及冲绳女性的权益有可能继续成为日本为获得美国支持而在必要时付出的代价。日本政府的"摇摆政策"，无法从根本上满足当地人民的要求，很难平息冲绳民众的抗议浪潮。

第三节　海外派遣自卫队女性职员的和平与安全保障问题

行动计划的"外向型"立场为日本海外军事力量发展提供了有利条件。在国内，"女性活跃政策"大力支持女性进入劳动力市场。在两大政策的双重推动下，近年来自卫队中女队员的数量越来越多，作用也越来越受到重视，但是日本针对女性自卫队员在工作中的和平与安全保障水平却有待同步提高。

2014年6月24日，日本政府成立了由内阁人事局局长，议长和内阁总务，官内阁法制局次长，各省事务次官、厅的长官，人事院，公平交易委员会及政府责任署秘书长等众多机构官员组成的"推进女性职员活跃・平衡工作协议会"，并且于2014年10月17日制定了"平衡国家女性公务员工作与生活的举措方针"。[1] 该方针主要思想同安倍政府"女性经济学"如出一辙。由于少子老龄化现象日益加重，在劳动力人口减少的情况下，为了使日本的经济持续发展，需最大限度发挥女性的力量。方针一出，日本防卫省、法务省、总务省、厚

---

1. 橋本ヒロ子「国連安保理決議1325及び関連決議を実施するための国別行動計画（1325NAP）と女性活躍推進政策」『国際ジェンダー学会誌』14巻、2016、60頁。

生劳动省等各大省厅纷纷出台相关政策积极响应。"创建让女性绽放光彩的社会""让女性活跃起来"不仅在经济领域,在其他各个领域都有扩展。尤其在军事安全方面,2015年8月21日在日本参议院安保法制特别委员会上,安倍晋三表示"女性在国际合作领域的活跃是不可缺少的",希望通过提出"创建让女性绽放光彩的社会"这一口号扩大女性自卫队队员的海外任务。[1]一时间,防卫省便开始注重女性自卫队队员的招募与训练,并开展了内部独立的"女性活跃推进政策"。无论执行在海外还是国内的任务,本着男女共同参与的方针,越来越多的工种向女性开放,女性自卫队队员人数呈持续上涨趋势。防卫省统计数据显示,至2018年女性自卫队队员人数占自卫队总人数的约7%。按照防卫省计划,到2030年女性比例将增加到9%以上。[2]2014—2018年自卫队男女在职人数情况见表6-3。

表6-3　2014—2018年自卫队男女在职人数情况

	2014年	2015年	2016年	2017年	2018年
A　总数（人）	226742	227339	224422	226789	226547
B　男性（人）	213784	213863	210715	212103	210813
C　女性（人）	12958	13476	13707	14686	15734
比例（C/A）	5.7%	5.9%	6.1%	6.5%	6.9%

资料来源：https://www.mod.go.jp/j/profile/worklife/sonota/tokei/index.html,防卫省官方网站,最后访问日期：2020年2月28日。

---

1. 吉本博美「これが『女性が輝く社会』？女性自衛官イラク派兵150人」『赤旗しんぶん』、2015年9月13日,https://www.jcp.or.jp/akahata/aik15/2015-09-13/2015091301_03_1.html,最后访问日期：2020年2月28日。

2. https://jp.reuters.com/article/maritime-self-defence-woman-idJPKBN1GI08X,最后访问日期：2020年2月28日。

第六章
日本落实"妇女、和平与安全"议程的问题与展望

"女性经济学"的目标是解决由于少子老龄化日本劳动力不足的问题，挽救日本低迷的经济。但在军事领域，自卫队同样也面临男性队员数量日趋下降的趋势。在经济高速增长时期，日本一度出现自卫队对女性队员的需求热。当时由于日本经济高速增长，日本男青年多倾向于毕业后进入企业工作，大量高学历精英纷纷涌入公司成为商界中流砥柱，导致该时期自卫队招募的队员多为学历水平低的失业青年。由此带来的是队伍难以管理的问题。队员经常出现违反纪律和犯罪等情况，并且辞职率高。于是政府开始把目光转向女性，希望通过扩大女性队员进行补充。

实际上，女性队员的加入除了作为劳动力增加军事力量之外，基于性别特点在自卫队发展过程中还发挥着其他附加作用。这一点，在第四章已有过论述。

日本自卫队在落实"妇女、和平与安全"议程中承担了重要的角色，尤其是女性自卫队队员。由于同为女性，女性自卫队队员对当地现实情况更为敏感，且更容易获得当地受害女性的信任。女性队员以及女性文职人员的大量加入，可以提高援助活动的有效性并增加维和行动的信誉，还加强了冲突后当地经济恢复与和平协议的可持续性。[1]但是，在女性自卫队队员的作用越来越受到重视的同时，应该给予这一群体相应的安全与保护却并未同步得到相关部门与机构的同样重视。行动计划在制订和实施中存在的问题，都对解决海外派遣的女性自卫队队员及女性文职人员的安全保障不利。通过对行动计划文本内容的分析发现，主要问题体现在实施主体的单一性和直属部门职责受限上。

---

1. 2016年6月2日星期四上午10时纽约举行的第71届联合国安理会大会第7704次会议上，乌拉圭代表罗塞利先生的发言记录。

一　单一的行动计划实施主体

近几年日本自卫队不断发展，除了增加女性队员人数之外，还相继开放了不少女性不能参与的工种。但是，随着女性自卫队队员以及文职人员队伍的不断壮大，今后这一群体在执行海外维和以及支援救助行动中自身和平与安全是否能够得到保障，如何得到保障，以及派遣国是否采取了措施进行保障等问题同样亟待考虑。行动计划自身存在的一些问题对保障女性自卫队队员及女性职员产生了障碍，表现之一是实施主体比较单一。

据统计，"参与、预防、保护、人道及重建援助"四大支柱（不含第五大支柱"监测、评价及调整框架"）实施主体主要由外务省及其下属独立机构 JICA 负责。83 项具体措施中，80 项实施主体为外务省，62 项明确标明由 JICA 负责。[1]第二版行动计划（2019—2022 年）中前四大支柱具体措施 76 项，其中外务省负责 75 项，JICA 负责 59 项。除外务省与 JICA 之外，部分项目实施主体还包括内阁府、防卫省、警察厅、法务省、文部科学省、消防厅，但是占全体项目比例极低。

日本内阁府每年度公布政府制定的男女共同参与预算，数据显示妇女、和平与安全行动计划作为一项目标繁多的工程，其预算经费在外务省所有负责项目领域之中只占最低额度。从 2018 年度与 2019 年度预算情况看，2019 年预算额为 67.7 万日元，较 2018 年还减少了 23.4 万日元（见表 6-4）。从其他制订行动计划的国家来看，一些欧洲国家在制订行动计划时也会选择以本国外

---

1. Jody M. Prescott, Eiko Iwata, Becca H. Pincus 在 "Gender, Law and Policy: Japan's National Action Plan on Women, Peace and Security" 一文中统计日本第一版行动计划，外务省负责 83 项，JICA 负责 65 项，防卫省负责 11 项。

第六章
日本落实"妇女、和平与安全"议程的问题与展望

交部作为窗口来负责行动计划的执行,因此日本选择外务省作为管理机构并非例外。但是行动计划内众多目标实施主体单一化,仅由外务省及其下属机构JICA负责,一则加重了外务省与JICA的负担,二则单一化的预算经费能否保障行动计划顺利执行也是不得不考虑的问题。

表6-4 2018—2019年外务省男女共同参与(女性活跃)预算情况

单位:千日元

	2018年预算	2019年预算	增减额
第12领域 有关男女共同参与的国际协调与贡献			
1.有关妇女、和平与安全行动计划的经费	911	677	-234
2.经由国际机构的对外援助	611000	427700	-183300
3.在外领事馆召开女性相关研讨会的经费	86453	86253	-200
4.召开女性国际研讨会的经费	2470149	2587656	117507
5.国际机构日本职员增强战略	128723	131204	2481
6.和平建构·开发全球化人才培养事业	31421	27833	-3588

资料来源:www.gender.go.jp/about_danjo/yosan/.../01yosan-detail.pdf,日本令和元年(2019年度)男女共同参与基本计划关系预算(按领域划分)。

行动计划评价报告显示,日本行动计划执行过程中除实施主体外务省以及JICA之外,"参与""预防""保护"各支柱的部分项目实际上均借助联合国等国际机构力量来加强自身的执行能力,如联合国妇女署(UN Women)、秘书长关于冲突中的性暴力问题特别代表(The Special Representative of the Secretary-General on Sexual Violence in Conflict,SRSG-SVC)等。尤其第四支柱"人道及重建援助"中国际机构的参与更趋向多样化,如联合国人口基金会(UNFPA)、联合国世界粮食计划署(UNWFP)、联合国工业开发组织(UNIDO)等都参与其中,国内部分NGO、省厅也有合作。评价委员会给出的评价报告中,多次呼吁行动计划今后在推进妇女及妇女团体参与和平进程、

制定决策等方面加大力度,增强妇女的领导力;在各大支柱领域执行过程中实施主体能够更加趋于多样化,不仅加强与国际机构的合作,更应最大限度地发挥实施主体中国内各大省厅在相关专业领域的重要作用。

二 行动计划中受限的防卫省职责

自卫队在日本海外援助和联合国维和行动中占有主体地位。作为自卫队的主要管理部门——防卫省的职责却在行动计划中明显受到限制,使其成为边缘性实施主体。另外,实施主体中包含防卫省的目标措施,往往由多个实施主体共同参与。防卫省常常与外务省、内阁府国际和平协力本部事务局、警察厅共同作为实施主体出现。考虑到援助行动中人员的复杂性,确有多部门协同的必要。然而,在多个实施主体中并未明确指出哪一部门为主导者也是一大缺陷。一方面这仍属于行动计划模糊性的表现,另一方面也证明了在行动计划中防卫省的作用发挥受到一定限制。[1]第一版行动计划中,由防卫省负责的措施仅有9项(见表6-5),第二版中为10项,变动并不大。

表6-5 第一版行动计划中防卫省负责的目标与具体措施

支柱	项数	名目	内容
参与	4项	目标1-措施2	协助关怀妇女的联合国PKO等和平建设活动
		目标4-措施2	建立健全相关体制,包括在实施安理会第1325(2000)号决议以及相关决议等的过程中,推动社会性别主流化和妇女参与的部门设置
		目标4-措施3	培养具备男女共同参与观点的人才
		目标4-措施6	根据量才选拔和志愿情况,积极地向联合国PKO或双边合作等方面的代表团派遣妇女

---

1. Jody M. Prescott, Eiko Iwata, Becca H. Pincus, "Gender, Law and Policy: Japan's National Action Plan on Women, Peace and Security," *Asian-Pacific Law & Policy Journal* 17(1), 2015, p.40.

第六章 日本落实"妇女、和平与安全"议程的问题与展望

续表

支柱	项数	名目	内容
预防	1项	目标5-措施1	目标5中表明"协助促进妇女参与维持和平活动、支援和平活动和建设和平活动并发挥指导性作用,加强PKO人员等支援和平活动人员预防和应对性剥削及虐待(SEA)、性别暴力等的能力"。具体措施1简化为"加强PKO人员等预防和应对针对妇女的暴力等的能力"
保护	3项	目标1-措施2	培训从事联合国PKO等建设和平活动、救灾派遣、援助发展中国家等相关工作的工作人员和队员
		目标4-措施1	预防派往联合国PKO活动的派遣人员出现性别暴力
		目标4-措施3	建立派遣中出现性别暴力时的起诉和处罚机制
人道及重建援助	1项	目标4-措施7	在冲突后解除士兵(包括儿童兵)武装方面关怀妇女和女童的需求。在协助士兵退伍后重返社会的项目中引入男女共同参与的观点

资料来源:笔者根据日本《关于妇女、和平与安全保障的行动计划》(中文,2015年)自制而成。

通过表格汇总可发现防卫省的职责在行动计划四大支柱中均有分布,其中"参与"和"保护"支柱中体现较多,主要职责是针对联合国PKO活动派遣自卫队员进行培训与预防管理,以及对女性队员进行派遣前有关性暴力预防的培训和培训外的自卫队相关课程的教育,对男性队员则负责开展性暴力预防,以及建立起诉和处罚机制。在"预防"和"人道及重建援助"方面也各有一项,分别涉及加强PKO人员预防、应对针对妇女的暴力等能力和关怀冲突后妇女和女童的需求。除此之外,几乎找不到其他防卫省负责的目标和措施。行动计划中直属部门权力受到限制,导致在海外援助过程中自卫队被监管的力度和其权益保障被大大削弱。尽管职责中包括对女性自卫队队员和文职人员的培训和教育,但在实际执行海外援助工作时,这一群体不只是需

要进行派遣前的相关培训与教育，更多需求体现在执行任务过程中的全程预防、保障与追踪保护，在实际危险发生时对这一群体的救助机制。

日本行动计划致力于支援、救助冲突中国家和地区妇女与女童，使其免受性暴力的侵害。但同样处在冲突环境下，尽管属于实施救援的一方，没有武装能力的女性自卫队队员和文职人员同当地女性一样，随时有遭受各类侵害的危险。本书第五章介绍日本女性自卫队队员二等陆佐川崎执行海外维和行动事例时提到过，日本女性进入PKO派遣队后必须要有不能享受女性特殊性别待遇的觉悟。为了工作的便利性，日本自卫队对女性的要求同男自卫队队员一样，不会提供对女性自卫队队员的特殊保护。很多情况下，不仅在设施装备方面没有女性专用设施，在冲突地区女性队员同样会成为性暴力的受害者，甚至在当地军队的冲突中牺牲。

日本于2016年3月29日实施了新安保法，[1]通过解禁集体自卫权获得了更为宽松的军事活动环境。当时，日本各界猜测自卫队的海外派遣或将面临新的任务。2016年8月24日，日本防卫大臣稻田朋美宣布，11月向南苏丹派遣交替部队的新部队将从9月中旬开始进行包括警卫在内的新任务训练，这将大大提高一直在南苏丹从事维和行动的自卫队被卷入实战的可能性。针对这一消息，为了让日本国内民众能够获得有关当地实际战况的真实报道。日本IWJ（Independent Web Journal）发布了该机构一直以来跟进的追踪验证报告书，揭露了当时很多日本记者、媒体不愿报道的维和部队的实际情况，同时还刊登

---

1. 所谓新安保法是《安全保障关联法案》的简称，包括新法《国际和平援助法案》和10部与安保相关法律的修正案。2016年安保法修订时涉及法律包括《PKO法案》《自卫队法》《美军等行动关联措施法》《重要影响事态法》《武力攻击事态对应法》等。

第六章

日本落实"妇女、和平与安全"议程的问题与展望

了美联社有关南苏丹城市遇袭报道的日语译文。[1]

在日本防卫大臣稻田朋美宣布消息的前一周，2016年8月16日，美国《芝加哥论坛报》刊载了美联社一篇长篇报道，题目为"Rampaging South Sudan Troops Raped Foreigners, Killed Local Journalist; U.N. didn't Help"。文章报道了当时一个月前一名外国女性援助人员被15名南苏丹政府军士兵轮奸的事件。2016年7月11日在南苏丹首都朱巴，一处外国女性援助队的居住地被刚刚打败反政府军的政府军队包围。政府军在现场实施了近4个小时的破坏、杀戮、强奸、抢劫等暴行。而在遭到袭击的4个小时里，离袭击现场只有1.6公里的联合国维和部队虽然收到了暴乱现场发出的"SOS"求救短信，但一直没有回应，选择了袖手旁观。最终赶来镇压的是南苏丹军队的治安部队和民间保安公司。[2] 报道中提到的外国女性援助人员正是这场暴乱中的幸存者，事后向记者真实还原了当时的残暴场面。

作为维护冲突地区妇女和平与安全的女性援助人员却在执行任务过程中成为暴力行为的受害者，这类事件的发生绝非联合国安理会第1325（2000）号决议的初衷。防卫省作为自卫队直属部门应制定相关制度政策，与国内相关省厅共同实施对海外女性自卫队队员的保护与救助。如仅仅停留在对女性

---

1. 本田望・城石エマ「兵士の性犯罪が相次ぐ南スーダンで自衛隊が『駆けつけ警護』！国連和維持軍は助けないどころか自らレイプ……これが戦地の現実！稲田朋美防衛相には見えていない？」日本IWJ（HP）、2016年9月16日、https://iwj.co.jp/wj/open/archives/332104，最后访问日期：2020年3月11日。
2. 本田望・城石エマ「兵士の性犯罪が相次ぐ南スーダンで自衛隊が『駆けつけ警護』！国連平和維持軍は助けないどころか自らレイプ……これが戦地の現実！稲田朋美防衛相には見えていない」日本IWJ（HP）、2016年9月16日、https://iwj.co.jp/wj/open/archives/332104，最后访问日期：2020年3月11日。

自卫队队员培训与教育的水平上，这将无法有效保障女性自卫队队员在援助过程中的安全。

三　防卫省国内女性政策的片面化

女性自卫队队员不仅会在外派过程中遭遇外来的伤害，同样还会遭遇体制内部的伤害，防卫省不仅应争取在行动计划中获得更多的权力与承担职责，也应加强对国内大本营的管理和规范。在其制定的本部门相关女性措施中，也应偏向于创建轻松的工作环境，保障女性不受体制内暴力的侵害。

基于自卫队本身的特性，为了维持队伍内的森严纪律，队员之间的上下等级关系较一般社会更加严格，下级必须严格服从上级命令。因此在自卫队内部，即使女性队员遭受来自上级或其他男性队员的侵犯，在体制的压力下也通常会选择保持沉默。因此，2010年日本札幌某自卫队基地出现一名在职女性队员（出于对原告保护，报道中并未提供真实姓名）对所在基地提出上诉时，在当地引起了不小轰动。当时民众对法庭就案件做出的最终判决十分关注。2010年7月29日下午，札幌地方法院审判了这桩关于在职女性队员遭受内部性侵请求赔偿的案件。这一案件发生在日本航空自卫队驻札幌某通信基地。一个几乎同外界社会隔绝的180人的基地中，只有5名女性，20岁（当时）的原告是5人中最年长的一位女性队员，其上诉原因是受到体制内男性队员的性暴力。最后，审判结果为判处加害者由于性暴力支付赔偿金200万日元，作为监护人没有尽到义务的上司因失职支付抚慰金300万日元（包含80万日元的律师费）。[1]

---

1. 丹羽雅代「自衛隊内性的暴行事件で勝訴——女性自衛官への性暴力認める」『週刊金曜日』，2010年8月17日，http://www.kinyobi.co.jp/kinyobinews/2010/08/17/，最后访问日期：2020年3月11日。

第六章
日本落实"妇女、和平与安全"议程的问题与展望

这一结果对受害者来说是一个胜利。但是，因为原告于在职期间提起上诉，并在当地引起大的轰动，所以导致工作合同难以续约而被迫从自卫队离职。尽管如此，原告在报告会上的发言称，"这次了不起的判决让我很开心。走一条还没有人走过的路是很困难的。在我快要放弃的时候，这里的辩护团和支援会中的很多人给予我很多帮助，正因为有他们的帮忙才迎来了今天的判决。希望今后自卫队也能向保障人权的方向做出巨大的改变"。作为代理律师的秀嶋缘也提到"审判长经常亲临现场，试着从原告的感受出发来处理整件事，最后才做出了正确的审判，这让我看到在日本司法领域还存在正义和希望"。原告的支援者们为了不让具有强大背景的被告再次对审判结果提出上诉，甚至集体要求当时的首相菅直人、防卫大臣北泽俊美、法务大臣千叶景子在8月12日上诉期限截止前对其施加压力令其打消再次上诉的念头。[1]

基于上述案例，讨论扩大防卫省在行动计划中的权限的同时，本章也对防卫省在国内针对女性权益采取的基本管理措施展开简要论述。

日本内阁府每一年度都发布全国各大省厅专门针对男女共同参与（女性活跃）措施的预算汇总表，另外防卫省在自己的部门项目预算中也会再次单独体现。本章节选了内阁府发布的2018—2019年度预算表中防卫省负责部分（见表6-6），同时也截取了2020年防卫省本部门预算中针对女性政策的预算（见表6-7）。内阁府发布的全国各大省厅相关预算中隶属防卫省管理的项目多达20项，涉及"女性参与政策、方针决定过程的扩大（政治、司法、行

---

[1] 丹羽雅代「自衛隊内性の暴行事件で勝訴——女性自衛官への性暴力認める」『週刊金曜日』、2010年8月17日、https://www.kinyobi.co.jp/kinyobinews/2010/08/17/，最后访问日期：2020年3月11日。

政)""根除所有针对女性的暴力""有关男女共同参与的国际协调与贡献"等多领域。由于不同年度措施会有微调并不固定,防卫省本部门内部预算中的内容与内阁府虽稍有区别,大致相同。

表6-6 2018—2019年度内阁府发布男女共同参与(女性活跃)预算防卫省所属内容(按领域划分版本)

单位:千日元

	2018年预算	2019年预算	增减额
第2领域 女性参与政策、方针决定过程的扩大(政治、司法、行政)			
1.改革工作方法的相关经费	105027	285666	180639
2.意识启发的研修经费	10649	12057	1408
3.紧急任务时的孩子托管工作	19406	16316	-3090
4.制作兼顾生活工作的手册	223	599	376
5.整顿制作自卫队员的制服和孕妇服	221257	377144	155887
6.整顿女性专用设施:(更衣室、休息室)	1278622	1918732	640110
7.为女性自卫队员聘请外部顾问	6250	6250	0
8.女性职员研修	260	136	-124
9.召开女性生活规划研讨会等	7363	5506	-1857
10.制定就业援助、应聘措施政策	35096	14217	-20879
11.发行介绍女性职员活跃状况的手册	4794	6880	2086
12.调查研究对女性自卫队员的使用	937	679	-258
13.与外国女兵的交流(女性活跃度推进研讨会)	1096	10336	9240
14.推进男女共同参与的相关经费	78313	79451	1138
15.整顿厅内幼儿托管设施	5103	1156	-3947
16.培养导师的相关经费	830	754	-76

第六章
日本落实"妇女、和平与安全"议程的问题与展望

续表

	2018年预算	2019年预算	增减额
第2领域 女性参与政策、方针决定过程的扩大（政治、司法、行政）			
17.整顿远程办公终端	1458	1458	0
18.帮助育儿职员继续工作	6253	1980	-4273
第7领域 根除所有针对女性的暴力			
推进防止性骚扰的对策	3780	7851	4071
第12领域 有关男女同同参与的国际协调与贡献			
派遣性别顾问研修	828	1294	466

资料来源：www.gender.go.jp/about_danjo/yosan/.../01yosan-detail.pdf，日本令和元年（2019年度）男女共同参与基本计划关系预算（按领域划分），最后访问日期：2020年3月10日。

表6-7　2020年度防卫省女性支援项目预算

支援领域	预算金额	内容措施
1.整顿女队员工作环境	28亿日元	改善生活工作环境设施
2.改革工作方式	0.5亿日元	创造轻松职场工作环境
3.平衡女队员的工作与生活	4亿日元	设置厅内托儿所以及紧急任务执行时儿童托管设施
4.加强国际合作领域的女性活跃度	—	向北约组织性别年度会议派遣女队员
5.开展启发思想的研修训练工作	0.3亿日元	实施改革意识的研讨会 集合训练男女共同参与推进 制作、分发、介绍、支持女职员活跃的手册等
6.其他支援、改革措施	0.8亿日元	制作面向女性的招聘宣传 推进防性骚扰对策

资料来源：日本防卫省2020年度予算パンフレット『我が国の防衛と予算——Defense Programs and Budget of Japan』令和2年度（2020）予算の概要，https://www.mod.go.jp/j/yosan/yosan_gaiyo/2020/gaisan.pdf，最后访问日期：2020年3月10日。

通过分析内阁府和防卫省本部门两项预算表发现，防卫省管理职责仍然秉持日本国内女性活跃政策，以促进女性自卫队队员职场生活与家庭生活的平衡，促进女性自卫队队员职业发展为主线。虽然包含"防性骚扰对策的推进"，但并未作为主干项目执行，只是作为其他项目中的一个分支，并且项目仅表述为"性骚扰"，程度相对较轻。因此，要加强国内外女性自卫队队员执行任务时的安全，仍需防卫省加强对女性安全领域的关注。同时，不仅防卫省，日本国内其他相关省厅尤其国内各省厅之长——内阁府、厚生劳动省、法务省之间的协作也是推动制度完善的必要手段。

加强防卫省在国内管理制度中防止对女性职员性暴力的制度与规范，对海外派遣人员保护制度的建立有积极指导作用。目前，防卫省仅设置了针对海外女性职员的防止性暴力教育和防身术的培训。今后在行动计划中，从防卫省的角度加入更多对女性自卫队队员具体措施和目标等制度上的保障，才能更好地保护日本女性自卫队员在执行任务过程中的安全。譬如上文中已提到的在实际救援环境和过程中，同其他国家和国际组织合作建立的联合保护救助机制等。

第四节　日本妇女、和平与安全行动计划海外执行中存在的问题

上一节重点讨论了日本行动计划基于"外向型"立场导致的对于本国妇女，包括国内一般妇女、受冲绳驻日美军侵害妇女及国内女性自卫队队员的和平与安全问题。本节继续针对日本妇女、和平与安全行动计划在海外执行过程中存在的问题进行探讨。第三章论述日本行动计划制订过程时曾提到，

第 六 章
日本落实"妇女、和平与安全"议程的问题与展望

由相关学者和NGO法人代表组成的评价委员会对每一年度行动计划的执行情况都做出评价报告,对行动计划在执行过程中存在的问题和取得的进步做出整体与具体的评价。本节以日本外务省公布的2015年1月至2018年12月四年行动计划的执行情况为研究对象(针对2015年的评价包含了行动计划制订前日本在国内外展开的援助活动,评价委员会基于日本政府对国内外援助体制性质的分类,将制订行动计划前日本在"妇女、和平与安全"领域的发展目标与措施按照性质分类后也纳入了评价范围)。

一 行动计划执行中连续未实现的目标措施

行动计划评价委员会在年度评价报告书中,将收集到的各项案例在矩形表格中对应各目标和措施在其后面一一列举。这样一来,对各项目标和措施的完成情况可以一目了然。笔者对连续四年的相关数据经过横向比较后发现,在行动计划诸多项目和部分具体措施中,出现了多处连续四年或三年执行案例空缺的现象(见表6-8)。

表6-8 2015—2018年行动计划中未实施目标—措施汇总

支柱	目标—措施	内容	未实施年度(年)
参与	2—2	确保冲突地区的妇女代表参加日本参与的和平相关会议(包括冲突地区的援建会议)	2015—2018
参与	3—2	确保妇女参与包括派遣选举监视团在内的民主化支援活动	2015—2017
参与	4—5	推动女性加入出席和平相关会议(包括冲突地区的援建会议)的日本代表团	2015—2017
预防	1—1	在冲突分析中采用关注妇女课题的统计和分析方法	2015—2018
预防	1—2	在冲突征兆相关信息的收集、验证、分析方面关注妇女课题	2015—2018

续表

支柱	目标—措施	内容	未实施年度（年）
预防	3—1	不论正式与否，让妇女参与日本涉及的和平谈判进程和决策，并发挥指导性作用	2015、2017、2018
	3—2	在日本涉及的和平进程中体现男女共同参与的观点，包括性别暴力等的应对和预防	2016—2018
	3—4	调查和研究妇女为解决冲突做出贡献的案例，梳理教训和成功要素	2015—2018
	4—4	引入男女共同参与的观点，协助开展小型武器管理	2016—2018
	4—7	引入提高妇女地位和男女共同参与的观点，协助开展海外教育	2015—2018
保护	2—5	在关怀妇女的基础上加强针对非法小型武器交易的国际管制	2016、2017
	3—1	训练援助难民和国内流离失所者的人员	2016—2018
	4—3	建立派遣中出现性别暴力时的起诉和处罚机制	2015—2018
人道及重建援助	3—3	在项目的监测和评价中引入男女共同参与的观点	2015—2017
	3—5	协助调查冲突和灾害后的重建期社会中男性和男童面临的课题以及这些课题对男女关系以及发生性别暴力等造成的影响；协助开展防止对男性和男童实施性暴力以及援助妇女和女童的工作	2015—2017

资料来源：笔者根据日本2015—2018年的《妇女、和平与安全行动计划年度报告书》整理而成。

二 执行中存在的问题在统计数据中的凸显

行动计划的执行案例往往具有连续性和稳定性，但部分目标和具体措施

第六章
日本落实"妇女、和平与安全"议程的问题与展望

连续三年或四年出现执行案例空缺情况，甚至大部分从2015年执行时便一直空缺。这表明该目标或措施自始至终都没有得到有效执行。从具体统计内容来看，2015—2018年四年中，行动计划在执行过程中多倾向于基础设施建设等各种活动。在"参与"支柱，日本对和平相关的会议（包括援建地的重建援助会议）参与较少，在支援女性参与重建活动和民主化活动方面也相对匮乏。"预防"支柱中对妇女课题的信息收集、验证、分析和教育工作没有做到位。"保护"支柱中目标4措施3针对派遣人员的暴力防止以及对施暴者的起诉、搜查和处罚机制一项，连续四年出现空白。每一年度的评价报告书在"保护"支柱总评中也多次着重强调要对派遣人员的行为规范和在性暴力的应对方面加大力度，今后行动计划有必要设定处罚标准和客观的测量指标。"人道及重建援助"支柱中也提到协助防止对男性和男童实施性暴力等。在行动计划连续缺失的所有问题中，从问题的普遍性和解决的难度来看，挑战性较强的是防止男性性暴力以及对派遣中出现性暴力时的起诉和处罚机制的缺失。

日本《朝日新闻》曾发布联合国内部监察部（OIOS）2015年5月15日的报告。OIOS针对联合国内部的不法行为进行独立调查的报告书显示，2008—2013年的6年间，在冲突地区起诉联合国维和队员性剥削和性虐待的案件大约有480件。其中有三分之一以上的受害者未满18周岁。提出起诉较多的国家是刚果民主共和国、利比里亚、海地和南苏丹。尤其在海地有200名以上的女性提供了证词，证实为了使国家获得援助物资她们不得不与维和队员发生性关系。[1]

---

1. 金成隆一「PKO隊員らの性的搾取と虐待、申し立て480件」『朝日新聞』電子版、2015年6月11日 21時13分、https://www.asahi.com/articles/ASH6C53TBH6CUHBI027.html，最后访问日期：2020年3月14日。

联合国维和人员的性暴力或者性榨取问题也一直是联合国大会关注的话题,曾多次被各国代表提起。但针对这一问题也存在很多争议。参照《国际法》内容,联合国相关文件早已规定为了限制维和人员的性暴力或性榨取,不允许有权当局推卸责任。然而,在现实中,由于牵涉诸多方面,该问题的处理要比想象中复杂得多。日本的行动计划连续多年在这一目标中始终未能找到合适的案例汇报,除了日本本国存在的原因之外,联合国维和人员身份与地位的特殊性,也使这一问题较难处理。

第一,在国际层面针对维和人员实施性暴力或性榨取进行处罚,需要明确责任归属问题。《国际法》规定,对于国际犯罪行为,如果责任属于国家,则应该由犯罪人员的归属国承担;如果责任属于国际组织,应该由该国际组织承担国际责任。[1] 明确责任归属后,负责任的权力当局才有义务对发生的损失进行赔偿。一般来说,文职人员多由联合国负责,部队人员多由派遣国负责。[2]

第二,维和人员实施性暴力或性榨取的概念界定也需要明确。有意见认为在很多冲突国家和地区由于生存危机,有女性专门从事以当地人和一般外地来访者为对象的卖淫活动。维和人员参与此种活动应与性暴力或性榨取行为区别开来。

第三,联合国维和人员享有豁免权成为犯罪行为制裁的障碍,直接导致

---

1. 尋木真也「国連平和維持活動(PKO)要員による 性的搾取および虐待の規制」早稲田大学社会安全政策研究所紀要(8)、2015、92頁。其中对于国家及国际组织的责任所属规定分别见《国际法》(国家责任条文第1、2条)和国际组织责任条文第3、4条。
2. 川嶋隆志「人間保障による平和構築——国際平和協力における実務者のための法規範」防衛省統合幕僚学校国際協力センター、2014、166頁。

# 第 六 章

日本落实"妇女、和平与安全"议程的问题与展望

维和人员的犯罪行为不能通过受援国国内的民事、刑事裁判手段进行审判,这与冲绳驻日美军在某些方面免受日本国内法律约束一样。不仅如此,针对维和人员豁免权问题在执行过程中存在多处不明确性。首先,当一国派遣维和部队时,需通过安理会决议决定才可派遣,之后联合国需要同接受国家签订《地位协定》;同时和派遣国签订《兵力提供协定》。很多场合下公开协定之外还存在秘密协定,包括豁免在内很多规定的细则并不清晰。[1]其次,作为维和部队需要同时服从联合国与派遣国的指挥,多重身份使维和人员可从国家层面享有主权豁免权,也可从联合国层面享有联合国豁免特权,甚至还可以从外交层面获得外交豁免权。多重权利的重叠为维和人员豁免权的明确界定造成困难。再次,由于维和人员从事的任务伴有很大危险性,从安全顺利完成任务的角度,对维和人员豁免权的条件设定也存在豁免范围扩大化问题。除了对武力冲突时的行动给予绝对的豁免,对武力冲突以外的情况是否给予与武力冲突同样的豁免却不明确。[2]

第四,即使维和人员不享有种种豁免权,受援国有权针对其在本国国内的罪行进行审判,但很多冲突下的国家和地区政治混乱,社会动荡不安,甚至没有一个健全的司法机关,根本没有能力顾及联合国维和人员的犯罪审判问题。

尽管存在上述很多模糊性和豁免权问题,联合国以及国际社会已经开始逐渐关注这一问题。尤其第1325(2000)号决议颁布后,督促各国从性别

---

1. 尋木真也「国連平和維持活動(PKO)要員による 性的搾取および虐待の規制」早稲田大学社会安全政策研究所紀要(8)、2015、92頁。
2. 尋木真也「国連平和維持活動(PKO)要員による 性的搾取および虐待の規制」早稲田大学社会安全政策研究所紀要(8)、2015、92頁。

视角加强对性榨取的惩治，后来又颁布第1820、1888、1889、1960、2106、2122号后续决议重点解决性暴力问题。最初联合国对有性榨取行为的维和人员实施的处分只是解雇并遣送回国，并不追究责任。但从2015年开始，除了作为暂定措施的停发工资、遣返，以及对兵营内业务的限定等处分以外，还禁止队员服役5年。如今，为实现"性榨取零宽容政策"，对轻微违反规定的队员实施行政处分，情节严重者上升到了刑事处分。为了确保快速有效地提取证据和证言，联合国要求派遣国在当地设立军事法庭会议，以联合国的要求和信息公开为基础，进行事前对策和事后应对，加强案件的透明性和可追溯性。

对此，2009年发行的《联合国妇女暴力立法手册》建议，"性暴力应该被定义为对身体的综合性侵犯和对性的自主决定的侵害。不应仅停留在保护性自由，更应是对人的尊严以及针对性的人格权利的保障"。[1]

在日本国内，日本律师联合会根据《国际人权（自由权）章程委员会第五次审查政府报告书》制定了《改革迫在眉睫的日本人权保障系统手册》，涉及个人报告、人权保障机构、代用监狱、死刑、女性少数群体的歧视等内容。条约第14条要求法官、检察官和狱警接受关于性暴力的性别义务培训，第15条涉及要求采取有效措施保护和援助性暴力受害者。

1.「7. 性暴力被害者支援」(2019参議院選挙政策)，日本共産党『赤旗しんぶん』，https://www.jcp.or.jp/web_policy/2019/06/2019-bunya07.html/，最后访问日期：2020年3月6日。

第五节 日本落实"妇女、和平与安全"议程的前景展望

一 日本政府对国内"妇女、和平与安全"问题关注的升级

尽管日本行动计划未提及对本国女性性暴力受害者援助与保护的相应目标与措施，伴随国际社会对妇女性暴力受害者援助的推动，日本国内环境也开始受到国际政策的影响。然而，扭转日本社会对性暴力受害者权益保护的观念，完善制度和社会结构等不是一朝一夕可以解决的事情。伊藤诗织案件前后，日本政府已开始关注国内性侵犯和性暴力受害妇女事件，同时一些左翼团体及在野党也在积极推进。

2016年消除对妇女歧视委员会在审议日本提交的报告后向日本提出以下要求：①修改刑法时，需全面应对针对女性的暴力。不仅包括来自配偶的，同时包括近亲性交在内的犯罪；②在扩大强奸定义的同时，促进刑法的修正，以确保性犯罪的职权起诉；③将配偶强奸认定为犯罪，同时提高强奸的法定刑期下限，修改刑法；④迅速履行紧急保护命令发布的司法程序；⑤鼓励举报对女性（尤其是移民女性）实施各种形式的暴力的加害者，同时确保受到暴力的受害者女性能够使用避难所，并且具备足够的设备；⑥充分有效地调查所有针对妇女和女童的暴力事件；⑦确保所有形式的家庭中的所有女性适用《配偶暴力防止法》。[1] 日本针对委员会提出的要求已经做出了部分行动。2017

---

1. 「女子差別撤廃委員会：日本の第7回及び第8回合同定期報告に関する」、CEDAW/C/JPN/CO/7-8，https://www.gender.go.jp/kaigi/danjo_kaigi/siryo/pdf/ka49-2-2.pdf，最后访问日期：2020年5月3日。

年日本对刑法进行了修正。时隔110年日本首次对百年未变的强奸法案进行了修改，将"强奸罪"更名为"强制性交等罪"，扩大了强奸的定义，并且将法定最低刑期从三年增至五年，之前这一最低刑期甚至短于盗窃罪。尽管如此，同国际水平相比，日本刑法法案整体内容依然存在很多漏洞，仍有受害者被埋没，加害者逍遥法外。刑法修正今后遗留的课题主要为：①强制性交等罪等的"暴力、胁迫条件"的废除；②所谓性交同意年龄（13岁）的更改；③强制性交等罪公诉时效的取消或停止；④配偶间强奸的处罚；⑤刑法中关于性犯罪的条文的位置等。[1]这些遗留的课题均是为了使性犯罪处罚规定达到国际水准需要修改的事项。针对这些事项，2017年法务省最后在附则中提到"刑法将于3年后再次修正"。

2019年底伊藤诗织胜诉之后在面对记者采访时也曾说到今后将继续努力，希望可以推动2020年的刑法修正工作。[2]当时的法务省刑事局局长上川阳子于2018年5月在国会答辩时说，"加害者被判无罪的案件和被不起诉处分的案件都有必要由法务省工作小组进行调查"，但始终没有实施。上川阳子极力要求，今后此类案件在工作小组或者法制审议会上公开。另外，2018年6月，日本共产党同其他在野党一同向众议院提出了制定《性暴力受害者援助法案》的提议，[3]并一直在致力于法案的通过。

1.「7．性暴力被害者支援」（2019 参議院選挙政策），日本共産党『赤旗しんぶん』，https://www.jcp.or.jp/web_policy/2019/06/2019-bunya07.html/，最后访问日期：2020年3月6日。

2. 丁小猫：《伊藤诗织"胜诉"：日本女性的生存境遇会因此变好吗？》，《三联生活周刊》2019年12月20日。

3.「7．性暴力被害者支援」（2019 参議院選挙政策），日本共産党『赤旗しんぶん』，https://www.jcp.or.jp/web_policy/2019/06/2019-bunya07.html/，最后访问日期：2020年3月6日。

第 六 章
日本落实"妇女、和平与安全"议程的问题与展望

　　从受害者方面来看，精神病学创伤研究的进展表明，日本很多司法人员还没有完全理解性暴力的现状和对受害者的长期重大影响。在伊藤诗织的著作《黑箱》中，描述了警察对受害者的残酷审讯，对受害者而言相当于第二次伤害。在法庭上，受害者经常被要求暴露一些隐私，比如与案件无关的性经验状况。因此，如果想要惩处加害者，受害者必须要拿出足够的勇气来应对这些审讯。日本目前正在加强性犯罪搜查体制，培养受过专门侦讯训练的警官和检察官，在一系列刑事程序中维护受害人的尊严。在法庭的取证过程中，也要求确立一种不允许使用受害者过去的性经验倾向的屏蔽法。

　　在日本女性主义者咨询学会对受害者进行咨询的问卷调查中，发现受害者主要遭受来自"熟人"的长期迫害。对还没有被充分认识到的受害情况，日本今后将逐步通过提高司法人员以及整个社会对性暴力的认识，建立一个根除性暴力的社会。同时，计划实施对于性暴力施暴者的重生计划；支援在刑事机构内的处置工作，以及在机构外的民间活动。[1] 在相关基础设施与机构建立方面，目前日本全国范围内建立了41家强奸危机处理中心。根据日本律师联合会的调查，2018年秋每个行政县均设立了一所供性暴力受害者咨询沟通的一站式援助中心，全国目前共54处。[2] 尽管数量远远不够，但较之前已有进步。

1.「7. 性暴力被害者支援」（2019参議院選挙政策），日本共産党『赤旗しんぶん』，https://www.jcp.or.jp/web_policy/2019/06/2019-bunya07.html/，最后访问日期：2020年3月6日。
2.「7. 性暴力被害者支援」（2019参議院選挙政策），日本共産党『赤旗しんぶん』，https://www.jcp.or.jp/web_policy/2019/06/2019-bunya07.html/，最后访问日期：2020年3月6日。

消除女性差别委员会在关于日本第7次及第8次联合定期报告的最终见解中提到，委员会以"国内人权组织的地位的原则"（巴黎原则）为准，对日本没有设立独立的国内人权组织再次表示担忧。委员会认为，比起国内各大省厅明确包含性别主流化和性别预算在内的做法，日本应为了提高女性地位设立国内专门的总部机构予以保障。

在"慰安妇"问题方面，日本律师联合会根据《国际人权（自由权）章程委员会第五次审查政府报告书》制定了《改革迫在眉睫的日本人权保障系统手册》。手册对第二次世界大战中的"慰安妇"制度进行了毫无保留的道歉，追诉了目前仍在世的加害者，要求采取迅速有效的立法和行政措施，对所有在世的受害者给予充分的赔偿。该报告书表示，应通过长期稳定有利于受害者的法律来加强对受害者的援助。为了恢复所有受害者的尊严，律师联合会认为以下三项条件必不可少：①受害事实被认定为历史事实；②加害者真挚地道歉；③包括经济损失在内的所有损失都必须得到赔偿。第二次世界大战时的"慰安妇"制度，是日本一面实施大规模性暴力，一面却丝毫没有实现上述三项条件的严重的侵害人权的例子。政府必须在受害者健在的时候迅速承认历史事实，进行道歉并采取有效的赔偿措施。

防卫省近几年的部门预算，体现了对内部女性自卫队队员更多的人文关怀，一改过去男女无差别对待的状况，鉴于女性生理的特殊需要对于职工设施的完善更加女性化。

日本国内女性的安全保障的完善，在父权制社会文化笼罩下仍然进展缓慢，但随着国际运动和女性相关团体的努力，相信日本女性安全保障问题也会逐步迎来阶段性进步与发展。

第六章
日本落实"妇女、和平与安全"议程的问题与展望

二 美国对日本影响力的相对衰弱

驻日美军性暴力问题与国内一般妇女性暴力问题产生的根源不同。解决驻日美军性暴力问题，根源在于如何限定《日美地位协定》中对驻日美军的特殊待遇问题。但《日美地位协定》的修订，取决于日美双边关系地位的实质变化。出于军事安全需要，二战后日本一直对日美同盟依赖较大。然而，日美同盟也并非永远坚不可摧。"妥协与和谐"虽然是日本处理日美关系的主要方针，但日本始终没有放弃政治战略自主性的推进。尤其近几年国际形势剧变，对日美同盟也带来大挑战，加快了日本走向军事独立的步伐。

首先，中美两国实力消长给日本国家军事安全带来一定威胁。2016年特朗普执政后尽管对盟国提出种种苛刻要求，但一直以来温和的日美关系短期内不会出现突变。由于政策的调整，以及特朗普为维护美国利益，在分担驻日美军军费问题上美国开始对日本采取较为强硬的态度。日本不得不寻求独立强国之路。同志社大学学者村田晃嗣曾提到，到2030年中国可能会超越美国成为第一经济大国，在国防预算上也会超越美国。因此，日本正在不失时机地加强自身军事力量建设和推进修宪计划。

其次，东亚尤其东北亚国际环境的变化推动了日本战略的转变。与奥巴马政府不同，特朗普上台后调整了对朝政策，东北亚安全环境受到新的挑战。日本打算借"朝鲜威胁"推动本国安全战略转型的路径中途被切断，而且特朗普在没有任何迹象表明朝鲜准备放弃核武器的情况下对朝无限宽容，也让日本增加了一个令其担忧的发展事态。[1] 2017年3月10日与日本关系亲密的韩

---

1. 杨伯江：《国际变局：日本的选择与应对》，《日本研究报告（2019）》，社会科学文献出版社，2019，第7页。

国总统朴槿惠下台，与之立场对立的新总统文在寅2017年5月上台后，日本曾感叹与改善日韩关系的机会失之交臂，不久之后果然日韩关系因为经济贸易问题出现波折开始矛盾重重。

面对复杂的周边环境，执政已趋于稳定并日渐成熟的安倍政府一方面努力拉近与美国的关系，尤其是发展与特朗普的个人关系以弥补大选结果出现前安倍晋三曾赴华盛顿单独拜访希拉里的过失，一段时期内日本将继续采取妥协和忍耐的"追随美国"式外交。[1]另一方面日本政府已经开始明确划分日本可以单独应对和需要借助同盟力量的事务的界限，面对复杂国际环境审时度势不再一味唯美国马首是瞻。面对美国的强势加压，日本政府也开始反复地对特朗普政府和国会持续说明日本对于日美同盟的意义以及日本的贡献，并不只是日本单方面接受美国的军事保护，双方属于互惠互利。[2]美国接连不断"退群"，实行全球紧缩政策，让日本不得不开始为将来做准备。加强联合国外交政策的独立性是衡量政治大国的一个标准。日本不断强化维和部队，主要是增强自卫队的军事力量，在维和行动问题上减少对美国的依赖。[3]

同时日本也在转变态度，发展同中国、印度、澳大利亚等国的关系以对日美关系进行补充，发展多国关系可以缓冲日美关系疏离后的影响。例如，执政后期的安倍晋三已不再参拜靖国神社等刺激中韩等亚洲邻国。2018年在大阪召开的G20集团峰会中，中日两国元首的会晤被称为中日关系"由负数走向零"的

---

1. "尽管日本向驻日美军提供的基地设施、补给和保养对美军而言是一笔不可估量的资产，但如果真正撤军完全由日本接手的话，日本每年至少将做出超20兆日元的国防预算，而维持现状目前预算约为5兆日元。"见村田晃嗣「トランプ新政権と日米関係」『問題と研究』46卷1号、2017、16頁。
2. 村田晃嗣「トランプ新政権と日米関係」『問題と研究』46卷1号、2017、14頁。
3. 张晓磊：《日本参与联合国维和行动的新变化与战略动机分析》，《东北亚学刊》2017年第2期，第22页。

第 六 章
日本落实"妇女、和平与安全"议程的问题与展望

转变。2020年新型冠状病毒肺炎疫情在全球肆虐,抗疫初期中日两国之间的互帮互助行为给两国民众带来好感。日本首相安倍晋三提出"日本将举全国之力支援中国"的口号,官民一体物质援助和精神支持并举,获得了中国政府和民众的肯定。日本政府这样做一方面是为东京奥运会召开做准备,但另一方面表明中日关系确实向缓和方向发展。中国疫情发生后,日本也出现疫情大规模突袭而至的情况,中国反向援助日本医疗器械、口罩等物资并且数量均超出日本原有支援数量几倍。中日关系的缓和,加大了日本在日美关系中两国地位平衡的筹码。与此同时,美国特朗普政权在疫情中令人失望的表现不但遭到国际社会指责,还造成国内出现严重混乱情况,进一步凸显出美国全球领导力的下降。

然而,2020年下半年,随着美国大选临近,中美关系急剧恶化,日本作为美国亚洲盟友在南海问题上又回归日美同盟共同对抗中国,态势出现翻转。这一次中美冲突虽然对中日关系再次造成冲击,但也强化了日本作为美国亚洲重要盟友的作用,日本亦可借助中美冲突助长修改宪法将自卫队升级为国防军的声势。总之在追求和谐与妥协的外交理念下,日本今后在中美之间的周旋将始终以日本赢得自身安全与经济发展为目的。21世纪全球迎来百年未有之大变局,国际局势复杂多变,今后日美关系可能仍将维持较长时间的不对等状态。但在日美同盟框架下,日本外交战略的自主性已经凸显,尽管存在局限性,未来日美朝着地位对等方面发展是日本政治诉求发展的大趋势。

小 结

本章对行动计划中存在的问题进行了具体研究,并在此基础上根据日本国内外形势发展对问题的解决给出了相对乐观的展望。行动计划存在的问题

从第三章对其展开论述时就已开始逐渐浮出水面，"政府意志优先"原则下制订出的行动计划本就存在缺失，为本章问题研究做了铺垫。第四章对两大立场的剖析又进一步细化了问题的类型。通过对本章阐述的四大问题进行剖析，发现日本妇女、和平与安全行动计划在近几年的执行过程中存在问题的比例并不大，主要问题是对国内女性安全与和平保障缺失的讨论，这点主要由日本行动计划的"外向型"立场导致。通过分析发现，日本国内一般女性、冲绳妇女、海外派遣的女性自卫队队员均存在安全保障被忽视的问题，但三大人群未获得良好安全保障的原因各不相同。国内一般女性的安全保障缺失主要来自日本社会传统性别规范、不对称带给女性的不公正；冲绳女性遭受美军性暴力侵害不能得到彻底解决是日美同盟不对等关系所致；海外派遣女性自卫队员的保护与救助缺失，主要来自日本政府对于女性劳动力"强者"形象的认知。除了三大国内女性安全保障缺失问题外，第四大问题是对派遣中出现的维和队员性暴力的处分机制缺失。针对四大问题，虽然前景乐观，但解决过程将漫长而艰辛。

纵观全书，通过对日本妇女、和平与安全行动计划的剖析，以及从制订过程、确立立场、取得成绩、出现问题等一系列深入研究可以看出，日本政府整体对性别主流化、提高女性地位、保护权益等议题仍然带有抵触情绪。行动计划制订历时两年半，在长时间与公民团体组织的沟通和协商中，政府一方面要努力实现利益的最大化，另一方面还要避免触碰敏感问题，在行动计划的制订和执行上也花费了不少工夫。今后日本在"妇女、和平与安全"问题上的发展方向是否会逐渐向国内倾斜，仍有待日本社会价值观念的变迁。

结　语

本书围绕日本执行联合国安理会第1325（2000）号决议的前因后果和具体执行过程，结合日本女性政策的变化，分六个章节做了详细的梳理和分析。

从本书的分析我们可以看出，虽然被日本皇室奉为祖先神的天照大神是女神，但现实中的日本女性在近代以前并未站在历史舞台的中央，不但在政治领域被边缘化，在教育、经济、婚姻等方面也无法获得与男性相同的权利，真正能够接近权力中心的女性屈指可数，且都属于贵族或上层武士阶级，属于非常态，包括贵族女性在内的绝大多数女性受到严格的身份和性别双重制约，被剥夺了参政的可能性。近代国家建设使男性认识到女性参与的必要性，开始重视女性教育，打造帝国发展和扩张需要的"良妻贤母"的同时也继续利用女性的身体来满足自己的欲望和帝国的欲望。对参政权的渴望导致日本女性也登上了对外侵略的战车。

第二次世界大战结束后日本女性虽然获得了以参政权为首的多项权利，并受到新宪法的保护，但美国占领日本后允许其保留天皇制，这对去除日本传统等级观念并未起到积极作用。日本在接受美国软实力文化改造的同时，依旧有强烈的性别阶级观念。其后经济的高速发展使"良妻贤母"换汤不换药地过渡为"男主外、女主内"的模式,大部分女性依然被局限于家庭。20世纪80年代后少子老龄化的危机,迫使政府认识到建设男女共同参与社会的必要性和紧迫性,出台和修改多项法律法规以提高女性地位和改变固定的性别分工。然而,国民性别平等意识的改变非一朝一夕之功所能成,对女性的歧视和伤害广泛存在,导致女性参政率低下,灾害中性暴力事件以及冲绳驻日美军对日本妇女施加的性暴力的多发,都说明日本政府未能切实保护女性的人身安全,男尊女卑的性别阶级思想根深蒂固。

在日本女性为自身权益奔走呼号之际,基于对"妇女、和平与安全"问题的重视,联合国安理会出台了第1325(2000)号决议。日本自加入联合国之后向来支持力度很大,尤其表现在资金供给方面,多次参加维和行动和对外开展援助活动,数次谋求联合国安理会非常任理事国的位置。联合国安理会第1325(2000)号决议出台后,鉴于国情日本政府没有在第一时间制订行动计划,但国内民间妇女团体始终没有停下争取自身权益的脚步,对政府是否制订行动计划一直予以关注,也做了大量准备工作,并多次向相关官员提出建议。第1325(2000)号决议颁布13年后,日本政府终于决定制订本国的妇女、和平与安全行动计划。此时日本多年来的海外援助、联合国维和行动的经验积累,加之国内"男女共同参与"政策方针的指导,为政府从制度上落实第1325(2000)号决议和制订行动计划提供了政策基础。日本国内妇女团体在制订和评价过程中努力争取到与政府共同参与的权利,而且也做出了实质性贡献。由国内学者和妇女团体组成的民间代表不仅在制订过程中献计献策,由民间代表构成的后期评价委员会对其执行情况的评价也认真而细致。委员会对评价工作本身逐年进行自省和修正。尽管评价存在一定问题,但对行动计划的执行起到了评价、监督作用。日本的行动计划是第一部官民共商共建完成的国家政策。这个过程虽体现了民主性，但政府依然起主导作用，掌控行动计划的大方向。

由于受到国际环境的影响和国内利益的驱使，日本的行动计划在政府的主导作用下体现出了两大立场，即"外向型"立场和"未来型"立场。这两大立场也从侧面反映出日本既要维护本国的根本利益，又要避免对联合国安理会第1325（2000）号决议有明显的违背。不仅如此，两大立场还反映出日本在冷战后政治战略的调整。日本的行动计划倾向于海外援助，对冲突国家和地区的女性给予了很大的支援，其背后体现了日本借助联合国平台扩展日本国际影响力的同时逐步增强军事力量的目的。在行动计划中对于"慰安妇"问题的回避显示了近年来历史修正主义在日本的抬头，对驻日冲绳美军问题的"摇摆政策"体现了在日美同盟框架下日本既追求和谐又向往独立的趋势。

对日本落实行动计划的整体评价应该用一分为二的观点来看待。日本在海外落实"妇女、和平与安全"方面颇有建树。在对妇女的和平建构和援助冲突国家、地区以及发展中国家诸多领域，政府和民间团体共同发力，为全球处于冲突下的国家和发展中国家的妇女、女童的权利保障贡献了日本力量。安倍晋三第二次执政后在东京召开的国际女性会议，集结了来自世界各地的女性领军人物赴日交流，为国内妇女团体的成长与发展提供了宝贵平台，并借此宣传了日本形象。这一举动也表明，日本已从参与多边合作走向了自创机制主动建群的行列。在对外援助方式上，日本也开始从间接的资金援助悄然向直接参与项目合作发展。在执行落实女性政策的背后，体现出日本近年来政治战略自主性的明显提高，但真正实现完全自主性的目标仍需很长时间。

日本海外援助人员的专业态度得到受援助地区人民的认可，也是值得其他国家借鉴的榜样。但是在取得众多建树的同时，日本缺乏对国内女性安全与和平保障的关注。行动计划中对日本国内女性安全与和平保障关注的缺失呈现三种表现形式，不同类型有不同的问题根源。各项问题的解决也需依照不同方法，经历一段长时间的摇摆才能迎来最终改善。目前，日本政府对性别主流化、女性赋权、女性权益保护等议题的态度仍是复杂的，对外开展的积极性优先于国内。今后能否在"妇女、和平与安全"问题上迈出更大步伐、取得更多成绩，有待于日本社会性别观念和国际定位的实质性改变。

附　录　《关于妇女、和平与安全保障的行动计划》（中文）*

序　文

1.国际和平与男女平等方面的举措

（1）1945年，在"欲免后世再遭今代人类两度身历惨不堪言之战祸，重申基本人权，人格尊严与价值，以及男女与大小各国平等权利之信念"[1]下，联合国成立。维护国际和平与安全以及尊重人权是联合国成立不可分离的理念。

（2）联合国在男女平等方面采取了一系列举措，如1948年通过了《世界人权宣言》，1966年通过了《国际人权公约》，此外还将1975年定为"国际妇女年"，将1976年至1985年定为"联合国妇女十年"。1979年通过的《消除对妇女一切形式歧视公约》（《妇女歧视消除公约》）在序言中规定"一国的充分和完全的发展，世界人民的福利以及和平的事业，需要妇女与

---

* 本文件为日本第1版「女性・平和・安全保障に関する行動計画」的中文版，引自日本驻华大使馆网站，在本书正文中译为"妇女、和平与安全行动计划"，https://www.cn.emb-japan.go.jp/fpolicy/fpolicy151204.pdf，最后访问日期：2020年9月30日。
1.《联合国宪章》序言

男子平等充分参加所有各方面的工作"[1]。此外，1995年的《北京宣言》和《北京行动纲领》明确指出"男女平等是人权问题和社会正义的条件，也是平等、发展与和平的必要基本先决条件"[2]，并提出了"增进妇女在决策阶层参与解决冲突并保护生活在武装冲突和其他冲突状态或外国占领下的妇女"[3]的战略目标。

（3）日本在《日本国宪法》中"决心确保自由带给我们全国的恩惠，消除因政府的行为而再次发生的战祸"，并"期望持久的和平"，放弃战争，作为和平国家向前发展。《日本国宪法》以尊重基本人权为中心理念，特别是规定"法律平等"、"家庭生活中的个人尊严和两性平等"的意义是不可估量的。

（4）日本切实采取旨在实现男女平等的各项措施，于1999年制定了《男女共同参与社会基本法》[4]，将实现男女共同参与社会定位为决定21世纪日本社会发展的首要课题，力求在所有社会领域推动相关举措，促进形成男女共同参与社会。

2. 安理会第1325号决议的通过及其意义

（1）在1995年的第四次世界妇女大会上，各国宣布深信"妇女的权利就是人权"[5]，并通过了《北京宣言》和《北京行动纲领》，作为"赋予妇女权力的

1.《消除对妇女一切形式歧视公约》序言
2.《北京行动纲领》第1章1.
3.《北京行动纲领》战略目标E.1
4.《男女共同参与基本计划》(第1次、第2次、第3次)
5. 第四次世界妇女大会《北京宣言》(https://www.un.org/womenwatch/daw/beijing/pdf/BDPfA%20E.pdf) 第14条

附 录

《关于妇女、和平与安全保障的行动计划》（中文）

纲领"[1]。之后，在联合国的主导下开展了尊重妇女权利、社会性别主流化[2]、妇女赋权等有关妇女人权的活动。然而，要求会员国应就妇女参与冲突预防和解决以及和平进程、在冲突中保护妇女和儿童免遭性别暴力等妇女、和平与安全（WPS：Women、Peace and Security）领域采取具体行动的联合国安全理事会决议未获得通过。

（2）在此背景下，在公民社会和NGO的强烈支持下，联合国安理会于2000年10月31日一致通过了关注冲突中妇女课题的首个决议——安理会第1325号决议。该决议是顺应第四次世界妇女大会后推行的社会性别主流化政策而获得通过的，其特点是未将妇女作为脆弱的被动受害者，而是在预防和解决冲突及建设和平的所有方面将妇女定位为"积极的主体"[3]。

（3）随后，作为第1325号决议的补充，安理会于2008年通过了第1820号决议，于2009年通过了第1888号和1889号决议，于2010年通过了第1960号决议，于2013年通过了第2106号和2122号决议，除了相关的安理会主席声明和联合国秘书长报告外，各国以及国际社会在妇女、和平与安全（WPS）领域应采取的行动（WPS议程）也得到了更为具体的规定和整理。此外，联合国消除对妇女歧视委员会于2013年10月通过了关于妇女在冲突预防、冲突中和冲突后局势中的作用的第30号一般性建议[4]，在针对包括武力冲突、国内动乱、紧急状态等在内的所有状况下尊重妇女人权的同时，劝告缔约国按照

1.《北京行动纲领》第1章1.
2. 为在各个领域实现男女平等而纳入男女共同参与所有政策、措施及事业的观点。
3.《联合国宪章》第25条规定"联合国会员国同意依宪章之规定接受并履行安全理事会之决议"。
4. General recommendation No.30 on women in conflict prevention、conflict and post-conflict situations、Committee on the Elimination of Discrimination against Women (CEDAW/C/GC/30)

《消除对妇女一切形式歧视公约》制定关于妇女、和平与安全的行动计划以及与公民社会、NGO合作进一步推动WPS议程等。

（4）通过一系列决议，会员国基于第1325号决议应致力于解决的课题方面，①妇女参与预防冲突、建设和平、重建等所有进程中所有层级的决策（赋权和参与）、②防止维护和建设和平、预防冲突及冲突中的性别暴力和人权侵犯、③保护和救济在冲突中遭受性别暴力的妇女和女童等、④关怀救援与重建中的妇女（人道与支援重建）作为四大主要支柱得到明确。

3. 日本的举措

（1）日本在战后约70年里一直将"希望在努力维护和平，从地球上永远消灭专制与隶属，压迫与偏见的国际社会中，占有光荣的地位"[1]铭刻于心，在冲突预防、包括协助联合国维持和平活动（PKO）在内的和平建设、妇女赋权等领域开展了各种援助活动。日本国内也在战后基于新宪法下尊重个人和法律平等，实施了与形成男女共同参与社会相关的各种举措。此外，日本于1999年制定了《男女共同参与社会基本法》和《男女共同参与基本计划》。为让21世纪成为没有侵犯妇女人权和冲突中对妇女进行性暴力的世纪，日本将根据过去的教训、经验以及成果，在和平解决冲突以及世界和平、与各国建立友好关系、妇女人权方面不断开展工作，并为此与专家（包括公民社会和NGO的代表），特别是与妇女团体合作制定和实施行动计划。

（2）如下所述，日本已通过各种形式实践第1325号决议的要求，但仍需要进一步推动开展保护妇女和女童、社会性别主流化、促进妇女参与决策方

1.《日本国宪法》序言

附 录
《关于妇女、和平与安全保障的行动计划》（中文）

面的工作。

- 基于"人的安全包含人民在自由尊严中生活、免受贫困和绝望之苦的权利。每一个人，尤其是弱势人民，都应有权免于恐惧，免于匮乏，获得平等机会享受一切权利并充分发挥其自身潜力"[1]这一人员安全保障理念，实施了大量关注包括妇女在内的个人的援助。

- 过去在政府开发援助（ODA）大纲中将"建设和平"定位为重点课题，重点开展预防冲突、冲突中人道援助、冲突后援建等工作。内阁会议于2015年2月通过的"开发合作大纲"将"推进人员安全保障"作为一项基本方针，并将"促进妇女参与"定为开展开发合作的一项原则。

- 日本于1995年发布了《妇女与发展（WAD）倡议》，于2005年发布了《社会性别与发展（GAD）倡议》。ODA的各个阶段融入了社会性别的观点，表明将加强针对男女平等和提高女性地位的援助。具体来讲，日本在落实第1325号决议方面开展了大量实际工作，例如，在冲突和灾害中实施紧急人道援助的过程中保护妇女，并为针对这一需求的项目凑款；在冲突后援建过程中开展大量旨在促进妇女走入社会的项目等。

- 除了ODA外，日本还参加联合国PKO等，在建设和平的一线做出人员贡献。针对自卫队员等参加联合国PKO等的人员，在派遣前进行妇女关怀和性暴力等方面的教育。在培养和训练日本和其他国家的PKO等人员以及能够在其他和平建设领域有所作为的文职专家方面，通过引进妇女关怀和性暴力等方面的讲义，推动人才培养和能力强化。

---

1. 有关人员安全的联合国大会决议（A/RES/66/290）正文3.（a）

（3）2013年9月，日本在联合国大会上表示构建"让女性绽放光彩的社会"会给世界注入诸多活力，日本将基于此思路强化与国际社会的合作，并向发展中国家提供援助。具体来讲，日本决定建立①推动女性发展和走入社会并加强女性能力、②加强作为推动国际保健外交战略的一个环节的女性保健医疗领域措施、③女性在和平与安全保障领域的参与和保护三大支柱，加强相关工作开展，在3年内（2013年–2015年（日历年度））开展超过30亿美元的ODA。作为这一决定的延续，日本政府于2014年9月与相关团体一起主办了"为实现女性绽放光彩社会的国际论坛"（World Assembly for Women in Tokyo: WAW! Tokyo 2014），会议邀请世界各国以及日本各地在女性领域有所作为的领袖人物来到东京，就妇女、和平与安全以及旨在促进女性发展的举措进行了热烈的讨论和提议。

（4）日本体验过很多诸如2011年东日本大地震那样的大规模自然灾害。日本根据克服诸多自然灾害的经验，正加强措施将男女共同参与的观点引进防灾、重建的各个阶段。从国际活动方面来看，日本于2012年3月在妇女地位委员会（CSW）上作为"自然灾害与社会性别"相关决议草案的主提案国，尽力促进该草案以协商一致的方式通过；于2012年7月举办了"世界防灾阁僚会议in东北"，表示日本将在防灾领域积极开展对外援助；于2015年3月在仙台市举办了联合国第三届世界减灾大会，制定了《兵库行动框架》的后续框架，为国际合作防灾的主流化做出了贡献。灾害处理现场能够反映平时地区社会尊重人权以及妇女赋权、参与的程度，如果妇女被置于弱势，会进一步成为人权侵犯的对象，在这个意义上，存在很多围绕冲突中的妇女问题和共同课题。日本将从男女共同参与的观点出发，与世界共享日本的受灾经验。

附 录
《关于妇女、和平与安全保障的行动计划》（中文）

4.有关行动计划的基本思路

（1）本行动计划根据安理会在第1325号决议以及相关决议等的要求，从男女共同参与的观点出发，

重新审视日本政府在预防冲突、包括参与国际和平合作活动（PKO）在内的和平建设、妇女赋权等领域进行各种援助的相关政策和举措，进而明确今后应开展的工作，从而具有强化现有政策和举措的意义。本行动计划应与《开发协力大纲》、《国际和平协力法》等相关法律法规和政策以及《消除对妇女一切形式歧视公约》等人权公约、《北京宣言》和《行动纲领》等相关条约、国际规范、国际标准配合实施。

特别注意在预防、解决冲突以及建设和平的所有决策阶层增进妇女积极参与。此外，由于每名妇女和女童并不完全相同，而是各具特点，因此需要注意其中存在更容易遭受歧视和暴力的个体。特别应当在考虑因武力冲突和紧张局势升级造成的难民或国内流离失所者、各国在民族、宗教、语言上的少数群体、残疾人、老年人、失去监护人的儿童、女性户主家庭、性少数群体等群体具有的多样且特有的需求和脆弱性的基础上，实施本行动计划。此外，在实施过程中关注人的安全保障能发挥多大的作用。希望妇女积极参与的安理会第1325号决议的要求与人的安全保障思路如出一辙。

（2）此外，本行动计划的制定和实施应根据宪法下的基本人权的尊重和国际协调主义，反映日本作为和平国家的发展情况。此时，日本应谨记各国在日益国际化的国际社会团结起来解决课题的必要性，为实现国内外没有战争也没有贫困、剥削、歧视和暴力的社会，通过具体行动，更加积极地为确保国际社会的和平、稳定、繁荣做出贡献。

（3）妇女权利的保护和尊重除了要在国内政府部门主导下进行外，还需与联合国机构、地方政府、公民社会和NGO合作才能得以实现。在制定本行动计划的过程中，通过与国内外的公民社会、NGO交流意见以及与联合国妇女署等联合国机构沟通等听取了各种相关人员的意见，并将意见体现到了计划中。在实施过程中仍重视与相关人员的沟通与合作，以便通过各种相关人员创造出更多优秀的案例。

（4）为评价本行动计划的实施情况，尽可能引进旨在跟进实施情况的参考指标，同时努力确保适当的资金来源。本行动计划制定后，根据这些参考指标，在专家（包括公民社会和NGO的代表）参与的框架下随时监测实施情况，并每年制作实施情况报告书。计划3年后在此基础上对计划进行调整。

5.行动计划的结构和各项支柱举措的大目标

（1）本行动计划按照参与、预防、保护、人道及重建援助、监测、评价及调整等5大支柱举措进行梳理。具体来讲，妇女参与预防冲突、建设和平、重建等进程是基本支柱，行动计划首先涉及这一方面。由于参与涉及到预防、保护、人道及重建援助的所有领域，因此按照各个领域梳理相关工作。接下来列出有关冲突和灾害的3个支柱涉及的工作，这3个支柱分别是预防包括冲突中和冲突后针对妇女和女童等的暴力在内的人权侵犯、保护遭受包括冲突和灾害发生后紧急援助阶段的暴力在内的人权侵犯的妇女和女童等、关怀妇女的人道及重建援助。

（2）此外，对外工作应与国内工作协同开展，汇总各支柱的对外工作以及日本国内有关本行动计划的举措和努力。

附 录
《关于妇女、和平与安全保障的行动计划》（中文）

（3）本行动计划通过开展各项工作加以实施，届时力求实现下述各支柱举措的大目标。

- 参与：

  确保妇女在和平与安全保障领域各个阶段的平等参与，以实现该领域的社会性别主流化。

- 预防：

  促进妇女参与冲突预防、管理、解决的所有进程和决策并发挥指导性作用，加强男女共同参与的观点。

- 保护：

  让包括妇女和女童等在内的各种受益者在冲突中、冲突后或者大规模灾害等人道危机状况下免遭暴力等的人权侵犯。

- 人道及重建援助：

  反映妇女和女童等的特有状况和需求，促进妇女赋权，通过确保妇女参与的形式进行人道及重建援助。

- 监测、评价及调整框架：

  构建适时、有效地对行动计划进行监测、评价及调整的框架，定期修改行动计划。

日本实施的具体举措

Ⅰ.参与

大目标	确保妇女在和平与安全保障领域各个阶段的平等参与,以实现该领域的社会性别主流化。		
意义与目的	为实现社会性别主流化这一安理会第1325号决议以及相关决议等实施的中心课题,在日本开展的各项活动中确保妇女在各个阶段的参与,切实反映对妇女的关怀。此外,通过国际合作积极开展支持工作,以便让妇女作为解决、和解冲突以及建设和平的主要当事人,平等地参与这些进程各个阶段的决策。届时将关注少数族裔妇女、女性户主家庭、残疾妇女等在社会上处于弱势的妇女群体。国内安全保障以及外交方面的社会性别主流化和促进妇女参与也将在与男女共同参与基本计划的联动下切实开展。		
目标1	让妇女在预防冲突和防止冲突再次发生的相关决策中积极发挥作用,并反映对妇女的关怀。		
具体措施1	在预防冲突和防止冲突再次发生的相关项目的计划、监测、评价各阶段关怀妇女,确保妇女和女童等的参与。	〈指标1〉在计划、实施、评价各阶段按性别分析项目的实施情况。〈指标2〉妇女和女童等的参与情况。	外务省 JICA
具体措施2	协助关怀妇女的联合国PKO等和平建设活动。	〈指标1〉关怀妇女的活动状况。〈指标2〉联合国PKO等活动中妇女问题专家和负责人的派遣情况。	内阁府国际和平协力本部事务局 外务省 防卫省
具体措施3	协助改善关怀妇女的法律、制度及其运用和司法途径。	〈指标1〉相关协助工作的开展状况。	外务省 JICA
具体措施4	协助对象国家的妇女在建设和平的活动中积极发挥作用。	〈指标1〉通过政府和JICA直接开展协助工作的情况。〈指标2〉支持进行相关援助的NGO的优秀案例。	外务省 JICA

附 录

《关于妇女、和平与安全保障的行动计划》(中文)

续表

	具体措施5	以主要援助国的身份倡导实现联合国和平建设基金（PBF）妇女相关项目的筹款目标（15%）。	〈指标1〉妇女相关项目的筹款金额和比例。	外务省
目标2		加强妇女参与和平进程。		
	具体措施1	协助冲突地区的妇女团体在和平进程中发挥重要作用。	〈指标1〉针对相关妇女团体开展协助的情况。	外务省 JICA
	具体措施2	确保冲突地区的妇女代表参加日本参与的和平相关会议（包括冲突地区的援建会议）。	〈指标1〉相关妇女的参加情况。	外务省 JICA
目标3		人道及重建援助的相关决策能够体现对妇女的关怀。妇女能够积极发挥作用。		
	具体措施1	确保妇女参与制定人道及重建援助项目计划。	〈指标1〉促进妇女参与计划制定决策的情况。〈指标2〉日本就援助项目派遣妇女的情况。	外务省 JICA
	具体措施2	确保妇女参与包括派遣选举监视团在内的民主化支援活动。	〈指标1〉推动妇女登记选民簿、推动妇女参加选举委员会的工作开展情况。〈指标2〉日本的选举监视团等支持选举的团体中女性的人数和比例。其中，管理人员的人数和比例。	内阁府国际和平协力本部事务局 外务省 JICA
	具体措施3	在灾后重建及协助防灾工作方面引入男女共同参与的观点，确保妇女参与决策。	〈指标1〉灾后重建及协助防灾工作与妇女问题的相关负责人的确定情况。〈指标2〉促进妇女参与被援助国实施机构和受益社区决策的情况。	外务省 JICA

续表

	具体措施4	在国内灾害应对方面保持与防灾计划、《灾害对策基本法》、男女共同参与基本计划的吻合性，确保妇女参与决策和项目实施。	〈指标1〉地方防灾会议委员中妇女的人数和比例。 〈指标2〉手册中明确表示让妇女参与灾后避难所运营各个阶段决策的优秀案例的宣传情况。 〈指标3〉男女受训人员在从事灾害应对工作的工作人员中的数量和比例。 〈指标4〉从男女共同参与的观点出发开展东日本大地震重建工作的优秀案例的收集、公布及推广情况。 〈指标5〉从事防灾对策工作的工作人员中的男女人数和比例。	内阁府防灾担当与男女共同参与局 复兴厅 消防厅
目标4		在国内的外交和安全保障政策相关决策中引入男女共同参与的观点，加强妇女在包括决策在内的各层级的参与。		
	具体措施1	积极协助日本妇女在联合国等国际机构以及联合国代表团中任职。特别是促进干部的任用。	〈指标1〉在国际机构等中任职的日本妇女的人数以及在全体日本工作人员中的占比。	外务省
	具体措施2	建立健全相关体制，包括在实施安理会第1325号决议以及相关决议等的过程中，推动社会性别主流化和妇女参与的部门的设置。	〈指标1〉相关部门的设置情况和活动情况（包括人员体制）。 〈指标2〉其他体制的建设完善情况（专职负责人的配置等）。 〈指标3〉设立专职负责人制度等人事方面的措施情况。	内阁府 警察厅 外务省 防卫省 JICA
	具体措施3	培养具备男女共同参与观点的人才。	〈指标1〉针对工作人员进行有关妇女课题培训（包括行动计划方面的培训）的实施情况（学员人数、培训内容等）。	内阁府国际和平协力本部事务局 警察厅 外务省 防卫省 JICA

附 录

《关于妇女、和平与安全保障的行动计划》(中文)   275

续表

具体措施4	推广宣传安理会第1325号决议以及行动计划。	〈指标1〉推广宣传的情况。	外务省等
具体措施5	推动女性加入出席和平相关会议(包括冲突地区的援建会议)的日本代表团。	〈指标1〉相关日本代表团中妇女的人数和比例。其中,处于指导地位的妇女的人数和比例。 〈指标2〉持男女共同参与观点的国内政府和民间专家表的制作情况。	外务省 JICA
具体措施6	根据量才选拔和志愿情况,积极地向联合国PKO或双边合作等方面的代表团派遣妇女。	〈指标1〉PKO及双边合作等方面的代表团中妇女的派遣情况(人数以及在整个代表团中的占比等)。 〈指标2〉与实施安理会第1325号决议以及相关决议等相关的项目代表团中妇女的派遣情况(人数以及在整个代表团中的占比等)。	内阁府国际和平协力本部事务局 警察厅 外务省 防卫省 JICA

Ⅱ.预防

大目标	促进妇女参与冲突预防、管理、解决的所有进程和决策并发挥指导性作用,引入并加强男女共同参与的观点。
意义与目的	认识武力冲突和紧张局势升级对男女造成的不同影响,从男女共同参与的观点出发,协助预防、管理、解决冲突。 认识妇女在冲突预防、管理、解决方面发挥的作用,促进妇女平等参与和发挥指导性作用。 促进以缓和国家间紧张局势,建立友好关系,促进不通过武力解决冲突为目的的妇女活动。 促进具有包容性(inclusive)的援助,让因武力冲突和紧张局势升级造成的难民或国内流离失所者以及以妇女和女童为中心的各种高脆弱性受益者(特别是在民族、宗教、语言上的少数群体、残疾人、老年人、失去监护人的儿童、女性户主家庭、性少数群体等。下称"妇女和女童等")能够在不被忽视的情况下参与冲突预防、管理、解决的所有进程和决策。

续表

目标1	在冲突预防方面促进妇女参与，将男女共同参与的观点引入预警和早期应对机制。			
	具体措施1	在冲突分析中采用关注妇女课题的统计和分析方法。	〈指标1〉各国家和地区的局势分析中按男女进行分析的采用情况（日本进行的局势分析中男女共同参与观点的引入）。 〈指标2〉冲突国家和有冲突经历的国家的ODA项目按男女进行分析的采用情况。	外务省 JICA
	具体措施2	在冲突征兆相关信息的收集、验证、分析方面关注妇女课题。	〈指标1〉在冲突征兆相关信息的收集、验证、分析方面对妇女的关注情况。 〈指标2〉在冲突征兆相关信息的收集、验证、分析方面妇女的参与情况。	外务省 JICA
	具体措施3	妇女参与预警和早期应对机制。	〈指标1〉预警和早期应对机制的建立、运营方面妇女的参与情况。	外务省 JICA
	具体措施4	妇女参与信任建立活动。	〈指标1〉女性参与的旨在建立信任的项目的实施情况（文化、学术和体育交流、植树造林和环境保护等）。	外务省 JICA
目标2	在处于冲突影响下的社会中的冲突管理方面促进妇女参与，让妇女能够发挥指导性作用。			
	具体措施1	分析处于冲突影响下的社会中的性别暴力等的风险并采取降低风险的措施。	〈指标1〉ODA项目中以预防冲突国家和有冲突经历的国家的性别暴力等为目的的项目的实施情况和妇女的参与情况。 〈指标2〉特别是包括预防处于脆弱状况下的难民和国内流离失所者遭受性别暴力等在内的项目的实施情况和妇女的参与情况。	外务省 JICA

附录

《关于妇女、和平与安全保障的行动计划》（中文）

续表

	具体措施2	妇女参与旨在防止冲突及其影响扩散的基层活动，并发挥指导性作用。	〈指标1〉为实现妇女在活动中发挥指导性作用的协助工作的开展情况。	外务省 JICA
目标3	协助妇女参与解决冲突并发挥指导性作用，在和平进程中体现男女共同参与的观点。			
	具体措施1	不论正式与否，让妇女参与日本涉及的和平谈判进程和决策，并发挥指导性作用。	〈指标1〉日本涉及的和平谈判进程中妇女的参与情况。〈指标2〉上述过程中妇女发挥指导性作用的案例。〈指标3〉返回的难民和国内流离失所者（特别是妇女和女童）的需求在谈判中的体现情况。	外务省
	具体措施2	包括性别暴力等的应对和预防在内，在日本涉及的和平进程中体现男女共同参与的观点。	〈指标1〉在日本参与的和平进程中男女共同参与的观点的体现情况。〈指标2〉上述过程中针对性别暴力等的应对和预防的考虑情况。	外务省
	具体措施3	培养掌握解决冲突的高级技能（谈判、调解、调停）的妇女。	〈指标1〉国内外培训机构等开展的有助于提升冲突解决技能的培训方面妇女的参与情况。	外务省 JICA
	具体措施4	调查和研究妇女为解决冲突做出贡献的案例，梳理教训和成功要素。	〈指标1〉与解决冲突和妇女相关的案例的调查、研究的实施情况。	外务省 JICA
目标4	引入男女共同参与的观点，协助开展防止冲突再次发生的工作。			
	具体措施1	引入社会性别主流化和男女共同参与的观点，协助开展警察改革（包括确保妇女参与、按性别分析、需求应对等）。	〈指标1〉针对海外治安机构开展妇女课题培训的实施情况。〈指标2〉培训等对女性警察的协助情况。〈指标3〉对开展妇女课题培训、性别暴力对策方面的培训等（包括设置专门的特别单元等）的协助情况。	警察厅 外务省 JICA

续表

具体措施2	引入男女共同参与的观点，协助加强有效促进社会性别主流化的司法部门的能力。	〈指标1〉对当地司法机构按照安理会第1325号决议宗旨制定方针（指南）和计划的协助情况。 〈指标2〉对女性法律人士的协助情况。 〈指标3〉对有效促进男女平等的法律制度建设的协助情况。	法务省 外务省 JICA
具体措施3	引入男女共同参与的观点和社会性别主流化，协助开展社区重建（康复）。	〈指标1〉社区发展项目（重建）中关怀妇女的情况。	外务省 JICA
具体措施4	引入男女共同参与的观点，协助开展小型武器管理。	〈指标1〉小型武器问题对策中关怀妇女的情况。	外务省
具体措施5	引入男女共同参与的观点，协助采取人口贩卖对策（保护受害者、起诉和防止施害者）。	〈指标1〉对在男女共同参与的观点下采取人口贩卖对策（建立健全法律制度、针对治安和执法机构开展培训等）的协助情况。 〈指标2〉日本援助机构中负责保护受害者的女性工作人员的录用情况。 〈指标3〉对针对治安和执法机构部门（军队、警察、法院等）开展人口贩卖受害者对策培训的协助情况。	外务省 JICA
具体措施6	引入按性别分析和实施安理会第1325号决议的观点，在旨在和解的社会变革过程中提供协助。	〈指标1〉对政府和地方机构制定在和解进程中实施安理会第1325号决议的方针（指南）和计划的协助情况。 〈指标2〉日本援助相关和解进程方面女性专家的参与情况。	外务省 JICA

附 录

《关于妇女、和平与安全保障的行动计划》（中文）

续表

	具体措施7	引入提高妇女地位和男女共同参与的观点，协助开展海外教育。	〈指标1〉有无日本协助开展的和平教育活动中引入提高妇女地位和男女共同参与观点的案例（有协助案例时，包括有无涉及协助的相关中央政府部门的实施安理会第1325号决议的方针）。 〈指标2〉日本协助制作的和平教育课程体系中对妇女地位提升和男女共同参与的关注情况。	外务省 JICA
目标5		协助促进妇女参与维持和平活动、支援和平活动和建设和平活动并发挥指导性作用，加强PKO人员等支援和平活动人员预防和应对性剥削及虐待（SEA）、性别暴力等的能力。		
	具体措施	加强PKO人员等预防和应对针对妇女的暴力等的能力。	〈指标1〉PKO人员等派遣前培训的实施情况。 〈指标2〉PKO人员等派遣前培训以外的自卫队教育课程相关教育的实施情况。 〈指标3〉针对警察和文职专家进行相关教育的实施情况。	内阁府国际和平协力本部事务局 警察厅 外务省 防卫省
目标6		促进缓和国家间紧张局势，建立友好关系，不通过武力解决冲突。此外，为了实现这一目的，促进日本国内的妇女、公民社会和NGO的活动。		
	具体措施1	在缓和紧张局势和预防冲突方面协助妇女开展以和平为目的的交流和研究活动等。	〈指标1〉对妇女主导开展的以缓和国家间紧张局势、建立友好关系、不通过武力解决冲突为目的的民间活动的协助情况。	外务省 JICA
	具体措施2	为实施安理会第1325号决议促进国际合作。	〈指标1〉相关国际合作的情况。	外务省
	具体措施3	在日本国内促进和平教育。	〈指标1〉和平教育相关举措的实施情况。 〈指标2〉对开展以和平教育为目的的民间活动的协助情况。	外务省 文科省

Ⅲ. 保护

大目标	让包括妇女和女童等在内的各种受益者在冲突中、冲突后或者大规模灾害等人道危机状况下免遭性别暴力等人权侵犯。
意义与目的	特别是在人道危机状况下，存在强奸等性暴力、家庭暴力、性剥削（作为获得援助的偿还，被要求提供性服务等）、人口贩卖等性别暴力的危险性不断升高的问题，确保对妇女和女童进行全面保护已迫在眉睫。届时需要考虑：性别暴力时常得不到报告；危机过后很多时候对施害者的起诉和处罚以及对受害者的救济得不到实行；在性别暴力背后存在基于性别的标准和分工、男女不平等、法律制度不完善；暴力的受害者绝大多数是妇女和女童，但男性和男童以及少数群体也会遭受伤害，而这种情况有时较妇女和女童遭受暴力还要难以得到报告和应对。日本国内的举措在与男女共同参与基本计划的联动下切实开展。
目标1	向人道危机状况下性别暴力受害者提供包括身体、医疗、社会心理、法律、经济援助在内的全面援助。

具体措施1	加强向性别暴力受害者提供全面援助的体制并落实报告工作。	〈指标1〉运用应对性别暴力的现有标准作业程序（SOP）等实施PKO等建设和平活动和紧急人道援助时与性别暴力对策组织的联络体制的建立及应对状况。 〈指标2〉对通过提供避难所等援助性别暴力受害者的NGO等进行协助的实施情况。	外务省 JICA
具体措施2	培训从事联合国PKO等建设和平活动、救灾派遣、援助发展中国家等相关工作的工作人员和队员。	〈指标1〉包括性与生殖健康及权利的观点在内的性别暴力对策方面的培训的开展情况（学员人数、培训内容等）。 〈指标2〉对协助医疗相关人员进行性别暴力对策、特别是性与生殖健康及权利方面训练的NGO等进行协助的实施情况。	内阁府国际和平协力本部事务局 警察厅 外务省 防卫省 JICA
具体措施3	对性别暴力受害者进行过渡期的（或中长期）援助。	〈指标1〉冲突或大规模灾害后性别暴力受害者中长期康复（包括医疗、社会心理、经济方面的援助）援助项目的实施情况。	外务省 JICA

附 录

《关于妇女、和平与安全保障的行动计划》（中文）

续表

	具体措施4	预防从事联合国PKO等建设和平活动以及援助发展中国家相关工作的文职工作人员和队员进行性别暴力。	〈指标1〉派遣的工作人员和队员对国际行动规则的了解和落实情况。〈指标2〉日本的工作人员和队员成为施害者的性别暴力的受害事件数量以及经过报告（以联合国PKO局提供的统计数据为准）。	内阁府国际和平协力本部事务局 外务省 JICA
	具体措施5	协助联合国等针对冲突中的性别暴力开展相关活动。	〈指标1〉对联合国秘书长冲突中性暴力问题特别代表办公室、联合国妇女署、联合国机构以及其他国际机构的协助情况。	外务省
目标2	降低和预防人道危机状况下性别暴力等的风险。			
	具体措施1	协助在当地建立初期应对、工作开展以及监测体制。	〈指标1〉对在当地建立初期应对、工作开展以及监测体制的团体的协助情况。	外务省 JICA
	具体措施2	分析策划和拟定水、环境卫生与个人卫生（WASH）、粮食与营养、避难所、生活援助物资发放、保健、宣传教育活动等方面的项目时的性别暴力风险。	〈指标1〉相关项目中的性别暴力风险的分析情况。	外务省 JICA
	具体措施3	支持以妇女和女童（特别是少数族裔妇女、寡妇等）为对象的经济及社会赋权。	〈指标1〉对相关援助项目的支持情况（包括优秀案例）。	外务省 JICA
	具体措施4	支持社区参与和动员的根除性别暴力和促进男女平等的计划。	〈指标1〉对相关援助项目的支持情况（包括优秀案例）。	外务省 JICA

续表

	具体措施5	在关怀妇女的基础上加强针对非法小型武器交易的国际管制。	〈指标1〉小型武器方面联合国大会决议的情况（包括日本的举措）。〈指标2〉《武器贸易条约》的实施情况。	外务省
目标3		在难民和国内流离失所者的保护和援助中体现男女共同参与的观点，防止性别暴力。		
	具体措施1	训练援助难民和国内流离失所者的人员。	〈指标1〉对相关国际机构开展性别暴力相关训练的协助情况。	外务省
	具体措施2	在难民和国内流离失所者紧急援助的登记工作中确定并记录以妇女和女童等为中心的高脆弱性受益者的各种需求。	〈指标1〉受援难民个人情况（非家庭）登记工作的开展情况。〈指标2〉上述登记中性别、年龄、家庭组成、特定需求等的记录情况。	外务省 JICA
	具体措施3	确保策划和拟定水、环境卫生与个人卫生（WASH）、粮食与营养、避难所、生活援助物资发放、保健宣传教育活动等方面的项目时预防和应对性别暴力的观点。	〈指标1〉引入了男女共同参与观点的现有人道援助运营国际标准（环球计划）的引入情况。〈指标2〉难民营和避难所保护援助活动实施决策方面妇女的参与情况。	外务省
	具体措施4	针对难民、国内流离失所者和东道社区（Host Community）双方开展保护援助活动，缓和双方的紧张关系，通过社区动员，对改善妇女和女童等的生活环境提供包容性援助。	〈指标1〉制定难民和国内流离失所者保护援助计划时包括东道社区在内的包容性人道援助的情况。〈指标2〉制定保护援助计划时是否有难民、国内流离失所者和东道社区双方的（妇女）代表参与。	外务省 JICA

附 录
《关于妇女、和平与安全保障的行动计划》（中文）

续表

	具体措施5	讨论针对寻求日本保护的难民建立全面保护制度。	〈指标1〉妇女得到收容时妇女特有的需求和风险的应对情况。〈指标2〉对从事难民认定工作的政府工作人员进行性别暴力等相关培训的数量和学员人数。	法务省
目标4	防止派遣人员进行性别暴力，对施害者进行适当的搜查和处罚。			
	具体措施1	预防派往联合国PKO活动的派遣人员进行性别暴力。	〈指标1〉派遣前性别暴力相关培训的开展情况。〈指标2〉派往联合国PKO时的性别暴力对策负责人的配置情况。〈指标3〉参加联合国PKO局等主办的冲突中妇女和女童等相关训练课程的日本人人数。	内阁府国际和平协力本部事务局外务省防卫省
	具体措施2	协助训练PKO人员。	〈指标1〉派往PKO训练中心的性别暴力等方面的讲师人数、为亚洲和非洲的PKO训练中心筹资的金额。	外务省
	具体措施3	建立派遣中出现性别暴力时的起诉和处罚机制。	〈指标1〉投诉窗口的设置以及报告数量和应对情况。〈指标2〉严厉处罚性别暴力等的施害者以及骚扰投诉者行为的政策的公布和遵守情况。	内阁府国际和平协力本部事务局外务省防卫省
	具体措施4	积极参与国际社会为终结性别暴力不处罚而开展的工作。	〈指标1〉消除对妇女的暴力决议等联合国大会、人权理事会、安理会的相关决议以及其他国际性举措的应对情况。	外务省

续表

	具体措施5	为联合国妇女署、联合国秘书长冲突中性暴力问题特别代表办公室、国际刑事法院（ICC）等做出人员和财政方面的贡献。	〈指标1〉人员和财政方面的贡献情况。	外务省
目标5	协助进行冲突中和冲突后解除武装、复员和重返社会（DDR），以及包括司法制度在内的安全机构改革（SSR）。			
	具体措施1	在冲突后解除士兵（包括儿童兵）武装时引入保护妇女和女童的观点。在旨在让士兵退伍后重返社会的项目中引入男女共同参与的观点。	〈指标1〉对引入了保护妇女和女童观点的DDR的支持情况。〈指标2〉士兵重返社会方面妇女和女童等的特定需求对策项目的实施情况。	外务省 JICA
	具体措施2	从男女共同参与的观点出发，协助建设、运用法律和制度，改善诉诸司法的途径。	〈指标1〉性别暴力相关法律建设援助项目的实施情况。	外务省 JICA
	具体措施3	协助开展旨在终结不处罚的培训和宣传教育项目等。	〈指标1〉宣传教育援助项目的实施情况。〈指标2〉为法务相关人员（包括法官）、当地警察和军队起用妇女提供协助的情况。〈指标3〉协助培训法务相关人员（包括法官）、当地警察和军队相关工作的开展情况。	警察厅 外务省 JICA
	具体措施4	协助建设人道危机状况后性别暴力报告制度。	〈指标1〉协助工作的开展情况。	外务省 JICA

附 录

《关于妇女、和平与安全保障的行动计划》(中文)

Ⅳ. 人道及重建援助 [1]

大目标	反映妇女和女童等的特有状况和需求，促进妇女赋权，通过确保妇女参与的形式进行人道及重建援助。		
意义与目的	冲突和灾害发生时会出现难民和国内流离失所者以及在现场等待救援的人员。在此情况下，需要在考虑家庭和社区等现有保护机制丧失，风险和紧迫程度升高的基础上，迅速开展紧急人道援助。届时，采取措施确保妇女和女童等的固有状况、需求和权利至关重要。此外，援助过程中还需要根据各种原则和标准[1]，与其他援助国协调开展工作，减轻受援国方面的负担。 另外，在冲突和灾害后的人道及重建援助方面，援助与被援助双方确保妇女在初期调查、计划制定、实施、监测、评价等所有过程中参与决策，并考虑妇女赋权，确保男女平等很重要。		
目标1	【紧急人道援助期】在冲突中以及冲突、灾害刚发生后等的紧急人道援助阶段，注意妇女和女童等处于特别脆弱的状况，计划并开展援助活动。		
具体措施1 【初期调查】	在计划和开展紧急援助和人道援助时，在可能的范围内收集性别和年龄段信息，掌握妇女和女童等的固有状况和需求。	〈指标1〉关怀不同性别和年龄段的需求，特别是妇女和女童等的固有状况和需求等开展的优秀援助案例的确定和宣传情况。 〈指标2〉国际机构的报告书中对妇女的关怀情况。	外务省 JICA
具体措施2 【计划拟定】	形成反映出妇女和女童等的固有状况和需求的项目。	〈指标1〉计划拟定过程中对妇女的关怀情况。 〈指标2〉将难民营、避难所以及其他设施修建（设置避难所、供水点、厕所等）作为组成要素的项目中妇女和女童等的固有状况和需求方面的关怀情况。	外务省 JICA

1.《环球计划》（注：人道主义宪章与人道救援响应最低标准）、《人道主义问责合作伙伴原则》(Humanitarian Accountability Partnership，注：有关人道主义援助的质量管理和说明责任的国际标准)、通过"跨机构危境教育网络"(Inter-agency Network for Education in Emergency，注：教育最低标准（危境教育的最低标准））确定的危境教育的最低标准等。

续表

	具体措施3 【实施、制度建设】	保护在食物等配给、遮盖物发放、供水和卫生等工作中容易被边缘化的妇女和女童等，建立使其公平接受援助的机制。	〈指标1〉受益者方面的妇女参与援助活动的情况。 〈指标2〉物资发放（日用品、卫生用品、食物、遮盖物、衣物等）、供水等方面对女性和女童等的固有状况和需求的关怀情况。	外务省 JICA
	具体措施4 【登记】	对紧急援助的受益者进行登记，确定并记录以妇女和女童为中心的高脆弱性受益者的各种需求。	〈指标1〉不以家庭为单位而以个人为单位对受益者进行登记的工作和活动的开展情况。 〈指标2〉登记过程中记录性别、年龄、家庭组成、固有的保护和援助需求等的工作和活动的开展情况。	外务省 JICA
	具体措施5 【性别暴力等的防止、对策、保护】	协助开展针对妇女和女童等的性别暴力等的防止、对策、保护工作。	〈指标1〉就性别暴力等的预防和对策针对被援助国的机构、组织的派遣人员进行培训的协助情况。 〈指标2〉事先向被援助国国内（相关机构和受益者）进行性别暴力等受害者救济机制宣传的协助情况。 〈指标3〉日本参与的援助项目和活动中修建难民营和避难所时对性别暴力等受害者需求的关怀情况。	JICA
目标2	【过渡期】注意从紧急人道援助到重建援助的无缝过渡期援助的重要性，避免妇女和女童等在援助中被遗漏。在考虑妇女和女童等的固有状况和需求，确保妇女安全的基础上，致力于加强妇女的赋权和经济独立。避免因资金筹集和分配的差异导致妇女和女童等在重建进程中遭到忽视。

附 录
《关于妇女、和平与安全保障的行动计划》（中文）

续表

	具体措施1【资金的确保】	协助开展推动妇女和女童等脆弱群体援助及社会性别主流化的项目。	〈指标1〉妇女关怀项目的开展情况。〈指标2〉为促进妇女和女童等经济独立而协助加强妇女赋权的优良项目案例的确定和宣传。〈指标3〉创造妇女就业、提高妇女收入、支持妇女工作等方面的优良项目案例的确定和宣传；支持就业平等的优良项目案例的确定和宣传。	外务省 JICA
	具体措施2【固有状况和需求的体现】	在项目计划的策划、拟定、实施过程中体现妇女和女童等的固有状况和需求。	〈指标1〉日本参与的援助项目中，策划、拟定、实施方面受益者意见的体现情况。	外务省 JICA
目标3	【重建期】在包括冲突和灾害后难民及国内流离失所者的回归和重新整合援助在内的重建援助项目的计划制定、实施、监测、评价一系列过程中引入男女共同参与的观点，促进妇女和女童等的权利，实现男女平等和公平性，从而提高援助效果。			
	具体措施1【计划制定】	在项目计划制定过程中引入男女共同参与的观点。	〈指标1〉以妇女和女童为主要受益对象的项目的协助开展情况。〈指标2〉妇女关怀项目的协助开展情况。〈指标3〉从事计划制定工作的妇女工作人员的配置情况。〈指标4〉在体现受益者意见的计划中妇女和女童等的意见得到体现的优秀案例。	外务省 JICA
	具体措施2【妇女参与】	确保项目实施过程中妇女的参与。	〈指标1〉从事项目实施工作的妇女工作人员的配置情况。	外务省 JICA

续表

具体措施3【监测】	在项目的监测和评价中引入男女共同参与的观点。	〈指标1〉项目监测过程中基于妇女保护和参与的妇女关怀的开展情况。〈指标2〉项目评价过程中基于妇女保护和参与的妇女关怀的开展情况。	外务省 JICA
具体措施4【实施、制度建设】	建立妇女能够积极参与整个项目的机制（制度层面、赋权）。	〈指标1〉日本实施的项目中妇女能够积极参与的机制的优良案例的确定和宣传情况。〈指标2〉妇女赋权相关工作的开展情况。	外务省 JICA
具体措施5【男性和男童的参与】	协助调查冲突和灾害后的重建期社会中男性和男童面临的课题以及这些课题对男女关系以及发生性别暴力等造成的影响；协助开展有助于防止男性和男童性别暴力以及援助妇女和女童的工作。	〈指标1〉作为性别暴力等的解决对策而在避难所等地方开展面向男性和男童的教育、体育、娱乐活动方面协助工作的开展情况。〈指标2〉配备接受男性和男童诉苦和咨询的心理咨询师和咨询窗口方面协助工作的开展情况。〈指标3〉培养男性指导员（在防止对其他男性进行性别暴力、夫妻间分工和沟通的重要性、育儿对策等方面进行宣传教育的人员）方面协助工作的开展情况。	外务省 JICA
目标4	【重点课题】力求在人道及重建援助过程中解决与人员安全保障直接相关的保健医疗、教育、农业、基础设施建设、解除武装、复员和重返社会（DDR）、司法制度援助项目等重点课题。届时将加强对妇女和女童等的需求特别高的领域的援助。		

附 录
《关于妇女、和平与安全保障的行动计划》(中文)

续表

具体措施1 【保健】	协助妇女和女童等享受基础医疗服务。特别是确保性与生殖健康及权利（SRHR）。还将支持男性和男童这一不可或缺的要素在确保妇女和女童的性与生殖健康及权利中发挥作用。	〈指标1〉日本参与的援助项目中在分娩和围产期护理方面的优良援助案例的确定和宣传情况。 〈指标2〉性传染病方面援助项目的开展情况。 〈指标3〉妇女其他固有健康需求（生殖健康等）专项援助项目的开展情况。 〈指标4〉日本参与的援助项目中在社区健康工作人员培养计划等方面的优良援助案例的确定和宣传情况。 〈指标5〉日本参与的援助项目中性与生殖健康及权利相关培训的开展情况。	外务省 JICA
具体措施2 【教育1】	为在冲突中继续开展学校教育和校外教育提供援助。此外，协助为冲突中无法接受教育的儿童和年轻人提供教育机会。	〈指标1〉双边援助、多边援助以及通过NGO进行援助的情况。 〈指标2〉协助为包括超过入学年龄的儿童和年轻人在内的人员提供教育机会的案例的确定。	外务省 JICA
具体措施3 【教育2】	协助对妇女和女童进行平等教育。	〈指标1〉日本参与的项目中为提高妇女和女童的升学率、识字率、入学率、毕业率以及女性教员比例等而缩小男女差距方面的协助情况。 〈指标2〉日本参与的项目中教育环境对妇女和女童的需求的关怀情况。 〈指标3〉日本参与的项目中关注在职业培训、识字教育、教员能力强化等方面机会均等的项目案例的确定。	外务省 JICA

续表

具体措施4 【农业】	向旨在重建的农业和农村发展援助中引入男女共同参与的观点。	〈指标1〉计划制定过程中妇女参与决策的优秀案例的确定和宣传情况。 〈指标2〉项目中妇女参与和妇女关怀的优秀案例的确定和宣传情况。	外务省 JICA
具体措施5 【生计援助、收入增长】	向重建涉及的生计援助和收入增长援助项目中引入男女共同参与的观点。	〈指标1〉计划制定过程中妇女参与决策的优秀案例的确定和宣传情况。 〈指标2〉项目中妇女参与和妇女关怀的优秀案例的确定和宣传情况。	外务省 JICA
具体措施6 【基础设施建设】	向旨在重建的基础设施建设中引入妇女和女童保护以及男女共同参与的观点。	〈指标1〉计划制定以及实施过程中妇女参与的确保以及妇女意见的体现情况。 〈指标2〉根据计划实施前对男女以及对妇女和女童进行影响调查的结果（项目地区周边卖淫嫖娼增多、HIV/AIDS和性传染病扩散等）合理开展的对策和活动（性传染病预防教育等）的确认及实施情况。	外务省 JICA
具体措施7 【DDR-SSR】	在冲突后解除士兵（包括儿童兵）武装方面关怀妇女和女童的需求。在协助士兵退伍后重返社会的项目中引入男女共同参与的观点。	〈指标1〉有无日本参与的解除武装和复员对象武装组织的妇女和女童人数、配置的数据。 〈指标2〉日本参与实施武器回收和武装解除等的人员中有无接受过妇女课题相关培训的人员或负责人。 〈指标3〉士兵重返社会项目中关怀妇女和女童等需求的项目的开展情况。	外务省 防卫省 JICA

附录
《关于妇女、和平与安全保障的行动计划》(中文)

续表

具体措施8【司法制度援助】	在冲突后协助司法改革的项目中引入男女共同参与的观点。	〈指标1〉冲突后日本参与新制度援建中妇女关怀项目的协助情况。〈指标2〉执法人员和法务助理等培养（妇女课题相关培训等）的协助情况。	外务省 JICA
目标5	开展社会性别主流化工作，由涉及人道重建援助计划制定和实施的各组织在考虑男女平衡的基础上进行人员配置和培训等，建设免遭性别暴力等的保护体制，从而彻底在项目中引入男女共同参与的观点。		
具体措施	在计划制定和实施过程中引入男女共同参与的观点，确保资助对象和委托对象也能保护妇女和女童等。	〈指标1〉接受日本援助的团体、项目受托方以及项目承接企业等与项目相关的NGO、当地团体、企业等组织是否具有社会性别主流化等机制的判断和推动对策情况。	外务省 JICA

V. 监测、评价及调整框架

大目标	构建适时、有效地对行动计划进行监测、评价及调整的框架，定期修改行动计划。
意义与目的	为了进行合理的监测和评价，除了要共享实施主体的经验外，还需各中央政府部门组成的监测工作组与在妇女、和平与安全保障领域拥有丰富知识和经验的专家（包括公民社会和NGO等的代表，下同）组成的评价委员会紧密开展合作。 作为日本的首个行动计划，要在重视逐年改进的基础上进行评价。同时还要评价指标和目标本身的相关性。 每天检查相关机构的体制建设和意识形成情况，共享并积累优秀案例（良好实践），以便在行动计划实施过程中提高在男女共同参与的观点下策划、拟定、实施政策和项目的能力。在这些过程中采取合理措施。 评价和调整方面，要结合制定行动计划的经过，确保专家参与。此外，还要根据国际上为实施安理会第1325号决议以及相关决议等进行讨论的情况。
目标1	建立合理监测行动计划实施状况的框架。

续表

	具体措施	1.在各中央政府部门设置与行动计划相关的核心负责部门。 2.设置由各中央政府部门的核心负责部门组成的监测工作组（下称"工作组"）（工作组的事务局由外务省（综合外交政策局女性参与推进室）担任）。 3.外务省在网站上公布日文版和英文版的实施状况年度报告书。	所有相关中央政府部门
目标2	建立合理评价行动计划实施状况的框架。		
	具体措施	1.设置评价委员会（下称"委员会"）（政府联络窗口由外务省（综合外交政策局女性参与推进室）担任）。 2.委员会由在妇女、和平与安全保障领域拥有丰富知识和经验的专家组成。在选任代表公民社会和NGO等的委员时也参考按照安理会第1325号决议宗旨开展活动的公民社会和NGO等的推荐。 3.委员会可通过联络窗口要求各中央政府部门提供行动计划实施状况的相关信息。接到要求的中央政府部门可通过联络窗口向委员会报告。 4.委员会可根据工作组的说明，就实施状况年度报告书草案表明意见。 5.专家可向委员会提供监测、评价所需的信息。 6.委员会可分析行动计划的目标、具体举措、指标的相关性以及实施的主要障碍等，在第2次实施状况年度报告书完成后，提出行动计划的调整方向。 7.政府在《消除对妇女一切形式歧视公约》和联合国人权理事会的普遍定期审议（UPR）等的定期报告书中报告行动计划的实施状况。	所有相关中央政府部门
目标3	为3年后进行修改而合理调整行动计划。		
	具体措施	1.政府根据委员会提议调整行动计划。 2.政府尊重行动计划制定过程，根据需要听取专家意见，确保专家参与调整。 3.外务省在本行动计划制定后，迅速公布旨在3年后进行调整的工作计划。	所有相关中央政府部门

参考文献

【中文文献】

陈洪桥:《安倍主义与日本全球治理战略的调整》,《社会科学》2018年第2期。

陈寿:《三国志·乌丸鲜卑东夷列传》,中华书局标点本,1982。

程蕴:《试论战后日本公共外交运作模式的演变》,《日本学刊》2020年第2期。

丁小猫:《伊藤诗织"胜诉":日本女性的生存境遇会因此变好吗?》,《三联生活周刊》2019年12月20日。

郭晓飞:《"积极同意"的是与非——关于美国性侵认定标准争议的一个综述》,《妇女研究论丛》2020年第2期。

胡澎:《驻日美军在冲绳的性暴力问题》,《中日关系史研究》2010年第2期。

蒋立峰、汤重南主编《日本军国主义论》(上),河北人民出版社,2005。

进藤久美子:《市川房枝与日本妇女选举运动——近现代日本政治暗流的形成》,《日本研究》2019年第3期。

江西省政府统计处:《江西省抗战损失调查总报告》,转引自下修跃《抗日战争时期中国妇女伤亡及日军对中国妇女的残害》,中国社会科学院近代史研究所编《青年学术论坛(2003年卷)》,社会科学文献出版社,2005。

李长声:《哈,日本——二十年零距离观察》,中国书店,2010。

李银河:《妇女最漫长的革命》,生活·读书·新知三联书店,1997。

李英桃:《社会性别视角下的国际政治》,上海人民出版社,2003。

李英桃、金岳嵘:《妇女、和平与安全议程——联合国安理会第1325号决议的发展与执行》,《世界经济与政治》2016年第2期。

林博史:《日军"慰安妇"前史——西伯利亚出兵与"唐行小姐"》,芦鹏译,《日本侵华史研究》2015年第4卷。

《联大一般性辩论:安倍晋三称日本战后70年保持了热爱和平国家的地位》,《联合国新闻》2015年9月29日,https://news.un.org/zh/story/2015/09/243662。

上野千鹤子、兰信三、平井和子:《迈向战争与性暴力的比较史》,陆薇薇译,《妇女研究论丛》2019年第6期。

藤原彰:《日本近现代史》(第三卷),伊文成等译,商务印书馆,1992。

童晓薇:《近代日本母性主义思想与军国主义话语的合流》,《东北亚外语研究》2020年第28期。

王文光、徐媛媛:《三国时期倭人的历史人类学研究》,《云南师范大学学报》(哲学社会科学版)2018年第2期。

杨伯江:《国际变局:日本的选择与应对》,《日本研究报告(2019)》,社会科学文献出版社,2019。

约翰·W.道尔:《无情之战——太平洋战争中的种族和特权》,韩华译,中信出版集团,2019。

张冬冬:《甲午战争前后日本女性地位考察》,《日本问题研究》2014年第6期。

张晓磊:《日本参与联合国维和行动的新变化与战略动机分析》,《东北亚学刊》2017年第2期。

赵洋:《国际干涉中的合法性与有效性研究》,《国际政治研究》2019年第6期。

朱忆天:《试论"南洋姐"的生存实态及历史定位》,《南洋问题研究》2012年第1期。

朱忆天、潘锦蕾:《"废娼"大义下的"排娼"思想体系——试论近代日本废娼运动的精神实质》,《华东理工大学学报》(社会科学版)2017年第6期。

【英文文献】

Barbara K. Trojanowska, Katrina Lee-Koo, Luke Johnson, *National Action Plans on Women, Peace and Security: Eight Countries in Focus*, Monash University Press, 2018.

Fumika Sato, "A Camouflaged Military: Japan's Self-defense Forces and Globalized Gender Mainstreaming," *The Asia-Pacific Journal:Japan Focus* 10(36), August 28, 2012.

Jody M. Prescott, Eiko Iwata, Becca H. Pincus, "Gender, Law and Policy: Japan's National Action Plan on Women, Peace and Security," *Asian-Pacific Law & Policy Journal* 17(1),

2015.

Liv Coleman, "Japan's Womenomics Diplomacy: Fighting Stigma and Constructing ODA Leadership on Gender Equality,"*Japanese Journal of Political Science* 18 (4), 2017.

Mana Tanaka，Gender and Human Security in Asia: Women and Education, 2005, https://ci.nii.ac.jp/naid/110006611995.

S. Aroussi, *Rethinking National Action Plans on Women Peace and Security*, Amsterdam: IOS Press, 2017.

Sara E. Davies，Jacqui True, *The Oxford Handbook of Women, Peace, and Security*, Oxford：Oxford University Press, 2019.

Yeonju Jung, Ayako Tsujisaka,"Emerging Actors in the Women, Peace and Securtiy Agenda：South Korea and Japan, "SIPRI Background Paper, December 2019.

【日文文献】

秋林こずえ「国連安全保障理事会決議1325号国別行動計画への市民社会からの提言策定ワークショップ"での発言」アジア女性資料センターHP，http://ajwrc.org/1325/20130813ws-summary.pdf。

安中進「『娘の身売り』の要因と鉄道敷設」『Winpec Working Paper Series』、1702。

池田恵理子「『慰安婦』問題の真の解決と戦時性暴力の根絶のために」」『立命館大学国際平和ミュージアム紀要』20号、2019。

石井宏明「市民連絡会提案の解説 ④人道・復興支援『特集Ⅱ 安保理決議1325に基づく日本の国別行動計画策定の動向3』」『国際女性』28号、2014。

市川房枝「国際平和と婦選」『婦選』、1931。

市川房枝「総選挙と婦人」『婦選』、1932。

井手文子『「青鞜」の女たち』海燕書房、1975。

稲葉正夫編『岡村寧次大将資料』上巻 原書房、1970。

岩本由輝『山形県の百年』山川出版社、1985。

大久保利謙『森有礼全集』第1巻 宣文堂書店、1972。

沖縄県知事公室基地対策課「沖縄の米軍基地 平成25年3月 」、https://www.pref.okinawa.jp/site/chijiko/kichitai/documents/6kitihigainogaiyou.pdf。

「明治廿五年三月二十三日附榎本外務大臣発信在清国、朝鮮、香港、シンガポール、桑港、バンクーバ各領事館宛内訓」外務省編『外務省警察史　支那ノ部　在上海総領事館』不二出版、1996。

外務省「日本のWIDイニシアティブ」、1995年9月、https://www.mofa.go.jp/mofaj/gaiko/oda/shiryo/hyouka/kunibetu/gai/wid/jk00_01_shiryo1.html。

外務省「日米地位協定第17条5（c）及び、刑事裁判手続に係る日米合同委員会合意」、https://www.mofa.go.jp/mofaj/area/usa/sfa/rem_keiji_01.html。

外務省「我が国の国際平和協力の概要」、https://www.mofa.go.jp/mofaj/gaiko/peace_b/genba/gaiyo_jp.html。

外務省「ジェンダー　日本の取り組み」、2016年12月19日、https://www.mofa.go.jp/mofaj/gaiko/oda/bunya/gender/initiative.html。

外務省『女性が輝く世界をつくる（第3版）』、https://www.mofa.go.jp/fp/pc/page23e_000181.html。

外務省「2018-2020年国連通常予算分担率・分担金」、2020年2月10日、https://www.mofa.go.jp/mofaj/gaiko/jp_un/yosan.html2020。

金成隆一「PKO隊員らの性的搾取と虐待、申し立て480件」『朝日新聞』電子版、2015年6月11日21時13分、https://www.asahi.com/articles/ASH6C53TBH6CUHBI027.html。

金子幸子「明治期における西欧女性解放論の受容過程——ジョン・スチュアート・ミル The Subjection of Women（女性の隷従）を中心に」『社会科学ジャーナル』23号、1984。

兼重宗和「明治申期の女子教育について—とくに井上毅を中心として—」『徳山大学論叢』13号、1979。

加納実紀代「白の軍団『国防婦人会』——女たちの草の根ファシズム」岡野幸江等編『女たちの戦争責任』東京堂、2005。

上子秋生「我が国の地方自治の成立・発展」『市制町村制制定（1881-1908年）』2期、http://www3.grips.ac.jp/~coslog/activity/01/05/file/Seiritsu-2_jp.pdf#search=%27E5%B8%82%E5%88%B6%E7%94%BA%E6%9D%91%E5%88%B6+%E5%85%AC%E6%A8%A9%27。

上杉勇司・藤重博美『国際平和協力入門：国際社会への貢献と日本の課題』ミネルヴァ書房、2018。

川嶋隆志「人間保障による平和構築——国際平和協力における実務者のための法規範」防衛省統合幕僚学校国際協力センター、2014。

川眞田嘉壽子「安全保障理事会決議1325の実施と国内行動計画」『国際女性』26号、

2012。

川眞田嘉壽子「安保理決議1325と国別行動計画の意義」『国際女性』26号、2014、https://www.jstage.jst.go.jp/article/kokusaijosei/28/1/28_93/_pdf/-char/ja。

「柏原敬子さん／社会のために、先駆者として道を切り拓く」、https://www.e-avanti.com/2334。

川島真「歴史認識問題と価値観外交」、https://spc.jst.go.jp/experiences/kawashima/kawashima_1302.html。

北沢杏子「安倍政権、女性自衛官の倍増を狙う」、http://www.ahni.co.jp/kitazawa/sei/kantougen1801.htm。

「危機の現場に立ち続けてわかったこと：国連女性トップ中満泉が語る『日本人が世界で取り残されないために必要なスキル』」COURRIER Japan、2017年8月6日、https://courrier.jp/news/archives/93261/?ate_cookie=1591750308。

「危機の現場に立つ」講談社BOOK倶楽部、https://bookclub.kodansha.co.jp/product?item=0000190358。

岐阜県防災課「岐阜県避難所運営ガイドライン（2011年）」、https://www.pref.gifu.lg.jp/kurashi/bosai/bosai-taisei/11115/hinanjyo-gaidorain.data/hinanjyo-gaidorain.pdf。

宮内庁「天皇系図」、http://www.kunaicho.go.jp/about/kosei/keizu.html。

宮内庁「皇室典範」、https://elaws.e-gov.go.jp/search/elawsSearch/elaws_search/lsg0500/detail?lawId=322AC0000000003。

大久保一徳・後藤安子『女性と法』法律文化社、1990。

久保信博「海自に初の女性艦隊司令、護衛艦『いずも』など4隻を指揮」、2018、https://jp.reuters.com/article/maritime-self-defence-woman-idJPKBN1GI08X、Reuters。

倉沢愛子「インドネシア」吉川利治編『近現代史のなかの日本と東南アジア』東京書籍、1992。

国公労連の雑誌『KOKKO』編集者・井上伸のブログ、http://editor.fem.jp/blog/?p=780。

「国際計画・日本 Because I am a girl」、https://www.plan-international.jp/girl/。

国連UNHCR協会Japan「第8代国連難民高等弁務官　緒方貞子」、https://www.japanforunhcr.org/archives/1578/。

「『国連離れ、外から見た経験生きる』中満泉さん」、https://style.nikkei.com/article/DGXMZO24967910S7A221C1TY5000/。

国連防災世界会議「兵庫行動枠組2005-2015」、https://www.mofa.go.jp/mofaj/gaiko/kankyo/kikan/pdfs/wakugumi.pdf。

児玉勝子『十六年の春秋——婦選獲得同盟の歩み』ドメス出版、1990。

「在外売淫婦取締法に関する請願」『婦人新報』、1889。

「ジェンダーと開発：ジェンダー視点を取り入れた好事例」JICA独立行政法人 国際協力機構、https://www.jica.go.jp/activities/issues/gender/practice/index.html。

「自衛隊男女在職人数推移」防卫省官方网站、https://www.mod.go.jp/j/profile/worklife/sonota/tokei/index.html。

清水久直『満蒙開拓青少年義勇軍概要』明治図書、1941。

「自民『女性議員飛躍の会』設立 二階幹事長激励」『テレ朝News』、2019年3月15日、https://news.tv-asahi.co.jp/news_politics/articles/000149990.html。

衆議院憲法調査会事務局「明治憲法と日本国憲法に関する基礎的資料（明治憲法の制定過程について）」、http://www.shugiin.go.jp/internet/itdb_kenpou.nsf/html/kenpou/chosa/shukenshi027.pdf/$File/shukenshi027.pdf#search=%27%E3%80%8A%E9%9B%86%E4%BC%9A%E5%8F%8A%E6%94%BF%E7%A4%BE%E6%B3%95%27。

女子差別撤廃委員会「女性差別撤廃委員会第29会期日本レポート審議 最終コメント」（日本女性差別撤廃条約NGOネットワーク訳）、2003年7月18日、http://jaiwr.net/jnnc/conclcomments.pdf。

女子差別撤廃委員会「女性差別撤廃委員会の最終見解」、2009年8月7日、http://www.gender.go.jp/about_danjo/whitepaper/h25/zentai/html/shisaku/ss_shiryo_3.html。

『女性参政関係資料集―女性参政50周年記念女性参政50周年記念——女性と政治資料集』市川房枝記念会出版部、1997。

女子差別撤廃委員会「女性差別撤廃委員会第29会期日本レポート審議 最終コメント」日本女性差別撤廃条約NGOネットワーク訳、2003年7月18日、http://jaiwr.net/jnnc/conclcomments.pdf。

「女性自衛官として二度のPKO派遣で活躍 ～陸上自衛隊・川﨑」、https//:blog.unic.or.jp/entry/2014/05/29/090000。

「女性・女系天皇『支持』が高く 天皇に『親しみ』58％」『東京新聞』、2020年4月26日、https://www.tokyo-np.co.jp/article/14232。

「7．性暴力被害者支援」（2019参議院選挙政策）、日本共産党『赤旗しんぶん』、https://

参考文献

www.jcp.or.jp/web_policy/2019/06/2019-bunya07.html/。
「戰前戰後の各種法令など」、http://www.interq.or.jp/kanto/just/siryou/04.html#04。
「鮮人大暴動」『河北新報』、1923年9月3日。
総務省自治行政局選挙部「衆議院議員総選挙・最高裁判所裁判官国民審査結果調」、2017年10月22日、https://www.soumu.go.jp/main_content/000612972.pdf。
「祖国日本を貶める慰安婦騒動に憤った元軍人たちが声をあげた」『日本軍人が証言する戦場の花 朝鮮人慰安婦』、2020年1月10日、PRTIMES、https://prtimes.jp/main/html/rd/p/000000012.000049367.html。
曽根ひろみ『娼婦と近世社会』吉川弘文館、2003。
高橋幸市・政木みき「東日本大震災で日本人はどう変わったか」『放送研究と調査』、2012、https://www.nhk.or.jp/bunken/summary/research/report/2012_06/20120603.pdf2012.6。
嶽本新奈「境界を越える女性たちと近代——海外日本人娼婦の表象を中心として」博士学位論文、一橋大学、https://hermes-ir.lib.hit-u.ac.jp/hermes/ir/re/26725/lan020201300703.pdf。
田中恭子「国連女性差別撤廃委員会による日本政府に対する勧告——選択議定書の早期批准を！」『国際人権ひろば』52号、2003年11月、https://www.hurights.or.jp/archives/newsletter/section2/2003/11/---2.html。
玉城肇『日本教育発達史』三一書房、1956。
男女共同参画局「平成25年度女性に対する暴力をなくす運動実施要綱」、http://www.gender.go.jp/policy/no_violence/no_violence_act/outline_25.html。
男女共同参画局「東日本大震災被災地における女性の悩み・暴力（集中）相談事業報告書（平成23年度）」、http://www.gender.go.jp/policy/saigai/pdf/chapter3.pdf。
「治安警察法」、https://dl.ndl.go.jp/info:ndljp/pid/788016/50。
土野瑞穂「国連安全保障理事会決議1325号と紛争下における女性への性暴力の脱政治化——日本版国別行動計画における「慰安婦」問題をめぐる議論に着目して」『国際ジェンダー学会誌』15号、2017。
『東京朝日新聞』、1928年2月27日。
「徹底解説自衛隊「海外派遣に至った経緯と成果——自衛隊の歴史を読み直す（4）〜初の海外PKO参加からルワンダまで」、https://jbpress.ismedia.jp/articles/-/49643。
「デニー沖縄知事『アメリカも当事者』"父の国"で問う民主主義」、https://www.

okinawatimes.co.jp/articles/-/343957。

『帝都復興区画整理誌』東京市役所、1931。

遠山茂樹・安達淑子『近代日本政治史必携』岩波書店、1982。

内閣府「国際平和協力リレーメッセージ第5回中満泉さん」、http://www.pko.go.jp/pko_j/info/messages/relay_5.html。

内閣府「平成24年 男女共同参画の視点からの防災・復興」、http://www.gender.go.jp/about_danjo/whitepaper/h24/gaiyou/index.html。

内閣府男女共同参画局「平成25年版男女共同参画白書（概要）」、2003、http://www.gender.go.jp/about_danjo/whitepaper/h25/gaiyou/pdf/h25_gaiyou.pdf。

内閣府男女共同参画局「令和元年版男女共同参画白書（概要）」、2019、http://www.gender.go.jp/about_danjo/whitepaper/r01/gaiyou/pdf/r01_gaiyou.pdf。

内閣府「男女共同参画社会に関する世論調査（平成24年10月調査）」、https://survey.gov-online.go.jp/h24/h24-danjo/2-3.html。

内閣府「外交に関する世論調査（平成25年10月調査）」、2013年11月25日、https://survey.gov-online.go.jp/h25/h25-gaiko/2-3.html。

内閣府「男女共同参画社会に関する世論調査」、https://survey.gov-online.go.jp/r01/r01-danjo/gairyaku.pdf。

内閣府大臣官房政府広報室「人権擁護に関する世論調査（平成24年8月調査）」、https://survey.gov-online.go.jp/h24/h24-jinken/2-2.html。

内閣府男女共同参画局「政治分野における男女共同参画の推進に関する法律」、http://www.gender.go.jp/about_danjo/law/pdf/law_seijibunya04.pdf#search=%272018+%E8%A1%86%E8%AD%B0%E9%99%A2+%E5%A5%B3%E6%80%A7%27。

内閣府男女共同参画局「配偶者暴力相談支援センターにおける配偶者からの暴力が関係する相談件数等の結果について」（平成30年度分）、http://www.gender.go.jp/policy/no_violence/e-vaw/data/pdf/2018soudan.pdf。

「内閣府に認定された公益財団法人：日本国内で途上国支援の輪を広げます」、https://www.plan-international.jp/about/planinternationaljapan、PLAN Internatinal。

「日米地位協定 外務省、ホームページから説明の一部削除 国内法不適用の根拠」『毎日新聞』、2019年2月6日、https://mainichi.jp/articles/20190206/k00/00m/010/218000c。

「日米地位協定説明変更 外務省HP『国際法』表記を削除 河野氏『趣旨変わらず』」

『毎日新聞』、2019年2月7日、https://mainichi.jp/articles/20190207/ddm/005/010/062000c。

『日本軍人が証言する戦場の花 朝鮮人慰安婦』ハート出版社、2019, http://www.810.co.jp/hon/ISBN978-4-8024-0087-9.html。

「日本国憲法」、http://www.shugiin.go.jp/internet/itdb_annai.nsf/html/statics/shiryo/dl-constitution.htm#2sho。

「日本自衛隊海外支援及び関連活動」『日本経済新聞』、2015年10月18日、https://vdata.nikkei.com/prj2/anpo/ 。

「日本人初の国連難民高等弁務官 緒方貞子さん」UNHCR Japan、https://www.unhcr.org/jp/sadako_ogata。

「日本政府による支援事業一覧：日本の支援は、世界の子どもたちに届いています」UNICEF＆日本、https://www.unicef.org/tokyo/programmes。

「『日本の政治』歴代内閣総理大臣（1982年、中層根内閣以降）」、https://www.nippon.com/ja/features/h00005/。

丹羽雅代「自衛隊内性的暴行事件で勝訴――女性自衛官への性暴力認める」『週刊金曜日』、2010年8月17日、http://www.kinyobi.co.jp/kinyobinews/2010/08/17/。

橋本ヒロ子「国連安保理決議1325及び関連決議を実施するための国別行動計画（1325NAP）と女性活躍推進政策」『国際ジェンダー学会誌』14号、2016。

平田のぶ「第三回全日本婦選大会の記」『婦選』、1932。

平塚らいてう『青鞜』第1巻復刻版 不二出版、1986。

尋木真也「国連平和維持活動（PKO）要員による 性的搾取および虐待の規制」早稲田大学社会安全政策研究所紀要(8)、2015。

福岡男女共同参加センター「よりよき社会を創造するために自分を磨く」、https://www.asubaru.or.jp/92404.html。

福沢諭吉「時事新報」『福沢諭吉全集』第9巻 岩波書店、1883。

福沢諭吉「人民の移住と娼婦の出稼ぎ」『時事新報』、1896年1月18日。

防衛省『平成28年版 防衛白書』、https://www.mod.go.jp/j/publication/wp/wp2016/pdf/28020404.pdf。

『防衛省女性職員の活躍事例集2019』日本防衛省人事教育局、https://www.mod.go.jp/j/profile/worklife/common/.../jirei.pdf。

堀江孝司「労働供給と家族主義の間――安倍政権の女性政策における経済の論理と家族

の論」『人文学報』512-3号（社会福祉学32）、2016。

堀切善次郎「婦人参政権はマッカーサーの贈り物ではない」『日本婦人問題資料集成（政治）』ドメス出版、1977。

本田望・城石エマ「兵士の性犯罪が相次ぐ南スーダンで自衛隊が『駆けつけ警護』！国連和維持軍は助けないどころか自らレイプ…これが戦地の現実！稲田朋美防衛相には見えていない？」日本IWJ（HP）、2016年9月16日、https://iwj.co.jp/wj/open/archives/332104。

松元剛「地位協定と沖縄の人権軽視——米国にひれ伏す安倍政権」『琉球新報』、2016年8月20日、https://daysjapan.net/2016/08/20/。

三井為友『日本婦人問題資料集成 第4巻 教育』ドメス出版、1976。

宮城晴美「沖縄からの報告——米軍基地の現状と米兵によるレイプ事件」『立命館言語文化研究』23巻2号、2011。

村上信彦『明治女性史（4）愛と解放の胎動』下巻 講談社、1977。

村田晃嗣「トランプ新政権と日米関係」『問題と研究』46巻1号、2017。

本山央子「1325NAP策定に公民団体はどう関わるか」、https://www.mofa.go.jp/mofaj/fp/hr_ha/page22_001109.html。

本山央子「特集Ⅱ 安保理決議1325に基づく日本の国別行動計画策定の動向3」『国際女性』28号、2014。

文部省「学制百年史」『学制百年史・資料編』帝国地方行政学会、1975。

楊善英「関東大震災と廃娼運動——日本キリスト教婦人矯風会の活動を中心に」『国立女性教育会館研究紀要』9号、2005。

横浜市防災会議「横浜市地域防災計画・震災対応編（2012年改定）」、転引自東日本大震災女性支援ネットワーク池田「いくつかの自治体の計画・ガイドラインの紹介」、http://www.bousai.go.jp/taisaku/hinanjo/h24_kentoukai/3/pdf/1_2.pdf。

吉本博美「 これが『女性が輝く社会』？女性自衛官イラク派兵150人」『赤旗しんぶん』、2015年9月13日、https://www.jcp.or.jp/akahata/aik15/2015-09-13/2015091301_03_1.html。

与那嶺涼子「特集Ⅱ 安保理決議1325に基づく日本の国別行動計画策定の動向3」『国際女性』28号、2014。

「歴史を偽造するものは誰か——『河野談話』否定論と日本軍『慰安婦』問題の核心」『赤旗しんぶん』、https://www.jcp.or.jp/web_policy/2014/09/post-692.html。

「労働基準法」、https://elaws.e-gov.go.jp/search/elawsSearch/elaws_search/lsg0500/

detail?lawId=322AC0000000049。

「『私が犠牲になれば』救われて浮かぬ娘凶作地の『血の記録』」『東京朝日新聞』、1934年11月17日。

【中文文件报告】

日内瓦《消除对妇女一切形式歧视公约》第7次、第8次政府报告审议中文版，2016年2月16日，https://www.cn.emb-japan.go.jp/fpolicy/fpolicy170816-2.pd。

【外文文件报告】

『厚生労働省白書』（2017年版）「第3章 女性、若者、高齢者等の多様な働き手の参画」、https://www.mhlw.go.jp/wp/hakusyo/kousei/17/dl/2-03.pdf。

"Global Gender Gap Report 2020," https://www.weforum.org/reports/gender-gap-2020-report-100-years-pay-equality.

外務省「慰安婦問題に対する日本政府のこれまでの施策」、https://www.mofa.go.jp/mofaj/area/taisen/ianfu.html。

外務省「慰安婦問題についての我が国の取組」、https://www.mofa.go.jp/mofaj/a_o/rp/page25_001910.html。

外務省「沖縄意見交換会」、https://www.mofa.go.jp/mofaj/fp/pc/page22_000979.html。

外務省「関西意見交換会」、https://www.mofa.go.jp/mofaj/fp/hr_ha/page22_001143.html。

外務省「北九州意見交換会」、https://www.mofa.go.jp/mofaj/fp/hr_ha/page22_001109.html。

外務省「国際女性会議WAW」!（World Assembly for Women）、https://www.mofa.go.jp/mofaj/fp/pc/page23_002346.html。

外務省「第一回意見交換会」、https://www.mofa.go.jp/mofaj/gaiko/page23_000522.html。

外務省「第二回意見交換会」、https://www.mofa.go.jp/mofaj/gaiko/page18_000086.html。

外務省「北海道意見交換会」、https://www.mofa.go.jp/mofaj/fp/hr_ha/page22_001278.html。

「女性・平和・安全保障に関する行動計画年次報告書2015年1−12月」、https://www.mofa.go.jp/mofaj/files/000264423.pdf。

「女性・平和・安全保障に関する行動計画年次報告書2016年1−12月」、https://www.mofa.go.jp/mofaj/files/000382431.pdf。

「女性・平和・安全保障に関する行動計画年次報告書2017年1〜12月」、https://www.

mofa.go.jp/mofaj/files/000500875.pdf。

「『女性・平和・安全保障に関する行動計画』モニタリング・実施状況（2018年1〜12月）」，https://www.mofa.go.jp/mofaj/files/100073841.pdf。

「女子差別撤廃委員会：日本の第7回及び第8回合同定期報告に関する最終見解」，https://www.gender.go.jp/kaigi/danjo_kaigi/siryo/pdf/ka49-2-2.pdf。

「女子差別撤廃条約第7回及び第8回政府報告審査」（2016年2月16日、ジュネーブ）（質疑応答部分の杉山外務審議官発言概要），https://www.mofa.go.jp/mofaj/a_o/rp/page24_000733.html。

内閣府「第2節男女共同参画の視点に立った国際貢献」『男女共同参画白書（平成26年版）』，https://www.gender.go.jp/about_danjo/.../h27/.../b2_s16_02.html。

日本防衛省2020年度予算パンフレット『我が国の防衛と予算--Defense Programs and Budget of Japan』令和2年度（2020）予算の概要，https://www.mod.go.jp/j/yosan/yosan_gaiyo/2020/gaisan.pdf。

「防災における女性のリーダーシップ 推進に関する調査研究報告書」株式会社 ソフィア研究所、2016，http://www.gender.go.jp/policy/saigai/pdf/kenshu_bousai_houkoku.pdf。

「WAW! To Do」，https://www.mofa.go.jp/mofaj/fp/hr_ha/page22_001189.html。

「WAW! 2015 報告書」，https://www.mofa.go.jp/mofaj/files/000135600.pdf。

「WAW! 2016 報告書」，https://www.mofa.go.jp/mofaj/fp/hr_ha/page22_002678.html。

「WAW! 2017 報告書」，https://www.mofa.go.jp/mofaj/fp/hr_ha/page23_002203.html。

「WAW! 2019 報告書」，https://www.mofa.go.jp/mofaj/fp/hr_ha/page22_003059.html。

【联合国文件】

《第1325（2000）号决议》，2000年10月31日，https://www.un.org/chinese/aboutun/prinorgs/sc/sres/00/s1325.htm。

第71届联合国安理会大会第7704次会议记录，2016年6月2日星期四上午10时于纽约举行，乌拉圭代表罗塞利先生发言记录。

《消除对妇女一切形式歧视公约》，https://www.un.org/womenwatch/daw/cedaw/text/0360794c.pdf。

《消除对妇女的暴力行为宣言》，https://www.un.org/zh/documents/treaty/files/A-RES-48-104.shtml。

日本首相安倍晋三在第68届联合国大会中发言，https://www.mofa.go.jp/policy/page3e_000083.html。

日本首相安倍晋三在第69届联合国大会中发言，https://www.mofa.go.jp/fp/unp/page18e_000102.html。

日本首相安倍晋三在第70届联合国大会中发言，https://www.mofa.go.jp/fp/unp/page18e_000102.html。

「人間開発報告書2006」国連開発計画（UNDP），https://www.jp.undp.org/content/tokyo/ja/.../hdr_2006.html。

National Action Plans for the Implementation of UNSCR 1325 on Women, Peace and Security，https://www.peacewomen.org/member-states。

【视频资料】

BBC纪录片《日本之耻》，https://www.bilibili.com/video/av82640572/。

日本纪录片《石原里美 非洲之旅被"生命"感动的9天》，https://www.bilibili.com/video/av4150351?bsource=sogou&fr=seo.bilibili.com。

《日美地位协定》报道，央视CCTV-13，https://www.sogou.com。

2018年北京《BTV新闻》报道，https://www.sogou.com。

索　引

* 以索引项拼音顺序排列。
* 外国人名以其汉译姓名确定索引项。

A

安倍晋三　3, 6, 46, 68, 70, 71, 81, 88, 89, 102, 124, 125, 132, 133, 134, 138, 139, 142, 144, 145, 146, 152, 153, 154, 155, 161, 166, 171, 172, 174, 175, 184, 188, 189, 209, 214, 215, 219, 232, 256, 257

岸田文雄，87, 89, 124, 150, 229

B

芭芭拉·K.陶珍瓦斯卡　128
北大西洋公约组织　173, 175, 224
北京行动纲领　264，265
北京宣言　78, 79, 166
本山央子　91, 101, 102, 148
避难所　56, 57, 59, 60, 251

C

赤旗　153, 232, 252, 253
池田惠子　108
出入境管理和难民认定法　218
川真田嘉寿子　80, 91, 98, 109

D

大陆新娘　34, 35, 36, 37, 38
大崎麻子　108
大正民主运动　24, 25, 26, 29
第三次联合国世界防灾会议　103
东京非洲发展国际会议　207
东日本大地震复兴基本法　58
东日本大地震灾区女性的烦恼、暴力咨询报告书　57
渡边美奈　91

F

防卫省女性援助活跃事例集　184, 187
非正式员工　60, 74
福井美穗　91
妇女、和平与安全行动计划　2, 3, 4, 5, 6, 83, 85, 86, 88, 94, 98, 99, 100, 102, 107, 109, 114, 121, 123, 124, 125, 129, 148, 211, 213, 234, 235, 244, 246, 258
妇女、和平与安全行动计划评价委员会　107

妇女国际和平自由联盟 99, 130

G

G7 伦敦外长峰会 165
G8 外长峰会 124, 150
宫本百合子 42
公娼 20, 22, 23, 32, 33, 34, 36, 37
谷口真由美 91
"关于男女共同参与社会的舆论调查" 53
龟永能布子 91
国际货币基金组织 172
国际计划 202, 203, 204, 205, 206
国际女性会议 143, 164, 165, 166, 168, 169, 170, 171, 172, 173, 174, 175, 207, 209, 220

H

海湾战争 66, 135, 180
和田幸浩 91
河野谈话 151, 152, 153, 154, 159
黑箱 253
胡图族 180
皇室典范 17, 46
获得同盟 28, 29, 40, 41

J

姬百合部队 62
基本教育 47, 205
吉田证言 152, 153
基于性别的暴力 77, 119, 170, 198
家庭暴力 48, 52, 53, 54, 58, 196, 218, 219

柬埔寨 67, 130, 136, 191, 195, 196, 197
菅义伟 133, 153, 227
近藤惠子 91
井上千代子 39
久保田真纪子 109
纠风会 18, 22, 26, 27, 28, 33, 34, 40, 41

K

卡翠娜·李-库 128
开发合作大纲 69, 189
凯瑟琳·麦金农 217
可持续发展目标 169, 207
库尔德人 180
堀内光子 91

L

濑谷留美子 109
劳动标准法 49
联合国裁军部 176
联合国非常任理事国 88
联合国妇女地位委员会 72, 86, 87, 103, 148, 166
联合国妇女署 89, 134, 165, 166, 167, 173, 197, 235
联合国教科文组织 167
联合国开发计划署 81, 167, 197, 207
联合国难民署 137, 176, 179, 180, 181, 197
联合国南苏丹共和国特派团 182
联合国内部监察部 247
联合国人口基金会 197, 235

联合国维和行动 66, 67, 68, 104, 135, 136, 138, 141, 167, 173, 177, 181, 213, 236, 256

良妻贤母 14, 20, 24, 34, 36, 38, 143

寮母 34, 35, 36, 37, 38

卢克·约翰逊 128

卢旺达 67, 87, 130, 137, 180

M

马拉拉 174, 205, 206, 207

美国和平研究所 130

米骚动 26

民法典 48

目黑依子 86, 91, 108

N

男女共同参与 46, 50, 52, 53, 54, 55, 57, 59, 60, 72, 75, 76, 77, 78, 94, 95, 102, 103, 106, 108, 117, 119, 127, 145, 165, 171, 189, 219, 222, 232, 234, 235, 236, 237, 241, 242, 243, 246

男女共同参与白皮书 54

男女共同参与社会基本法 46, 72, 75

男女雇用机会均等法 48, 73, 75, 214

NHK 57, 153, 154, 155

女性国际战犯法庭 154, 155

女性活跃政策 146, 172, 175, 214, 231, 244

女性经济学 138, 142, 143, 146, 172, 231, 233

女性人权红线强化周 54

女性天皇 zw3, 7, 9, 46, 47, 50

女性议员飞跃之会 71

女性绽放光彩的社会 88, 125, 142, 145, 146, 147, 164, 165, 166, 168, 169, 171, 172, 188, 208, 212, 219, 220, 232

P

配偶暴力防止法 48, 251

配偶暴力求助中心 48, 75

平塚雷鸟 19, 27, 28, 44

Q

千年发展目标 81, 189

桥本广子 86, 91

青鞜 16, 19, 27

秋林澪 91, 99, 130, 131

R

日本国际协力机构 98, 163

日本国宪法 43, 44, 70

日本海上自卫队 184

日本航空自卫队 185, 240

日本信托基金 167

日本再兴战略 133, 144, 145, 160

日本之耻 22, 215, 216

日韩协议 159

日美安全保障条约 61, 140, 225

S

三轮敦子 91

山谷清志 109

山下泰子 91

少数人小组代表商讨会 4, 89, 90, 91, 94, 95, 96, 99, 101, 105, 115, 150, 151, 213

少子老龄化 1, 3, 47, 50, 52, 80, 82, 102, 144, 184, 231, 233

社会性别 2, 101, 102, 103, 105, 112, 114, 116, 117, 130, 190, 191, 193, 195, 196, 197, 236

世界妇女大会 63, 65, 72, 73, 77, 78, 166

石井宏明 91, 106, 108

石井由希子 91

寺子屋 11

松川类 91

STEM 165, 170

T

唐行小姐 20, 21

田中雅子 91

图西族 180

推进防灾领域女性领导力相关调查报告 103

W

外向型立场 141

慰安妇 20, 34, 36, 37, 76, 93, 104, 124, 125, 147, 148, 149, 150, 151, 152, 153, 154, 155, 156, 157, 158, 159, 160, 161, 201, 213, 221, 254

为反对基地、军队而行动的女性之会 63, 65

武田万里子 91

X

消除对妇女的暴力的运动 52

消除对妇女一切形式歧视公约 47, 72, 73, 74, 78, 131, 154, 158

协助联合国维持和平活动法案 66

新安保法 140, 238

新妇人协会 28

新日本妇人同盟 44

性暴力受害者援助法案 252

性别规范 2, 5, 217, 258

性别与开发倡议 81

性虐待 247

性榨取 117, 248, 250

Y

也门 192, 193, 194, 195

意见交换会 4, 89, 90, 92, 93, 94, 95, 96, 101, 115, 124, 147, 148, 149, 150, 151, 213, 221, 222, 230

伊藤诗织 214, 215, 216, 217, 219, 251, 252, 253

鹰巢直美 71

右翼 151, 152, 153, 154, 155, 156, 157, 161

玉城康裕 226, 227

育儿看护休假法 49, 75

与那巅凉子 91, 104

Z

斋藤文荣 91

战后对策妇女委员会 43

治安警察法 17, 28, 43, 44

芝加哥论坛报 239

众议院议员选举法 16, 28, 43, 44

佐藤文香 109, 140

后　记

本书是李英桃教授主持的北京外国语大学"双一流"建设重大标志性科研项目（项目编号：2020SYLZDXM033）的成果——"妇女、和平与安全"研究丛书的日本卷，由两名项目组成员顾蕾和陈起飞合作完成。

本书于2019年底开始动笔时恰逢新冠肺炎疫情爆发。在危急时刻，众多妇女积极参与到疫情防控的行动中，在各行各业均展现出巾帼不让须眉的风采，为全球的和平与安全勇于担当，尽心尽力。在这样的特殊时期回顾和书写妇女议题，具有特别的意义。

本书的具体分工如下：顾蕾负责全书的框架设计、导论、第一章、第二章、结语部分的撰写，并负责全书统稿。陈起飞负责第三章、第四章、第五章、第六章的撰写，并在后期对自己负责的部分进行修改。陈起飞严谨的研究态度和扎实的专业能力是本书得以顺利完成的重要保障。在此基础上，顾蕾对全部内容进行梳理和修改，包括各章节标题及顺序的调整、各部分内容的增减完善、全文的整合、注释的核实补充、参考文献和索引的核查订正、语句的修改等。

由于时间紧迫以及精力不足，我们在本书撰写过程中遇到诸多困难，但通过科学严谨的论证、组员间积极高效的相互配合，得以按时交出书稿。

在此感谢李英桃教授给予我们参与本项目的难得机会，并提供了宝贵的意见和及时而有益的指导；感谢北京第二外国语学院董秀丽教授在审稿阶段提出的诸多中肯意见；感谢北京大学国际关系学院《国际政治研究》编辑部的王海媚编辑和《中国妇女报》的刘天红编辑为初稿提供有价值的建议；感谢社会科学文献出版社的赵怀英博士非常仔细地审读书稿；感谢文稿编辑顾萌女士的尽心付出。

顾蕾

2020年10月1日

图书在版编目（CIP）数据

日本妇女、和平与安全：迈向和平的历史与挑战 / 顾蕾，陈起飞著 . -- 北京：社会科学文献出版社，2021.11

（"妇女、和平与安全"研究丛书）

ISBN 978-7-5201-8966-8

Ⅰ.①日… Ⅱ.①顾… ②陈… Ⅲ.①妇女工作 - 研究 - 日本 Ⅳ.① D443.136

中国版本图书馆 CIP 数据核字（2021）第 175719 号

"妇女、和平与安全"研究丛书
日本妇女、和平与安全：迈向和平的历史与挑战

著　　者 / 顾　蕾　陈起飞

出 版 人 / 王利民
责任编辑 / 赵怀英
文稿编辑 / 顾　萌
责任印制 / 王京美

出　　版 / 社会科学文献出版社·联合出版中心（010）59366446
　　　　　 地址：北京市北三环中路甲29号院华龙大厦　邮编：100029
　　　　　 网址：http://www.ssap.com.cn

发　　行 / 市场营销中心（010）59367081　59367083
印　　装 / 三河市尚艺印装有限公司

规　　格 / 开本：787mm × 1092mm　1/16
　　　　　 印张：21.5　字数：269千字

版　　次 / 2021年11月第1版　2021年11月第1次印刷
书　　号 / ISBN 978-7-5201-8966-8
定　　价 / 98.00元

本书如有印装质量问题，请与读者服务中心（010-59367028）联系

▲ 版权所有　翻印必究